# 위안부를
## 둘러싼
## 기억의 정치학

NATIONALISM TO GENDER, EXPANDED EDITION
by Chizuko Ueno

Copyright © 2012 by Chizuko Ueno

Original edition published 1998 under the same title by Seidosha, Tokyo,
and the Expanded edition published 2012 by Iwanami Shoten, Publishers, Tokyo.

This Korean edition published 2014 by Hyunsil Publishing Co., Seoul
by arrangement with the Proprietor c/o Iwanami Shoten, Publishers, Tokyo
through Orange Agency

# 위안부를 둘러싼 둘러싼 기억의 정치학

다 시 쓰 는
내 셔 널 리 즘 과   젠 더

우에노 지즈코 지음 ― 이선이 옮김

현실문화

# 차례

▲ 1937년경 일본 효고 현에서 제작한 국민정신총동원 포스터.

▲ 1940년에 설립된 일본제국의 관제 국민통합 단일기구인 다이
쇼 익찬회(大正翼贊會)의 포스터.

▲ 1932년에 결성된 대일본국방부인회 포스터.

▲ 대일본국방부인회 후쿠시마 현 가시마 정(鹿島町) 분회 결성 기념사진.

▲ 히라쓰카 라이초(平塚らいてう, 1886~1971).

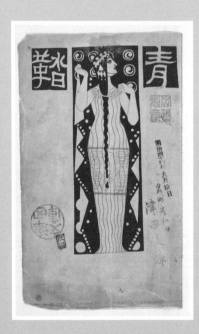

◀ 일본의 여성 운동가 히라쓰카 라이초가 주도해 1911년에 발간한 잡지 《세이토(靑鞜)》. 1916년에 5호 발행과 함께 폐간되었다.

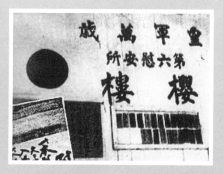

▲ '위안소' 안팎의 모습. 내부에는 '위안부' 여성의 명패와 군인들에게 이르는 '주의사항'이 붙어 있다(아래 사진).

▲ 1965년 한일조약에 박정희 대통령이 서명하고 있다.

▲ 1996년 발족된 일본의 '새로운 역사 교과서를 만드는 모임(新しい歴史教科書をつくる会)'이 주도해 출간한 『새로운 역사 교과서』. 특히 근현대사와 관련해 왜곡된 과거사 인식을 담고 있지만 일본 문부성의 검정을 통과했다. 왼쪽 위에서부터 시계 방향으로 후소샤 판(2001), 후소샤 판(2005), 지유샤 판(2009).

# 『내셔널리즘과 젠더』를 다시 쓰며

모든 것은 1990년대부터 시작되었다. 지금의 아시아를 둘러싼 일본의 정치, 그리고 국제 정치 상황을 보고 있으면 그런 생각이 더욱 깊어진다. 글로벌화가 진행되는 가운데 한층 격화되는 내셔널리즘의 항쟁, 우경화되고 보수화되는 국내의 논조, 그 속에서 열쇠가 되는 '여성'의 위치……. 2012년 현재 『내셔널리즘과 젠더』의 개정증보판을 세상에 내보내는 일이 의미가 있다면, 아마도 그것은 아직 과거가 되지 않은 현재 진행 중인 일에, 그리고 뒤틀려 풀리지 않는 수수께끼에 얼마간이라도 답하고 있다는 점에 있을 것이다. 그리고 그와 동시에 우리가 풀어야 할 문제를 10년에서 20년 동안 풀지 않은 채로 지나온 것에 대한 대가를 치르는 것이리라.

나의 1990년대는 거의 일본군 '위안부' 문제로 채워졌다. 이 책은 그 10년간의 기록이다. 성과라고 해도 좋을지 모르겠지만 판단은 다음 세대에 맡길 수밖에 없다. 이렇게 말하는 이유는 이 문제가 아직도 해결되지 못하고 스치기만 해도 피가 철철 흐를 듯한 상태로 남아 있기 때문이다. 그것이 왜 그런지는 이 책을 읽어보면 이해할 수 있을 것이다.

1991년 12월 26일 일본군 '위안부' 생존자 김학순 씨가 일본 정부를 제소했다는 보도를 나는 당시 머물고 있던 독일에서 들었다. 그때의 충격을 지금도 생생하게 기억한다. 국제판 일본 신문에 실린 조그마한 기사였지만 나는 두들겨 맞은 것 같은 아픔을 느꼈다. 그것은 내가 1년간 독일에서 지냈다는 사실과 무관하지 않을 것이다. 같은 패전국이면서 독일과 일본의 전후 처리가 너무도 다른 원인을 줄곧 생각하고 있었기 때문이다.

귀국 후 나는 일본군 '위안부' 문제를 둘러싼 지원 활동에 휘말려들었다. 아니, 스스로 파고들었다고 하는 쪽이 맞을지도 모르겠다. 그 과정에 대해서는 제1부 끝의 '초판 후기'에 자세히 적었다.

1995년 9월 유엔 베이징 여성회의는 일본군 '위안부' 문제를 둘러싼 국제적 쟁점의 장이 되었다. 아니, 이것도 정확하지 않다. 주최 측이 NGO 포럼 장소를 정부 간 회의가 열린 베이징에서 몇십 킬로미터나 떨어진 교외 리조트 지역에 격리시켜 NGO의 움직임을 억제하려 했음에도 그곳이 일본군 '위안부' 문제를 둘러싼 국제적인 쟁점의 장이 된 것은 한일을 포함해 아시아의 많은 여성들이 지속적으로 노력한 결과였다. 몇 개의 회의, 워크숍, 데모, 서명 활동이 이뤄졌고 마지막 날에는 일본 정부 대표단의 고와다小和田 유엔 대사를 회의장으로 초대해 항의 행동을 벌였고 나도 거기에 참여했다.

1996년에는 '새로운 역사 교과서를 만드는 모임'이 발족되었다. 보수계 논단의 발언자들을 규합한 이 포럼은 이후 우경화와 반격의 거점이 되었다. 문부과학성의 검정을 통과한 그들의 '새로운 역사 교과서' 채택을 둘러싸고 오늘날에 이르기까지 3년에 한 번씩 '교과서 전쟁'이 계속되고 있는 것은 잘 알려진 사실이다. 교육의 장은 전쟁터가 되었고 학교 행사에서 일본 국가인 기미가요와 일본 국기인 히노마루가 쟁점이 되어 매년 이를 거부한 교사들이 징계 처분으로 희생당하고 있다. 한 고등학교 교장이 자살한 사건까지 생겼기 때문에 이 전쟁에는 '전사자'도 있다고 할 수 있다.

2002년 9월 17일에는 북한이 일본인 납치를 공식 인정하고 사죄했다. 일본에서는 북한을 표적으로 한 배외적인 국민감정이 일거에 높아졌다. 이후로도 핵실험 시설과 미사일 발사 등으로 북한은 '불량 국가'로 동아시아의 긴장 수위를 높였다. 그 포위망 안에 있던 한국과 중국 사이에서도 독도와 센카쿠 열도를 둘러싼 균열이 생겨나고 있다. 이런 조그만 섬의 귀속을 둘러싼 영토 문제가 이처럼 뜨거운 반응을 불러일으킨 것은 한국의 반일 감정, 중국의 항일 감정이 저류에 뿌리 깊게 흐르고 있기 때문이다. 그것도 일본이 침략하고 식민지로 삼았던 아시아 각국에 대한 전후 처리를 잘못했기 때문이다. 유럽 내 독일의 지위를 보고 있으면 달리 생각할 수가 없다.

주일 독일 대사였던 프랑케 에르베는 "화해란 깨지기 쉬운 것이다"라고 말한다. 깨지기 쉬운 물건은 양쪽 모두가 내민 손으로 간신히 지탱해야 하며 어느 한쪽이라도 균형을 무너뜨리면 곧장 손에서 미끄러진다. 이는 양측이 그것을 지탱하고자 하는 의사를 지속적으로 유지하지 않으면 불가능한 곤란한 작업인데, 반대로 그것을 깨뜨리기는 너무도 쉽다.

이 책은 1998년 세이도샤青土社에서 출판한 『내셔널리즘과 젠더』를 당

시 후기까지 포함해 실었으며 출간 이후 다른 매체에 같은 주제를 둘러싸고 발표했던 논문 몇 개를 덧붙였다. 이 작업은 모두 일본군 '위안부' 문제의 충격에서 시작되었다. 이 책은 1991년에 강타를 얻어맞고 그에 답하기 위한 악전고투 속에서 태어난 것이다. 제3부에 실린 글들은 원래 『살아남기 위한 사상生き延びるための思想』(이와나미쇼텐, 2006)의 일부로 수록했던 논문이지만 일본군 '위안부' 문제와 직접적으로 관련되어 있기 때문에 이 책에 싣기로 했다. 『내셔널리즘과 젠더』가 불러일으킨 비판에 대한 응수를 포함한 '그 후'에 대한 추적이 용이해질 것이라고 생각했기 때문이다. 지금까지 얼마간의 책을 세상에 내보냈지만 초판 『내셔널리즘과 젠더』는 그 어떤 책보다도 열정을 담아 쓴 책이었다고 생각한다.

　왜, 왜, 왜…… 풀어내야 할 거대한 문제 앞에서 나의 물음은 대상과 방법이라는 두 가지 방향을 동시에 추구하게 되었다. 하나는 국민국가와 여성, 다른 하나는 기억을 둘러싼 역사 방법론이다. 그리고 두 가지 측면에서 모두 논란을 일으켰다. 전자와 관련해 사용한 키워드는 '여성의 국민화'다. 일본군 '위안부' 피해자 여성들로부터 일본 국민은 남녀를 불문하고 가해자로 고발되었다. 국가가 범한 전쟁범죄에 관해 여성에게는 어떤 책임이 있는 것일까. 원래 국가에 대해 여자는 어떤 위치에 있는 것일까. 여자는 원래 국민일까. 국민이 되기를 요구했던 것일까. 국민이 되면 무슨 일이 일어날까. 이런 의문에 답하려면 국민국가와 젠더의 관계에 대해 근원적인 물음을 던질 수밖에 없었으며, 그 결과는 같은 의문을 풀려고 했던 전쟁 전 페미니스트 사상가의 뒤를 쫓는 여행이 되었다. 그와 동시에 페미니즘이라는 사상이 국민화에 대한 유혹에 어떻게 대항할 것인가 하는 물음에 대한 답을 찾는 일이 되었다. 그리고 과거의 페미니스트에 대한 역사적 검증은 예측할 수 없는 미래를 앞둔 현재의 우리 자신이 어떤 선택을 할 것인가 하는 문제와 맞닿아 있다.

제1부 1장 「국민국가와 젠더」는 '여성의 국민화'를 키워드로 국민국가에서 여성의 위치를 역사적으로 검증한 장이다. 이 책에 재수록하면서 중요한 개념적 용어를 수정했음을 덧붙이고자 한다. 초판에서는 '여성의 국민화'의 두 가지 하위유형을 '참가형'과 '분리형'으로 유형화했지만 이 책에서는 '통합형'과 '분리형'으로 바꾸었다. 첫 번째 이유는 원래 영어권에서 integration/segregation이라는 이분법을 번역할 때 '통합형'과 '분리형'이라는 용어가 번역어로 더 적합하기 때문이다. 두 번째 이유는 더 중요한데, 책을 낸 후 분리형도 '참가'의 한 형식이라는 것, 따라서 통합형만을 참가형이라고 부르는 것은 적절하지 않다는 생각이 명확해졌기 때문이다.[*] 통합형도 분리형도 여성의 국민화, 즉 국민국가에 참가하는 방식의 다른 유형이다. 통합형이 '남성과 대등하게' 참가하는 것이라면, 분리형은 '여성다운' 참가를 말한다. 바꿔 말하면 통합형은 '남녀공학형', 분리형은 '남녀유별형'이라고 해도 좋다. 만약 그렇다면 일본에서는 총동원 체제에서도 '통합형' 참가는 이루어지지 않았다고 할 수 있다. 또한 제2차 세계대전 중 미국의 WAC(Women Army Corp)와 소련의 적군 여성 병사도 여성만의 군

---

[*]  이 책에서 용어를 수정하기 이전에 '참가형', '분리형'이라는 용어는 이미 쓰이고 있었고, 가노 미키요의 연구 그룹이 그에 따른 연구 성과를 발표했다. 그 현장에서 내가 직접 용어를 변경하면서 많은 폐를 끼쳤는데, 현장에서의 논의는 다음 문헌에 수록되어 있다. 敬和学院大学戦争とジェンダー表象研究会編『軍事主義とジェンダー』, インパクト出版会, 2008. 분리형 또한 '여성다운' 전쟁 참가의 한 형태라는 것은 후방의 역사를 제창해온 가노 미키요가 누구보다 잘 알고 있을 것이다.

대를 조직하고 있었다는 점에서 완전한 통합형이라고 하기는 어렵고 '남녀유별형' 군대라고 할 수 있다. 통합형이라 하더라도 같은 소대에 남녀병사가 동료로서 어깨를 나란히 하고 전투에 참가하는 것까지 달성되었다고 하기는 어렵다(오늘날에는 그것이 현실화되려 하고 있다). 무엇보다도 통합형도 분리형도 이념의 유형이기 때문에 이 양극 사이 어딘가에 현실이 위치하고 있다고 할 수 있을 것이다.

일본군 '위안부' 문제가 던져준 또 하나의 충격은 역사란 무엇인가, 어떻게 이야기되어야 하는가에 대한 근원적인 의문을 불러일으킨 점이다. 내가 일본군 '위안부' 문제에 빠져들었던 또 하나의 이유는 증언의 가치를 둘러싼 논쟁이 1970년대부터 축적되어온 여성사의 성과, 즉 인터뷰나 구술사에 대한 심각한 도전이라고 느꼈기 때문이다. 역사학에서도 기억과 이야기에 대한 관심은 높아지고 있다. 역사란 집합적 기억의 다른 이름이며 기억은 선택적 기억과 선택적 망각의 집합이고, 따라서 이야기하는 사람에 따라서 다른 판본이 가능하고, 다시 이야기될 수도 있다는 생각이 이제야 간신히 공유되었는데, 그 배경에는 후기구조주의의 서사 이론과 젠더 연구의 행위 주체agency 이론의 공헌이 크다. 그것은 역사가에게서 '유일한 사실'에 근거한 정통화된 역사의 서술자로서의 특권을 박탈하는 결과를 낳아 역사가들로부터 격한 반격을 받게 되었다. 이런 반격이 일어난 것도 당연한 것이, 여성사의 실천이란 역사의 복선화, 역사학의 민주화를 실천하는 것이기 때문이다.

하지만 문제는 그것만으로 끝나지 않았다. 현재 진행형의 '정치' 속으로 나 또한 휘말려들었기 때문이다. 일본 정부는 일본군 '위안부' 문제를 둘러싸고 몇 차례나 전후 처리를 잘못하는 우를 범했다. 그것은 1995년의 '여성을 위한 아시아 평화 국민기금'(이하 '국민기금'으로 약칭)의 설립이다. 발표 직후부터 대다수의 지원 단체로부터 비판을 받았던 국민기금은 운동 단체의 '후미에'*가 되었다. 그것도 회색지대를 일절 허용하지 않는 흑백의 판정을 강요했다. 달리 말하면 후미에 효과는 운동 단체가 스스로 정의에 대한 비판을 허용하지 않는 것을 뜻하게 되었다. 제3부 2장의 「민족인가 젠더인가」는 고뇌로 가득 찬 글인데, 이 문제의 착종과 복잡함이 이 글을 통해서 독자에게 전달되어 이해받을 수 있었으면 한다.

　　제3부에 수록된 「국민기금의 역사적 평가를 위하여」도 같은 맥락에서 읽어주었으면 한다. 1995년에 발족된 국민기금은 12년에 걸친 역사를 2007년에 마쳤다. 현재는 웹상에 자료관이 개설되어 있다. 그 속에는 기금 관계자의 절실한 증언이 남겨져 있다. 양심과 선의에 따라 가능한 노력을 다한 후의 실패, 정치적 한계에 대한 고통스러운 인식, 그래도 있는 힘을 다했다는 자부심과 이렇게 종말을 맞는 것에 대한 원통함 등이 기록되어 있다. 국민기금은 때마침 일본에서 가장 보수적인 정치가 아베 신조安部晋三 정권 아래에서 해산을 맞았다. 이때는 정부가 헌법 개정이 가능하도록 만들고 교육기본법을 개악하고 '양성 평등' 움직임에 대한 공격의 선두에 선 때이며 2000년 여성국제전범법정에서 NHK 방영에 개입했던 당사자

---

*　　에도 시대에 기독교를 금지하기 위해 성모 마리아상과 예수 십자가상 등을 목판 또는 동판에 새겨 발로 밟게 해 기독교도가 아님을 증명하게 한 것, 또는 그 상(像)을 말한다. 1628년부터 1857년까지 주로 초봄에 행해졌다 — 옮긴이.

가 정권의 수장으로 올라선 때다.

아베는 내각 수반일 때 일본군 '위안부'에 강제성은 없었다고 미국 신문에 광고를 내서 아시아계 미국인의 분노를 사 미국 하원 의회의 일본 비난 결의를 끌어냈다. 아베를 '존경하는' 젊은 정치가 하시모토 도루橋下徹 또한 일본군 '위안부' 강제 동원은 없었다고 반복하고 있다. 일본군 '위안부'를 둘러싼 담론은 오늘날까지 정치가의 입장을 판단하는 리트머스 시험지 역할을 하고 있다.

일본군 '위안부'가 민족주의자의 열쇠가 된 것은 그것이 남자들이 만든 민족주의의 아킬레스건이기 때문일 것이다. 일본이 한창 침략전쟁을 벌이고 있었을 때 점령지와 식민지에서 저지른 여타 각양각색의 범죄, 예컨대 포로 학대와 인체 실험, 생화학 병기의 사용 등과 달리 일본군 '위안부' 문제가 특히 남자들의 감정적인 반발을 불러온 데에는 이유가 있다. 그것은 성적 능욕이 아무리 '본능'이나 '자연'이라는 언어로 옹호되어도 가부장제에서 면목이 서지 않는, 숨겨두고 싶은 오점이기 때문만은 아니다. 성폭력의 고발은 그 자체로 여성의 복종으로 성립되는 가부장제가 더 이상 여자를 통제할 수 없게 되었다는 사실을 보여주는 확실한 증거가 되기 때문이다.

국민기금 관계자가 정치적 현실주의에서 예견한 대로 그 후 일본의 정치 환경은 우경화의 길을 걸어 '그 당시'를 빼면 국민기금이 성립할 수 있는 기회는 두 번 다시 찾아오지 않았다는 것은 지금은 누구나 인정할 수밖에 없는 역사적 사실일 테다. 그리고 이런 사소한 평가조차도 국민기금 측에 서 있는 것이라는 증거로 재단되는 원리주의 성향을 운동단체가 지니고 있으며 그것을 지적하는 것조차 금기시되는 경향이 있다.

국민기금을 비판하는 것은 좋다. 비판하려면 왜 그것이 실패했던가, 실패는 누구의 책임일까, 실패하지 않기 위해서는 어떻게 했어야 할까에 대해서 먼저 물을 필요가 있을 것이다. 비판자들 또한 그 밖에 어떤 대안이 가능했을까, 그것이 실현될 수 없었던 것은 왜일까에 대해 자신들의 한계를 포함해 검증해야 할 것이다.

일본군 '위안부' 문제는 끝나지 않았다. '살아 있는 동안 정의가 실현되는 것을 보고 싶다'고 갈망했던 피해자 여성들이 고령으로 한 명씩 사망하고 있다. 마지막 생존자가 사라지더라도 문제는 끝나지 않을 것이고, 이에 대해서는 이명박 전 대통령이 말한 대로다. "일본은 사죄의 기회를 영원히 잃게 될 것이다."

이 책을 읽는 독자가 (일본 국적을 지닌) 젊은 세대라면, 이 문제는 현재 진행형이며 문제를 해결하기 위한 (어려움이 따르지만) 책임의 일부분이 당신 자신에게도 있다는 것을 자각해주기를 바란다.

일본군 '위안부' 문제는 반복되고 기억되어야 한다. 왜냐하면 그것은 과거가 되지 않았기 때문이다. 개정, 증보되어 다시 간행되는 이 책이 조그만 도움이라도 되기를 바랄 뿐이다.

2012년 10월
우에노 지즈코

**일러두기**

1) 이 책은 『ナショナリズムとジェンダー』(靑土社, 1998)(『내셔널리즘과 젠더』(박종철출판사, 1999))를 대폭 증보한 신판이다. 제1부는 초판의 내용에 수정을 가한 것이며 제2부와 제3부는 새로 추가한 것이다. 수록된 글의 최초 발표 지면은 다음과 같다.

제1부
1장 국민국가와 젠더 ― 《현대사상(現代思想)》 1996년 10월호, 靑土社.
2장 일본군 '위안부' 문제를 둘러싸고 ― 《현대사상》 1996년 10월호, 靑土社.
3장 기억의 정치학 ― 《임팩션(インパクション)》 103호(1997년 6월), インパクト出版会.

제2부
1장 국가를 버리다 ― 《교하쿠(巨福)》 78호, 臨済宗建長寺派宗務本院, 2004년.
2장 지금도 끊이지 않는 군대와 성범죄 문제 ― 《아사히신문(朝日新聞)》 1993년 1월 13일자.
3장 오키나와 여성사의 가능성 ― 《류큐신문(琉球新報)》 1999년 1월 9일자.
4장 전쟁의 기억과 망각 ― 《마이니치신문(毎日新聞)》 1992년 7월 14일자 석간. 원제는 『独りの「戦争の憶え方」と日本の「戦争の忘れ方」』.
5장 과거 청산: 독일의 경우 ― 《시나노마이니치신문(信濃毎日新聞)》 2006년 5월 15일자.
6장 전후 세대의 재심에 희망을 걸다 ― 《나가사키신문(長崎新聞)》 1999년 1월 7일자.

제3부
1장 기억을 다시 이야기하는 방식 ― 《일본근대문학(日本近代文学)》 제63집(2000년 10월 15일), 日本近代文学会. 上野千鶴子, 『살아남기 위한 사상(生き延びるための思想)』, 岩波書店, 2006에 수록되었다.
2장 민족인가 젠더인가: 강요당한 대립 ― 《계간 전쟁책임연구(季刊 戦争責任研究)》 26호(1999년 겨울), 日本の戦争責任資料センター. 『살아남기 위한 사상』에 수록되었다.
3장 국민기금의 역사적 평가를 위하여 ― 『살아남기 위한 사상』에 수록되었다.

2) 앞의 서문을 제외하고 본문 아래 달린 각주는 모두 옮긴이 주이며, 저자 주는 책의 마지막 부분에 모아 실었다.
3) 인용문 안의 중괄호(( ))는 모두 지은이의 것이며, 그 밖의 본문 안 중괄호는 옮긴이의 것이다.
4) 지은이가 강조하기 위해 방점을 찍은 부분은 굵은 글씨로 표시했다.
5) 책 앞쪽의 도판은 원문의 이해를 돕기 위해 새로 삽입한 것이며, 이에 대한 책임은 출판사에 있다.

제1부

# 내셔널리즘과
# 젠더

# 1장 국민국가와 젠더

## 1. 서론 — 방법의 문제

요즘 전시 상황을 둘러싼 역사의 재심(역사 수정주의)으로 세간이 떠들 썩하다. 독일 역사학자들의 논쟁[1]에서 보이는 역사 수정주의나 일본에서 도 물의를 빚고 있는 자유주의 사관만이 문제가 되는 것은 아니다. 역사란 항상 현재로부터 '재심'의 대상이 되어왔다.

역사란 '현재의 관점에서 과거를 끊임없이 재구성하는 것'이다. 역사 가 과거에 있었던 사실을 있는 그대로 전달하는 것이라고 생각하는 소박 한 역사관은 더 이상 통용될 수 없게 되었다. 만일 역사에 단 하나의 진실 밖에 없다고 한다면, 이른바 결정판 '역사'는 — 프랑스혁명사이든 메이지유신사 이든 — 한 번 쓰이면 더는 쓰일 필요가 없을 것이다. 하지만 현실 속에서 과 거는 현재의 사안에 따라 끊임없이 수정되고 있다. 그렇기 때문에 프랑스 혁명이나 메이지유신에 대해 일단 정사正史나 정설定說이 쓰여 있다고 해도 그것으로 마무리되는 일은 없으며, 시대나 관점이 변함에 따라 몇 번이고 다시 쓰인다. 나는 기본적으로 역사는 다시 쓰인다고 생각한다. 따라서 구리하라 유키오栗原幸夫처럼 나 역시 역사 수정론자라고 해도 좋다.[2] 그러나 여전히 문제가 되는 것은 '누구의 역사인가'라는 의문이다.

언어학적 전회[3] 이후 사회과학의 모든 분야는 객관적 사실이란 무엇인가라는 심각한 인식론적 의심에서 출발한다. 역사학도 예외는 아니다. 역사에는 사실fact도 진실truth도 없으며 단지 특정 시각에서 문제시되어 재구성된 현실reality만이 존재한다는 견해는 사회과학에서는 모두가 공유하는 지식이 되었다. 사회학에서 이미 상식이 된 사회구성주의는 역사학에도 해당하는 이야기다.

따라서 역사학 역시 다른 사회과학 분야와 마찬가지로 범주의 정치성을 둘러싼 담론 투쟁의 장이다. 나의 목적은 이 담론의 권력 투쟁에 참여하는 것이지, 단 하나의 진실을 바르게 세우려는 것은 아니다. 내가 여기서 말하는 '정치'는 계급 투쟁 같은 대문자 정치가 아니라 푸코가 이야기하는 담론의 정치, 범주와 기술記述 속에 담긴 소문자 정치를 의미한다.

그런 한에서 사회구성주의는 가령 '나치의 가스실은 없었다'고 주장하는 역사 수정주의자들과의 역사와 표상을 둘러싼 싸움을 피해 갈 수 없다. 오히려 역사란 무한대로 재해석을 허용하는 담론 투쟁의 장임이 재인식되었다고 해도 좋다. 예를 들어 전시 상황에 관한 역사 기술에 대해 "역사 위조를 용서하지 말라" "역사의 진실을 왜곡하지 말라"라는 구호가 있다.[4] 이 견해는 역사에 단 하나의 진실만이 존재한다는 역사 실증주의의 입장을 암묵적으로 전제하는 것처럼 들린다. 하지만 '사실'은 누가 보아도 다를 바 없는 사실일까?

이렇게 말한다고 해서 내가 '사실이란 관념의 구성물에 지나지 않는 다'는 칸트주의를 받아들이고 있는 것은 아니다. 사실을 사실의 위치에 바로 놓는 것, 어떤 사실에 다른 사실 이상의 중요한 의미를 부여하는 것, 어떤 사실의 배후에 그것과 대항하는 또 하나의 현실이 있음을 찾아내는 것 등은 **그것을 구성하는 관점**에 지나지 않는다고 말하고 싶을 뿐이다. 사회적 구성물로서 현실이란 물질적인 것이며, 우리는 그 안에서 정통성이 부여된 것만을 사실이라고 부르는 데 익숙하다.[5]

여성사에서 이 물음은 핵심적인 문제다. 입수할 수 있는 역사적 사실이 압도적으로 부족할 때, 어떻게 하면 남성에게 맞춰 쓰인 정사의 배후에서 여성의 관점으로 본 또 하나의 현실을 재구성할 수 있을까. 1970년대 이후 제2차 페미니즘 물결 속에서 새롭게 성립된 여성사가 시도했던 것도 바로 이 문제에 답하고자 하는 것이었다. 특히 이것은 여성 자신들에 의한 사료가 거의 없는 중세사 분야에서 절실한 문제였다. 여성에 대해 이야기하는 사료가 있다 하더라도 그것은 남성들이 저술한 것이며, 그것도 역사의 검열을 거친 후에 남겨진 한정된 것들에 불과했다.[6] 아직 생존자가 있는 근현대사 분야에서는 사실이라고 인정된 역사의 배후에 감춰진 또 하나의 현실을 찾기 위한 작업이 구술사의 시도를 통해 활발하게 이루어져왔다.

이런 움직임을 최근의 '위안부'[7] 문제만큼 격렬하게 보여주는 예도 없다. 단지 사실이라는 점에서 '위안부'의 존재는 누구나 알고 있었으며, 감춰지는 일조차 없었다. 변한 것은 사실을 받아들이는 방식이다. 어느 누구도 범죄라고 생각하지 않았던 '위안부' 제도가 성범죄로 재구성된 것이다. 더 정확하게 표현해보자. 가해자 쪽에서 어느 누구도 범죄라고 생각하지 않았던 하나의 역사적 사실이, 게다가 피해자 쪽의 침묵에 의해 지탱되어

온 사실의 신뢰성이 피해자가 그것과는 다른 또 하나의 현실을 구성함으로써 처음으로 도전받고 뒤집힌 것이다.[8]

일본군 '위안부' 문제만이 아니다. 현재 일부 역사학자들의 한결같은 노력으로 전시 상황에 대한 명백한 실증 연구와 1차 자료에 기초한 '사실'이 발견되고 있으며, 그 결과물들이 축적되고 있다. 이것들 역시 '그 전쟁'이 역사의 재심에 부쳐졌기 때문에 가능한 것이다.

전쟁 시기에 대해 아직도 명확히 밝혀져야 할 것이 많으며, 또한 고의인지 우연인지 많은 자료가 소실되었다. 나는 역사학자들의 상세한 연구 성과에 많은 부분을 의존하고 있다. 하지만 역사학자가 아닌 내 관심은 오히려 역사 해석의 변화가 왜, 어떻게 일어났는가, 역사에서 그런 것들이 지니는 의미는 무엇인가를 분석해보는 것, 바꿔 말하면 메타 역사에 대해 이야기하는 데 있다. 내 분석은 주로 2차 사료에 의거하고 있으며, 그에 따른 한계를 안고 있다. 그런 탓에 사회학자는 역사학자의 수고를 가로채는 '역사의 찬탈자'라는 오명을 쓰게 될지도 모르겠다.


## 2. 전후사의 패러다임 전환

전후사를 어떻게 볼 것인가에 대해서는 이미 많은 논의가 있는데, 거기에는 몇 가지 패러다임이 있다.

첫 번째는 제2차 세계대전 이전과 이후의 단절을 강조하기 때문에 '단절 사관'이라고도 할 수 있는 패러다임으로, 전후 개혁을 과대평가한다는 특징이 있다. 즉, 봉건유제와 천황제 등으로 대표되는 억압적인 사회구조가 전후 민주화에 의해 불식되고 새로운 시대가 시작되었다고 주장한다.

전후에도 여전히 문제가 있다면 그것은 전후 민주화가 철저하지 못했기 때문이라며 이를 모두 이전 시대의 잔재 탓으로 돌리는 것이다. 이것은 전쟁 전의 봉건잔재설과 지극히 비슷한 논의 방식이다. 모든 부정적인 것을 과거 탓으로 돌린다는 점에서 '억압에서 해방으로'의 발전 사관이라고 불러도 좋다.

이런 과거의 잔재, 좀처럼 불식되지 않는 유산은 종종 전통이나 민족성이라 불리며, 그리하여 다시 비역사적인 것으로 만들어진다. 전통이란 설명할 수 없는 것을 설명하기 위한 마술적 범주, 혹은 범주의 블랙박스로서 '발명'된 것이다.[9]

일본인론日本人論 속에서 전통의 발명에 해당하는 예를 일일이 들 여유는 없다. 지금까지 일본인론의 메타 역사라고 할 만한 자기언급적 사회과학의 업적이 다수 있지만,[10] 그중 오구마 에이지小熊英二의 『일본 단일민족 신화의 기원』만큼 자극적인 연구도 없다. 그는 전전과 전후의 일본인론을 다시 읽는 작업을 통해 전전에는 혼합민족론이, 전후에는 단일민족론이 각각 민족 전통이라는 이름 아래 정당화되고 있음을 발견했다. 누구나 알고 있는 2차 문헌을 다시 읽는 작업을 통해 그는 콜럼버스의 달걀과 같은 발견을 한 것이다.[11]

전쟁 전의 혼합민족론은 일본 제국주의가 식민지 확장 정책을 정당화하기 위해 동원했다. 『고사기古事記』*와 『일본서기日本書紀』**까지 들고 나와

---

* 712년에 쓰인 것으로, 현존하는 일본에서 가장 오래된 역사서이며 상·중·하 세 권으로 되어 있다. 천지 개벽부터 천황들의 기사(記事), 신화·전설과 다수의 가요가 수록되어 있어서 천황을 중심으로 한 일본 통일의 유래를 이 책에서 찾곤 한다.

일본 민족이 본래 다른 민족을 화합하는 데 뛰어나다고 주장했다. 전후에는 이것이 180도 바뀌어서, 만세일계*에 걸쳐 단일민족이 유지되었다고 새롭게 역사를 날조했다. 그리고 전후 일본인론은 불과 반세기 전의 과거를 잊은 듯 일본인의 초역사적인 동질성과 집단 지향을 치켜세우기에 이른다.

두 번째는 전쟁 전과 전쟁 후의 연속성을 강조하기 때문에 '연속 사관'이라고 부를 만하다. 이 연속성은 메이지** 이후의 근대화 프로젝트가 지닌 일관성에 근거를 두고 있다. 연속설은 '다이쇼 데모크라시***에서 전후 개혁으로'라는 발전의 연속성을 강조한다. 따라서 연속설에서 보면 전후 민주화의 원리는 외부에서 강제된 것만은 아니라고 할 수 있다.

그런데 법적·정치적·경제적 합리성을 특징으로 하는 근대에 걸림돌이 된 것이 바로 저 비합리적인 전쟁이다. 이 연속 사관에서 전쟁은 불행하게도 근대화 프로젝트를 중단시킨 이례적인 사건으로 간주되며, 반성이 전혀 없는 것은 아니지만 전후 부흥 이후 일본인은 마치 태고 이래 평화 우

---

**  나라 시대(奈良時代, 710년부터 약 70년간 나라가 정치의 중심지였던 시기)에 완성된 일본에서 가장 오래된 칙찬(勅撰) 정사. 조정에 전해져 내려온 신화, 전설, 기록 등을 한문으로 기록한 편년체 사서로 총 30권이다.

*  일본 천황가의 부계 혈통이 단절된 적 없이 계승되었다는 주장. 1800년대 말 메이지(明治) 정권이 권력 장악 수단으로 천황을 절대적인 존재로 부각시키면서 더욱 중시되었다. 메이지 정권은 1889년 만세일계를 법제화하기도 했다.

**  1868년부터 1911년까지의 시기. 일본은 1979년에 제정된 원호법(元号法)에 따라 공문서 등은 천황의 연호를 사용하는 것을 원칙으로 하고 있다.

***  러일 전쟁(1904년)부터 다이쇼(大正) 말기까지 정치 분야를 중심으로 사회, 문화 분야까지 현저하게 나타난 민주주의적이며 자유주의적인 경향을 말한다.

호 국민이었던 것처럼 아무 일도 없었다는 듯 근대화 프로젝트를 계속 진행한 것이 된다. 그리고 전후의 성장 '기적'은 무엇보다도 근대화 프로젝트 성공의 훌륭한 사례로 간주된다.

야마노우치 야스시山之內靖는 파시즘 시기의 평가를 둘러싸고 '지금까지 일본 현대사에 관해 지배적이었던 견해'를 다음과 같이 요약했다.

> 파시즘 시대 일본의 역사는 근대사회가 걸어야 할 본래의 성숙 과정에서 벗어난 비정상적인 과정을 거쳤다. 다이쇼기(1912~1926년)에 진전된 민주화 경향은 파시즘 시대에 이르러 좌절했으며, 이를 대신해 비합리적인 초국가주의를 이데올로기적 버팀대로 삼은 강권적 체제가 국민을 일탈된 전시 동원의 궤도로 강제로 몰고 간 것이다. 1945년 패전과 함께 시작된 전후 개혁은 일본 역사를 다이쇼 데모크라시 노선으로 복귀시켰다. 1945년부터 오늘날에 이르기까지 일본의 역사는 이 전후 개혁을 기점으로 삼고 있다.[12]

연속 사관에서 전쟁은 일종의 리트머스 시험지가 된다. 그 전쟁은 일본의 근대화 프로젝트에서 필연인가 우연인가, 그리고 예전의 광기와는 다른 존재 방식이 있을 수 있었는가 하고 묻는다. 우연이라고 답한다면 '그 전쟁'을 설명하기 위한 특수한 외재적 변수가 필요하다. 그리고 종종 답은 익숙한 우익의 상투어, 즉 근대화의 지각생에게 운명처럼 부여된 뒤틀린 갈 지之 자의 길이라는 것에서 찾아볼 수 있다. 일본의 의도는 나쁘지 않았으나 그 방법이 나빴고 그렇게 하도록 강요한 국제적 환경이 나빴다는 식의 상투어 말이다. 한편 필연이라고 답한다면 연속 사관론자는 반대로 근대화 프로젝트의 궤도를 뒤틀리게 한 내재적이고 고유한 변수를 일본 사회 속에서 찾아내야 한다고 말한다. 전후 근대주의자들인 마루야마 마사오丸山眞男[*]나 가와시마 다케노부川島武宣[**]가 그렇게 해서 찾아낸 것이 일본 사회 고유의 전근대적 성격, 곧 일본적 특수성이라는 운명이었다.[13]

마루야마 마사오는 패전 직후인 1946년에 『초국가주의의 논리와 심리』에서 '근대-서구'를 기준으로 삼아 나치즘조차 개인주의와 책임 주체를 체현한 것 중 하나로 간주하며, 일본의 초국가주의를 독일 나치즘과 비교해 '이류 파시즘'이라고 서술한다. 이런 마루야마의 '무책임 천황제'에 대한 자기비판이 전후 일본인론의 기조를 이루었다. 그리하여 전후 일본인론은 같은 특수성의 설명변수를 이번에는 평화와 번영으로 바꿈으로써 마루야마 마사오의 마조히즘에 가득 찬 암울한 전후 일본인론의 기조를 훌륭하게 낙관주의로 전환시켜 보여준다.

위와 같은 단절 사관이나 연속 사관은 모두 전후 체제를 정당화하기 위해 전시 상황을 어떻게 해서든지 일탈이나 이상으로 간주한다는 공통점을 지닌다. 이에 대해 이의를 제기한 것이 '신新연속설'이다.[14]

---

[*]   1914~1996. 정치학자. 1946년에 발표한 『초국가주의의 논리와 심리』는 전후 사상계의 출발점이라고 평가되어 '마루야마 정치학'이라고 불리고 있다. 그 밖의 저서로 『일본 정치사상사 연구』(1953), 『현대정치의 사상과 행동』(1956), 『충성과 반역』(1992) 등이 있다.

[**]   1909~1992. 민법학자. 과학으로서의 법률학을 제창해 민법, 법사회학 분야에서 많은 업적을 남겼다. 저서로는 『일본 사회의 가족적 구성』(1948), 『과학으로서의 법률학』(1955) 등이 있다.

(초)국가주의를 국민주의의 일탈로 이해해 전시 문제로 환원하는 것은 전후 민주주의와 전시 동원 체제와의 연관성을 시야 밖으로 밀어두고 전시의 비정상성을 강조하는 것으로, 상대적으로 '전후' 정통성을 논하는 담론 형태에서 불가결한 구성 요인이다. 최근의 전시 동원 체제에 관한 연구는 지금까지 단절로 이야기되어온 전시와 전후의 역설적 측면인 연속성에 초점을 맞춰 이 문제와 씨름하고 있다.[15]

야마노우치 야스시로 대표되는 '신연속설'은 아래의 세 가지 논점을 포함하고 있다.

첫 번째는 전시 체제를 일탈이 아닌 근대화 프로젝트의 연속선상에서 파악하고자 하는 점이다. 여기서 전시 체제는 근대화 프로젝트의 새로운 단계로서, 오히려 혁신으로 받아들여진다. 그리고 전후 체제와의 연속성이 강조된다.

두 번째는 이 '혁신'의 주요 변수를 국민국가에서 찾는 점이다. 산업 혁명과 시민사회를 중심으로 하는 고전적 근대는 두 차례 세계대전을 거치면서 국가화라는 중요한 혁신을 경험한다. 이제는 시장도 가족도 국가라는 주요한 행위자의 개입 없이는 성립될 수 없다.

세 번째는 이것으로 '일본 특수성'론을 넘어 세계사적인 비교가 가능하게 된 것이다. 전시 동원 체제는 두 차례의 세계대전을 통해 파시즘 국가에서뿐 아니라 연합군의 여러 국가에서도 행해졌다. 오히려 전쟁은 이 체제의 혁신에 동력이 되는 폭력적인 계기였다.[16]

국민국가는 비교적 새로운 개념이다. 1980년대에 들어오면서 후기 식민주의 연구 분야에서 베네딕트 앤더슨Benedict Anderson이나 호미 바바

Homi Bhabha 등이 국민국가 개념을 제창하면서 국민국가가 지니는 환상성이 분명해졌다. 일본에서 그것은 니시카와 나가오西川長夫 등에 의해 활발하게 사용되었다. 근대화의 행위자는 시장이나 시민사회만이 아니다. 국민국가도 근대화에서 빼놓을 수 없는 역할을 하고 있다. 국민국가는 '국가 통합을 위한 여러 가지 장치'뿐 아니라 '국민 통합을 위한 강력한 이데올로기'도 공급하고 있다.[17] 앤더슨의 용어를 빌리면 국민국가는 균질적인 '국민' 창출을 통해 '상상의 공동체'를 만들어내며 그렇게 만들어진 집단 정체성은 문화나 민족 개념의 핵심이다. 이 미완의 국민화 프로젝트로부터 우리는 지금도 여전히 자유롭지 못하다.

1980년대에 들어서면서 갑자기 국민국가가 분석 개념으로 주목을 받은 데에는 1980년대의 역사 격동을 통해 처음으로 국가가 숙명적인 존재에서 탈자연화되었다는 사실이 한몫한다. 이런 사실을 보면 우리들 자신의 역사적 피규정성을 잊을 수 없다. 국민국가의 상대화는 눈앞에서 거대한 국가가 붕괴되는 것에서 보듯, 근대가 시민사회라는 자율적인 영역을 성립시켰다는 통념과는 달리 비대해진 국가의 역할과 시민사회의 자율성을 의심하게 만드는 역설적인 움직임 속에서 생겨났다. 국가는 근대 성립 초기부터 주요한 행위자였으며 사회 영역의 국가화를 추진해왔던 것이다. 그것이 무너진 후 우리는 반대로 국가를 얼마나 자명하게 여겨왔는가에 생각이 미쳤던 것이다. 국가가 숙명으로 받아들여지던 때에 당사자들이 그것을 넘는 관점을 갖지 못했다는 '역사의 한계'를 지적하는 방식은 언제나 '사후의 지혜'에 불과하다.[18]

국민국가를 중요 개념으로 논하게 되면 '경제적 자본주의·정치적 민주주의·시민적 개인주의'라는 세 가지가 함께 이야기되어온 근대화 프로젝트를 유럽 중심주의(더 정확하게 말하자면 서유럽 중심주의)에서 분리시킴으로써 비교사를 가능하게 하는 이점이 있다. 이미 경제체제론 분야에도 공업화 개념을 변수로 도입해 자본주의와 사회주의를 공업화의 서로 다른 체제로 보는 수렴 이론이 있지만, 국민국가를 분석 개념으로 사용하면 자유주의 국가나 사회주의 국가도 국민국가의 변종일 뿐이다. 게다가 권위주의적인 국가나 군사독재 국가도 국민국가의 범주 안에서 비교가 가능하게 된다. 세 가지가 한 묶음으로 된 근대화를 실현한 서방의 일부 국가만이 근대국가라는 이름에 걸맞은 것이 아닐 뿐 아니라 사회주의 국가가 '포스트 국가'라는 신화도, 군사독재나 권위주의 국가가 '전근대적'이라는 견해도 동시에 부정된다.

니시카와의 발언을 인용해보자.

> 국민국가라고 불리는 것은 모두 공통된 성격과 구조를 지니고 있으며 개개의 국민국가는 각각 하나의 변형물에 지나지 않는다. 나는 국민국가가 넘어서야 할 역사적 산물이며 지금 국민국가를 논하는 것은 그것을 넘어서기 위한 방법의 모색으로 연결된다고 생각한다.[19]

여기서 나는 니시카와 등이 주장하는 국민국가의 개념을 받아들이는 것 말고도 거기에 젠더라는 변수를 덧붙이고 싶다.[20] 따라서 이 책은 국민국가를 젠더화하는engendering the nation-state 시도라고 할 수 있다.

날 때부터 타고난 정해진 운명으로 여겨졌던 젠더 역시 역사의 변동 속에서 탈자연화되었다. 젠더의 발견은 가족이라는 '또 하나의 사회'를 발견할 수 있도록 함으로써 공적 세계로부터의 '신성한 보호구역'이라는 사적 영역의 신화를 부수고, 가족이 국가나 시장으로부터 조금도 자율적이지 않다는 점을 분명히 했다. 이 또한 역설적이지만 예정조화*적이었던 가족의 기능이 마비되어 해체되는 과정을 통해 일찍이 그것이 행하고 있었지만 비가시화된 역할이 가시화되었다고 해야 할 것이다. 나아가 국가나 사회라는 공적 영역의 젠더화는 공적 영역이 어떻게 '그림자 영역'을 수반하면서 공공성을 참칭할 수 있었는가에 대한 비밀도 밝혀냈다. 공적 영역이 공적 영역이기 위해서는 그것으로부터 사적 영역이 격리되어 자연화되어야만 했던 것이다. 젠더 연구를 통해 발견한 것은 언뜻 젠더화된 것처럼 보이는 사적 영역뿐 아니라 공적 영역 또한 젠더 중립성이라는 말 속에 교묘하게 젠더화되어 있었다는 사실이다.

여기서 공적 영역으로 불리는 대상에는 실제로는 다른 두 개의 영역, 즉 시장과 국가가 포함되어 있다. 만약 공적 영역이 시장의 영역을 가리킨다면, 그것은 마르크스가 자본의 사적 활동이라고 부른 영역을 말하는 것이다. 만약 그것이 국가라는 영역을 가리킨다면, 국가는 반드시 시민적 공공성을 대변한다고 할 수는 없다. 오히려 시민사회란 시민의 자유로운 활동에 대한 국가의 간섭을 가능한 한 배제하는 것을 전제로 한다. 달리 말하면 국가와 사회란 원래 서로 다른 영역이지만 사적 영역과 구별한다는 의미에서 공적 영역의 개념에 두 영역을 의도적으로 혼동해 써왔다고 말할

---

* 예정조화설은 라이프니치의 이론으로, 서로 관계없이 각각 독립적인 세계를 이루고 있는 모나드(단자[單子], 특히 심신)가 마치 상호 작용하는 관계에 있는 듯한 상태를 보이는 이유는 미리 신에 의해 각 모나드 간에 조화가 생기도록 정해져 있기 때문이라고 한다.

수 있다. 실제로 국민경제가 성립하기 위해서는 시장과 국가 사이에 떼려야 뗄 수 없는 상호의존 관계가 존재해야 한다.

　내 책을 꾸준히 읽어온 독자를 위해서 보충하자면, 나는 일찍이 『가부장제와 자본주의』에서 근대사회의 공·사 분리를 시장과 가족의 분리와 같은 뜻으로 받아들여 시장과 가족 사이의 이원론적 변증법을 분석하면 충분하다고 생각해왔다. 마르크스주의 페미니즘 관점에서 시장은 가족이라는 '외부'의 존재 없이는 성립될 수 없다고 논증되었지만, 시장 외부에는 국가라는 또 하나의 비시장적인 영역이 존재한다. 나의 시장 대 가족 이원론에 대해 "국가 개념이 빠져 있다"고 누구보다도 정곡을 찌르며 비판해준 사람은 아다치 마리코足立眞理子였다. 나는 근대를 시장 중심주의적으로 보는 마르크스 이론의 이점과 결점을 함께 계승했다고 할 수 있다. 하지만 마르크스 이론에는 국가가 개념적 장치로 갖춰져 있다. 지금 돌이켜 보면 나의 분석에서는 국가가 과소평가되어 있었다.[21]

　국민국가에 입각해서 말하자면 근대화 프로젝트는 국민화 프로젝트라고도 부를 수 있다. 그런데 지정학적·인구학적 측면에서 국민은 당연히 배제를 수반한 정의定義를 필요로 한다. 생각해보면 국민화 프로젝트는 처음부터 '경계의 정의'와 '재정의'의 연속이었다. 예를 들면 우연히 '인권'으로 번역되고 있는 프랑스혁명의 '인권선언les droits de l'homme et du citoyen'은 글자 그대로 남자homme와 시민citoyen의 권리에 지나지 않는다. 이 남자와 시민에는 여성과 노동자가 배제되어 있다. 그런 권리를 누리려면 '문명화civiliser'된 '공적 시민'의 자격이 필요했던 것이다.[22]

　따라서 인권은 항상 어디까지가 인간의 범위인지 경계를 짓는 정의를 수반한다. 그리고 인권과 종종 함께 이야기되는 민주주의란 인권을 부여받은 공적 시민 사이의 민주주의에 지나지 않는다. 근대의 성립이 노예제나 인종주의 그리고 성차별주의와 결탁하고 있다는 것을 알게 된다고 해도 그리 놀랄 만한 일은 아니다. 이런 사회적 불공정은 고대나 봉건유제와 같은 잔존물이 전혀 아닐 뿐 아니라 근대의 잡음조차도 아닌, 바로 근대 국민국가와 국민경제가 성립하는 데 빼놓을 수 없었던 '근대 노예제' '근대 인종주의' '근대 성차별'이라고 불러야 할 것들이다. 그리고 언제나 '이류 시민' 사이에서는 경계의 재정의를 놓고 누가 먼저 문명화되어야 할 것인가를 두고 경쟁하곤 한다.[23]

### 3. 여성사의 패러다임 전환

국민국가를 상대화할 수 있게 되자 국가의 '국민화 프로젝트'도 가시적인 연구 대상이 되었다. 국가가 숙명이 아닌 것을 알고 나서 처음으로 국민이 만들어지는 방식이 문제시되었던 것이다. 국어, 국사, 국문학, 공교육, 국민 군대 등의 제도가 국민화 매체로서의 역할을 하고 있다는 것을 문제시하는 연구들이 잇따라 나왔다. 천황의 행차나 거동, 국가 의례, 박람회 같은 이벤트가 앤더슨이 말한 '상상의 공동체'를 만들어내기 위해 어떤 식으로 동원되는가에 대한 분석[24]이나 후지타니와 같은 젊은 역사학자가 국민화의 신체 기법을 군대 규율의 분석을 통해 논하는 연구[25]도 생겨났다.

돌이켜 보면 국민화 프로젝트가 처음부터 순조로웠던 것은 아니다. 메이지 5년(1872년)에 학제學制*가 성립된 후에도 취학률을 높이기 위해 오랫동안 노력했으며, 메이지 6년(1873년)에 징병령**이 실시되자 각지에서 농민 폭동이 일어났다. 이런 것들을 통해 '국민화 프로젝트'가 진행되는 과

정 속에 뿌리 깊은 저항이 있었음을 알 수 있다.[26]

하지만 오쿠 다케노리奧武則는 국민화의 의제에서도 "여성이 국민화의 대상이 된다는 데에 대한 문제의식 자체가 희박"했다고 지적했다.[27] 이제 겨우 여성학 연구자들이 국민국가를 젠더화하는 과제에 도전하고 있는데, 부인 참정권을 국민화 프로젝트와의 관계에서 분석하는 다테 가오루舘かおる의 작업이 대표적인 예다. 다테는 1925년에 보통선거법이 시행되었을 때 유권자로서 "일본 신민 남자"에 "재일 조선인·대만인 남성"도 포함된 것을 지적하면서, "일본 보통선거의 경우 젠더 규범은 계급, 민족 규범 이상으로 강하게 작용했다"고 결론지었다.[28] 즉 (남자) 보통선거법이란 남성들 간에 계급과 민족을 넘어선 평등한 공동성을 내세우는 대신 여성의 참정권을 부인한 법이었다.

여성의 국민화를 근대로부터 이어지는 미완의 프로젝트라고 해석한다면, 전쟁은 국민화 프로젝트 과정 속의 일화가 아니라 오히려 그것을 촉진시킨 혁신이며 일종의 극한적 형태였음을 인정할 수밖에 없다.

근대 총력전은 국민국가 최대의 사업이며 지정학적·인구학적·상징적 투쟁의 장이다. 그때 국가는 완전한 영역화全域化를 목표로 삼아 사회의 국가화와 가정의 국가화라는 두 가지 힘을 요구하게 된다.[29] 그 의도를 노골적으로 담론화했다는 점에서 국가사회주의나 초국가주의라는 통칭은

---

\* 초등학교까지를 의무교육으로 하는 제도로 1872년에 실시되었다. 현재 일본은 중학교까지 의무교육을 실시하고 있다.

\*\* 신분에 관계없이 모든 남성에게 3년 동안의 현역 복무와 4년 동안의 보충역 복무를 의무화했다.

매우 적절한 명명이라고 할 수 있다. 전쟁은 투명한 공동성을 달성하게 되어 사람들은 그런 전체성이나 국민 통합이 불러오는 흥분을 그 후에도 오랫동안 향수처럼 회상하곤 한다.

1980년대 이후 전시 여성의 국민화에 대한 중요한 연구 업적이 잇달아 발표되었다. 그것은 국민국가와 젠더라는 변수가 그 시기에 이르러 간신히 '발견'되었기 때문이기도 하지만, 동시에 근대화 프로젝트가 한계를 드러냈기 때문에 비로소 이 두 가지 변수가 가시화되었다고도 할 수 있다. 거기에는 1980년대 페미니즘이 여성사에 미친 영향, 즉 여성을 역사의 수동적 존재에서 역사를 만들어내는 주체적 의사 결정자로 전환시키는 역사관의 패러다임 전환이 선행하고 있다. 그것이 일본 여성사에서는 피해자 사관에서 가해자 사관으로의 전환, 즉 여성의 전쟁 가담, 전쟁 책임을 추구하는 방향으로 나아갔다. 여성이 역사의 주체agency임을 인정하면 동시에 역사에 대한 책임도 피할 수 없기 때문이다.[30]

나는 1980년대 이후 이런 새로운 여성사의 동향을 반성적 여성사reflexive women's history라고 부르고 싶다. 그것은 동시에 회고적이기도 하고 자성적이기도 하다. 여성의 역사적 주체성agency을 발견하자마자 가차 없는 전쟁 책임 추구로 나아갔던 것은 아이러니지만, 그것은 동시에 페미니즘과 여성사의 성숙, 즉 피해자 사관에서의 탈피를 의미한다. 하지만 나중에 검토하는 것처럼 반성적 여성사가 무엇을 '반성'의 대상으로 하는가에 따라 문제를 받아들이는 방식은 크게 달라진다.

## 4. 여성의 국민화와 총동원 체제

여성의 국민화 매체는 네 가지 차원으로 나누어 생각해볼 수 있다.

첫 번째는 국가, 즉 정치, 정책, 통제, 공적 선전 등이다. 두 번째는 사상과 담론, 즉 지도층 담론, 미디어, 이미지 등이다. 세 번째는 운동과 실천, 즉 대중 동원이다. 네 번째는 생활과 풍속이다. 각각의 내용들에 대해서는 지금까지 여성 연구자들이 상당한 연구 성과를 쌓아왔다.

여기서는 전시의 국가에 의한 대중 동원과 여성 정책, 공적 선전 등의 동향을 하나의 축으로, 다른 한편으로는 그런 것들에 대한 여성의 반응, 특히 페미니스트 지도자 계층의 동향을 다른 한 축으로 논하고자 한다.

일본 정부는 전쟁 초기부터 총력전을 펴려면 '후방'에 있는 여성의 협력이 불가피하다는 것을 충분히 인지하고 여성의 조직화를 추진해갔다. 만주사변(1931년)이 일어난 바로 다음 해에 대일본국방부인회가 결성되었다. 1937년 루거우차오 사건\*을 계기로 중일선쟁이 전면화되자 동시에 '국민정신총동원 실시 요강'을 결정해 같은 해 10월에 국민정신총동원중앙연맹이 발족했는데, 이때 여성 단체에서는 요시오카 야요이吉岡彌生,\*\* 이치카와

---

\* 중국 베이징 시 남서쪽의 융딩 강(永定河)에 있는 돌다리 루거우차오(蘆溝橋)에서 벌어진 발포 사건. 1937년 7월 7일, 일본의 '지나(支那) 주둔군' 1중대가 야간 훈련을 하던 중 총격을 받자, 일본군은 이튿날인 8일 새벽 루거우차오 소재지인 완핑 현(宛平縣)의 성(城)을 폭격하며 응전했다. 누가 최초로 사격을 시작했는지는 분명하지 않고 사건 자체는 사소한 분쟁이었지만 당시 중일 간의 긴박한 정세에서 전면전의 도화선이 되었다.

\*\* 1871~1959. 의사. 1900년에 도쿄여의학교(현 도쿄여자의대)를 창립했고 쇼와기(昭和期) 부인 단체의 리더로 활약했다.

후사에 市川房枝 등의 지도층이 위원에 취임했다. 1939년 제2차 세계대전이 발발한 다음 해에 다이쇼 익찬회大正翼贊會*가 발족했고, 중앙협력회의(그 이름도 국민가족회의**)가 부설되었다. 태평양전쟁 발발 직후인 1942년에는 애국부인회와 대일본국방부인회, 대일본연합부인회가 합류해 대일본부인회를 결성했다.

대일본부인회는 '미혼 여성을 제외한 20세 이상의 모든 일본 부인'을 회원으로 하는 국책 단체였다. 이때 애국부인회는 400만 명, 국방부인회는 900만 명의 회원을 두고 있었다. 이 대일본부인회가 군부의 영향력 아래에서 만들어진 것은 명확하다. 종종 지적되듯이, 야마우치山內 후작 부인인 사다코禎子라는 여성이 총재였지만 이사장은 내무 관료를 역임한 남성이었다.

게다가 전황이 긴박해짐에 따라 1944년 여자 정신근로령, 1945년 국민 근로동원령 등 여성을 포함한 전 국민 총동원 체제가 만들어졌다. 오키나와***전에서의 패전을 거쳐 본토 결전을 눈앞에 둔 전쟁 말기인 1945년 6월

---

\* 익찬이란 힘을 합쳐 천자(天子), 즉 천황을 돕는다는 뜻이다. 다이쇼 익찬회는 1940년 10월 12일에 고노에(近衛) 내각을 위해 설립된 것으로, 신체제 운동(新體制運動) 아래에서 전시 체제를 새롭게 전환한 것이다. 정당, 노동조합 등을 포함한 모든 자립적인 조직을 해산시키고 익찬회 산하로 조직화해 지역, 경제 전반에 걸쳐 지도·통제하는 체제를 말한다.

\*\* 국민가족회의는 중앙협력회의의 다른 이름이다.

\*\*\* 오키나와는 원래 류큐 왕국(琉球王國)으로서 15세기 이후 일본과 중국에 조공을 해왔으나 일본이 메이지유신(1868년) 이후 류큐 번(琉球藩)으로 복속시켜 1879년에 오키나와 현(沖縄縣)이 되었다. 오키나와 현과 관련한 차별 문제는 지금도 여전히 미군 주둔 등을 둘러싸고 문제가 되곤 한다.

23일에 의용병역법[31]이 공포되어 '15~60세 남자, 17~40세 여자' 모두를 국민 의용병 전투대로 편성함에 따라 대일본부인회는 그 안에서 '발전적으로 해산'하게 되었다.

전시 여성 동원의 시각적 선전물을 분석한 와카쿠와 미도리若桑みどり는 고우케츠 아츠시纐纈厚의 발언을 인용해 "총력전 체제는 남녀의 역할 분담을 무너뜨리지 않았다"고 결론지었다.[32]

이것은 국민화와 젠더의 경계의 정의를 둘러싼 문제, 즉 '국민'이 남성성을 모델로 정의되었을 때 총동원 체제와 성별 영역 지정의 딜레마를 어떻게 해결할 것인가를 둘러싸고 두 가지 방법의 가능성을 암시한다. 결론부터 이야기하자면 '통합형Integration'과 '분리형Segregation'이라고 해도 좋을 것이다. 둘 다 여성의 전쟁참가의 하위유형으로, 통합형은 남성과 대등한 참가로, 분리형은 여성다운 참가로 바꾸어 말할 수 있다. 오해가 없도록 말해두자면 양쪽 모두 '이류 시민'이라는 한정된 틀 안에서 진행되었다는 것은 자명하다.

일본과 독일은 전형적인 분리형이라고 해도 좋다.[33] 전쟁 초기 독일과 일본은 모두 여성의 정치 활동을 금지했다. 독일에서는 나치가 정권을 잡은 다음 해에 여성의 정치 활동을 금지하는 법률이 성립되었으며, 일본에서는 만주사변이 일어난 1931년에 부인 공민권 법안이 중의원에서는 가결되었으나 귀족원*에서 부결되는 사태를 맞이했다. 중일전쟁 발발 직후

---

* 1890년에 창설되어 메이지 헌법 아래에서 중의원과 함께 제국 의회를 구성했던 입법기관으로서 일종의 상원이다.

인 1937년에는 대일본연합부인회 여자청년단이 '여자 의용대'를 결성하는 운동을 시작해 여성들 사이에서 종군 지원자가 속출했다고 보도되었으나 당국은 이를 허가하지 않았다고 발표했다.[34]

병력 부족이 문제가 된 전쟁 말기에 이르러서도 일본은 여성 징병을 전혀 고려하지 않았다. 전쟁이 막바지에 달한 1945년에 여성 항공 정비원을 채용하고 육군이 여성 위생병을 모집하기는 했지만 모두 전투가 아닌 후방 지원 등의 보조 업무를 위한 것에 불과했다. 국민 의용병을 어떻게 해석할 것인가는 미묘한 문제이지만, 당시 이미 전쟁터가 되어버린 오키나와에서는 지역 민간인에 의한 '철혈 의용대'나 '여자 정신대' 등을 통해 국민 총병력화의 예비 경험을 쌓아가고 있었다. 오키나와에 상륙한 미군은 포로들 중 전투를 감당할 수 없는 고령자나 소년 등이 포함되어 있는 것을 보고 놀랐다고 한다. 하지만 이런 극한 상황에서조차 '히메유리ひめゆり 부대'*와 같은 여자 정신대는 구호 활동을 위한 후방 지원 부대로 삼았을 뿐 전투원으로 여기는 일은 없었다. 여성을 포함한 국민 총병력화를 목표로 한 '국민 의용병'은 전투원과 민간인을 구별하기 어려워지는 본토 결전을 준비하기 위한, 말하자면 최후 자위 병력이므로 이것을 여성 징병의 한 종류로 보기에는 무리가 있다.[35]

국민국가가 군사력과 생산력 증강을 국가 목표로 삼고 국민을 인구, 즉 병력과 노동력으로 환원할 경우 병역은 국민화의 열쇠가 된다. 이때 국

---

\* 제2차 세계대전 말기에 오키나와 현립 제일여고와 오키나와 사범 여자부의 학생 및 직원으로 구성된 간호 부대. 현재 오키나와에는 비극적인 최후를 맞은 이들을 위로하기 위해 히메유리 탑이 세워졌다.

민은 국가를 위해 죽을 수 있는 명예를 가진 사람과 국가를 위해 죽을 수 있는 명예를 갖지 못한 사람으로 나뉘고, 전자만이 '국민' 자격을 획득하게 된다. 전쟁은 젠더 경계를 평상시보다 훨씬 더 명료하게 보여준다. 따라서 통합형 평등을 요구하는 여성들은 전투에 참가함으로써 전쟁터에서의 이 젠더 경계를 뛰어넘고자 했다. 실제로 여성 병사를 적극적으로 채용한 미국이나 여성 징병을 실시한 영국에서는 통합형 전략을 국가가 적극적으로 채용했으며, 여성 또한 이에 응했다. 그런데 미국의 경우 여성 병사가 병력 부족을 메우는 최후 수단이라는 견해가 부정된다. 미국은 일본이나 독일 같이 심각한 병력 부족 문제로 고민하지 않았기 때문이다. 만약 여성 징병이 병력 부족 때문에 이루어지는 것이 아니라면 다른 원인을 찾아봐야 한다. 미국은 페르시아 만 전쟁에 여성 병사를 파견했지만 이보다 앞선 오랜 역사가 있었다. 통합형과 분리형의 전략 차이는 지금도 페미니즘 내부에서 평등파와 차이파의 대립으로 알려져 있지만, 우리는 이런 노선 차이와 국민 문화 상황과의 대응이 생각보다 훨씬 뿌리 깊다는 사실을 마주하게 된다. 애석하게도 오늘날의 페미니즘은 국적과 문화에 구속되어 있다.

국민 총동원에 이르러 최후까지 일본이 젠더 분리 체제를 무너뜨리지 않은 데다 여성들 사이에서 통합형 요구가 생겨나지 않았다는 점은 정말로 놀랄 만한 일이다. 전시 체험에 대해 '여성도 전쟁에 공헌할 수 있다'고 사기를 북돋는 사람들은 많았지만, 내가 아는 한 모리사키 가즈에森崎和江*

---

* 1927~. 평론가, 시인. 식민지 조선의 대구에서 출생해 어린 시절을 보냈다. 모리사키는 조선인 유모 품에 안겨 자신이 조선의 어린이들이 받아야 할 사랑을 빼앗고 있다는 사실을 고통스럽게 느끼곤 했다고 회상한 적이 있다. 저서로는 『제3의 성』

만이 "그 전쟁의 굴욕감. 총을 독점해 전쟁을 소유한 남자들"이라는 짧은 표현으로 '전쟁에서 죽을 수 없는' 여자의 굴욕에 대해 증언했다.[36]

여기서 모리사키의 명예를 위해 덧붙이자면 그녀는 결코 군국 소녀가 아니었다. 그렇기는커녕 식민지에서 보낸 소녀 시절에 식민지 지배가 공정하지 못함을 예민하게 받아들이는 감수성을 지니고 있었다. 전쟁이 젠더에 부여한 '궁극적 정의', 누구나 알고 있으면서도 너무나 노골적이고 압도적인 사실 앞에서 오히려 보고도 못 본 체하는 이 젠더 비대칭을 모리사키가 기술할 수 있었던 것은 적어도 그녀가 그런 것들로부터 거리를 두고 있었다는 것을 의미한다.

군신軍神*이 될 수 있는지 없는지는 전쟁이 젠더에 부여한 억세고도 비대칭적인 정의였다. 그 대신 분리형 젠더 전략이 여성에게 부여한 '지정석'은 '야스쿠니靖國**의 어머니'가 되는 것이었다. 와카쿠와 미도리는 저서 『전쟁이 만들어낸 여성상』의 서두에 갓 난 남자아이를 안고 야스쿠니에 참배하는 젊은 엄마이자 군신이 된 남편을 대면하는 젊은 미망인의 엄숙한 모습을 그린 도판을 싣고 있다. 책에서 그것만 컬러 도판이라는 점으로 미루어 와카쿠와가 이 그림이 담고 있는 상징성을 높게 평가하고 있다는 것

---

(1965), 『투쟁과 에로스』(1970), 『가라유키상』(1976) 등이 있다.

\*   전쟁에서 공을 세우고 죽은 군인의 존칭.

\*\*   '야스쿠니'는 나라를 태평하게 다스린다는 뜻이다. 여기서 야스쿠니는 메이지유신 및 그 이후의 전쟁, 즉 제2차 세계대전(제국주의 침략전쟁) 등에서 죽은 약 250여만 명의 위패를 모아 기리고 있는 야스쿠니 신사를 말한다. 지금도 야스쿠니 신사에 관료들의 참배가 끊이지 않아 한국과 중국 등을 포함한 아시아 국가들과의 외교 문제가 되곤 한다.

을 잘 알 수 있다. 이 여성은 남편을 잃었는데도 어린 아들까지 국가에 바칠 결의를 보이고 있는 것이다. '전쟁에서 죽을 수 없는 굴욕'을 당하는 여성은 이번에는 '군신의 어머니'가 됨으로써 비로소 군신의 영웅성에 맞설수 있게 된다. 거기에는 아이는 국가의 것이며 여성은 아이를 우연히 맡고 있는 것에 불과하다는, 즉 '엄마의 배는 잠시 빌린 것'이라는 가부장제 사상이 유감없이 발휘되고 있음을 와카쿠와는 지적한다. 그리고 그것을 '잠시 맡은 신의 아이를 신에게 돌려주는' 성모 피에타 상과 대비시켜 와카쿠와는 다음과 같이 결론짓는다.

> 전시에 일본 여성에게 주어진 이미지는 전쟁 그 자체를 나타내 전의를 고양시키는 회화가 아니라 남자 아이를 안은 모성상, 즉 '성모자' 계보에 들어가는 것이었다.[37]

와카쿠와의 이런 지적은 거기에 무엇이 있었는지뿐 아니라 거기에 무엇이 없었는가라는 부재 이미지까지 언급하고 있다.

> 국가와 국가의 뜻을 받은 지도자, 여론 주도층, 선전가 등은 여성을 전쟁에 동원하기 위한 이미지 전략을 세울 때 결코 전쟁의 현장, 전황, 승리, 또는 개선, 정복, 점령 등의 화면을 여성에게 보여주고자 하지 않았다. 대문자의 전쟁 그림은 남성용이며 격전 장면도 남자아이용 잡지에 빈번히 등장하는 남성 영역이었다.[38]

사실대로 말한다면 여성에게도 야스쿠니 신사에 모셔질 수 있는 길이 있었다. 그것은 종군 간호사로 순직하는 길이었다.[39] 그러나 와카쿠와는 가메야마 미치코龜山美知子의 연구에 대해 언급하면서 종군 간호사에게 요구되는 용기나 침착함, 냉정함과 같은 남성다움의 미덕(피 흘리는 현장을 보아도 태연함을 유지하는)은 본래의 여성성에 반하는 것으로 여겨졌다고 지적한다. 간호사는 전쟁터에서 "전투력 회복에 봉사하는 사람"으로서 "여성의 천성에 최적"이라고 생각되었지만,[40] 또 하나의 "전투력 회복에 봉사"했을 '위안부'의 공헌은 무시되었다. 그와 동시에 종군 간호사는 성의 이중 기준(모성과 창부성의 분리) 속에서 일본군 '위안부'와 범주상으로 엄격하게 구별될 필요가 있었다. 히구치 게이코樋口惠子는 종군 간호사가 '직장'에서 자주 성희롱의 대상이 되었을 것이라고 지적하고 있는데, 간호사라는 범주상의 신성성이 현장에서 일어난 성희롱을 문제시하는 것조차 막고 있었다고 할 수 있다. 그리고 이것은 바로 '위안부' 차별의 이면이기도 하다. 사실 전장에서 많은 일본군 '위안부'가 간호 요원으로도 동원되었는데, 종군 간호사 측으로부터 '추업부에게 간호를 시키지 말라'라는 비난의 소리가 있었다고 한다.


### 5. 페미니스트의 반응

이상과 같은 국가의 정책에 대해 여성들은 어떻게 반응했을까? 이에 대해서는 요즘 지도층의 사상과 담론, 나아가 여성 대중의 익찬 참가를 중심으로 급속도로 연구가 진행되고 있다.

지금 학계에서는 피해자 사관에서 가해자 사관으로라는 여성사 패러다임의 전환에서 영향을 받아 전전 여성 지식인의 전쟁 책임에 대한 텍스트 다시 읽기가 일어나고 있다. 그것은 전전 페미니즘의 주체였던 여성 사상가들의 과거를 한 사람도 빠짐없이 철저하게 파헤치며 이루어졌다.

그 가운데 종종 문제시되는 사람이 이치카와 후사에, 히라쓰카 라이초平塚らいてう, 다카무레 이쓰에高群逸枝다. 내가 이 세 사람을 문제 삼는 것은 그들이 전전 페미니즘을 이야기하는 데 빼놓을 수 없는 저명인사이기 때문만은 아니다. 이치카와는 부인 참정권론자로서, 히라쓰카는 모성주의자로서, 각각 통합형과 분리형 페미니스트 전략을 전형적으로 대표하고 있기 때문이다(단, 이치카와의 통합은 참정권의 평등에 머물고 있어 남성과 대등한 전쟁 참가까지 상정하고 있지는 않다). 다카무레는 히라쓰카의 후계자라고 자처한 모성주의자이며, 게다가 가장 광신적으로 성전聖戰을 지지했던 초국가주의자로서 빼놓을 수 없다. 여기에서도 나는 그들이 어떤 담론을 만들어냈는가보다는 그들의 담론과 행동이 여성사학자들에 의해 **어떻게 해석되어왔는가**, 그리고 그런 해석의 패러다임이 어떻게 변화했는가라는 메타역사 쪽에 초점을 맞춰보고 싶다.

이치카와 후사에(1893~1981)는 중일전쟁 발발 후인 1937년에 부선획득동맹婦選獲得同盟 외 8개 단체를 거느린 일본부인단체연맹을 결성하고 국가 총동원 체제에 호응해 '후방을 굳게 지키자'며 협력 체제를 만들었다. 그리고 같은 해에 국민정신총동원중앙연맹 위원에 취임했다. 1939년에는 국민정신총동원위원회의 간사가 되었고, 1940년에는 국민정신총동원중앙본부에 참여했으며, 1942년에는 대일본부인회의 심의원, 그리고 같은 해 대일본언론보국회의 이사가 되었다. 이런 '익찬 협력' 때문에 이치카와는 전후 점령군에 의해 공직에서 추방당했다. 이치카와의 '전쟁 협력'은 어렵지 않게 알 수 있으며, 게다가 이치카와 스스로나 연구자들도 경력상의 오점으로 인정해왔다. 이치카와 후사에 기념관에는 전시 자료가 공개되어 있으며, 적어도 그런 오점을 감추려 하지 않아 이치카와는 청렴한 운동가라는 평가를 받아왔다. 그리고 그것은 그런 통제 아래에서 여성 참정권 운동을 지키기 위해 어쩔 수 없이 취한 선택이었다는 해석이기도 하다.

한편 히라쓰카 라이초(1886~1971)가 여성 참정권 운동과 같은 '참가 사상'에는 소극적이었으며, 일찍부터 분리형인 모성주의 전략을 취했다는 사실은 널리 알려져 있다. 히라쓰카는 전시에 이치카와 후사에만큼 적극적인 공적 활동을 하지 않았기 때문에 그의 '전쟁 책임'은 아주 최근까지 불문에 부쳐져왔다. 하지만 요즘 전시 텍스트 다시 읽기를 통해서 모성주의와 표리를 이루는 히라쓰카의 '우생優生 사상'이 공격 대상에 올랐다. 또한 히라쓰카가 의외로 열광적인 천황 찬미 문장을 썼다는 사실도 밝혀져 사상가로서 그녀를 새롭게 평가함과 동시에 히라쓰카가 이끈 일본 페미니즘의 특이성을 재검토하는 움직임도 일고 있다.[41]

그런데 제1차 페미니즘 물결의 대표적인 사상가이며 각각 통합형과 분리형의 대표로 간주된 두 지도자의 전쟁 협력에 대해 반성적 여성사女性 史학자 중 한 사람인 스즈키 유코鈴木裕子는 다음과 같은 물음을 제기한다.

예전에는 훌륭하다고 여겨지던 사람이 전쟁 중에 왜 그런 잘못을 저지르게 된 것일까? (…) 〔그녀들이〕 익찬에 포박당하게 된 것은 도대체 무엇 때문인가?[42]

"라이초나 이치카와가 범한 잘못"이라는 표현은 첫째, 그들의 전쟁 협력이 상황에 의해 어쩔 수 없이 강제당한 것이 아닌 자유의사에 의한 선택이었다는 견해를 전제하고 있다. 둘째, '잘못'이라면 피할 수 있었던 잘못인지, 그럴 수 없었던 잘못인지 물음을 제기할 수 있다. 이는 만약 피할 수 있었던 잘못이라면 그들의 잘못을 교훈 삼아 다시는 같은 전철을 밟지 않도록 해야 한다는 문제의식이다. 셋째로, '잘못'이라는 말에는 '저 나쁜 전쟁'이라는 심판이 전제되어 있지만 이에 대해서는 나중에 논하겠다.

이런 잘못을 가능한 한 논리적으로 일관되게 설명하고자 하는 여성사학자들은 분명하게 명시하지 않은 채 연속 사관의 입장에 서 있다고 말할 수 있다.

스즈키 유코는 이치카와의 궤적을 "여성의 권리＝참가＝부인 해방"으로 정리하고 있다.[43] 그런 점에서 이치카와의 궤적은 운동가로서 발군의 감각을 지닌 여성 참정권 활동가로서 일관된 인생을 보냈다고 할 수 있다. 이치카와는 그것이 어떤 것이든 여성이 공적 활동에 참가하는 것을 일관되게 지지했다. 그녀가 범한 잘못은 그 공적 활동의 내용을 묻지 않은('나쁜 전쟁!') 것이 된다. 더욱이 부인 운동 지도자로서의 강렬한 사명감, 그리고 그것과 표리 관계에 있는 엘리트 의식이 그녀가 시국을 피해 은거하는 것을 허용하지 않았다.

히라쓰카의 텍스트 다시 읽기 또한 그녀의 사상적 일관성을 논증하는 방향으로 작용하고 있다. 전쟁 중의 우생학적인 발언은 그 이전의 모성 보호 논쟁에서의 입장과 연결되어 히라쓰카 모성주의의 필연적인 귀결이었다는 결론이 나온다. 모성을 통한 국가에의 공헌은 당연히 우량한 자손의 생산과 불량한 씨의 도태를 포함하고 있으며, 국가에 의한 모성 보장을 요구하는 입장은 쉽게 국가에 의한 모성 관리를 용인하는 결과를 낳았다. 사실 히라쓰카는 1938년 모자보호법이나 1940년 국민우생법, 1942년 임산

부수첩 교부와 같은 국가에 의한 모성 보호와 모성 관리에 대해 여러 해 동안 해온 주장이 겨우 인정된 것이라고 환영했다. 그런 배경에는 히라쓰카가 처음부터 지니고 있던 강렬한 '엘리트 의식'－낳을 자격이 있는 여자와 없는 여자의 분리－이 있었다고 스즈키는 지적한다.[44]

스즈키나 요네다 사요코米田佐代子와 같은 여성사학자는 히라쓰카가 천황제를 찬미하게 된 원인을 그녀의 '반근대주의'에서 찾고 있다. 여기에는 이에 앞서 모성 보호 논쟁을 전사前史로 두고 그 속에서 요사노 아키코與謝野晶子와 히라쓰카의 대립을 개인주의 대 모성주의, 나아가 근대주의 대 반근대주의의 대립으로 파악하는 구도가 저변에 깔려 있다. 히라쓰카가 《세이토青鞜》*를 창간하기 이전부터 임서선臨西禪의 도사에게 깨우침을 받은 선자였던 것과 자연이나 현미식을 신봉해 영적 가치에 무게를 둔 특이한 인물이었다는 것은 잘 알려져 있다.[45]

요네나는 스즈키의 고발 사관에 반발하는 한편, 히라쓰카의 연속성에 강한 지지를 보내며 "히라쓰카가 변절해서 국가에 다가선 것이 아니라 천황제 국가가 히라쓰카를 '포박했다'"라고 말하기까지 한다. 그리고 '전시에 나온 히라쓰카의 발언은 그녀의 일시적인 동요가 아니라 본질적인 것이었던가'라는 문제를 설정해 스스로 "오해를 무릅쓰고 말한다면, 그렇다"고 대답했다.

---

* 세이토는 18세기 영국 런던에서 여성 참정 운동을 벌였던 여류 문학가들을 가리키던 blue-stocking의 일본어 번역이다. 잡지 《세이토》는 1911년에 여성들의 힘만으로 발간된 잡지로서, 히라쓰카가 주도했다. 초기에는 문예지 성격이 강했으나 점차 구도덕 타파나 여성 해방을 주창하기에 이르렀다. 후기에 이르러 사회적 성격을 강하게 띠게 되지만 1916년에 5호 발행과 함께 폐간되었다.

히라쓰카는 일관된 반근대성이나 비합리성에 의해 현존하는 일체의 지배 질서(근대국가가 만들어낸 근대적이고 합리적인 질서)를 거역했다. 그러나 그런 비판 정신은 말하자면 투쟁 상대인 국가 권력 자체가 스스로 반근대적이며 비합리적인 입장, 즉 황국 사관에 기초한 지배 이데올로기를 취했을 때 문자 그대로 "포박당할" 가능성을 안고 있었던 것이다.[46]

스즈키도 "아마테라스 오미카미天照大神*의 후계자인 천황"이라든지 "가무나가라의 대도惟神の大道**"라는 등의 히라쓰카의 발언에 확연하게 곤혹스러워 하며 히라쓰카에게는 "논리를 초월한 곳에 하나의 세계"가 있었기 때문에 "애당초 논리적으로 납득하려는 것이 무리인지도 모르겠다"[47]고 백기를 들었다.

그런데 이 해석에는 몇 가지 문제점이 있다. 첫 번째로 히라쓰카가 정말로 반근대주의자인가 하는 점이다. 모성주의는 근대 개인주의를 부정한다는 점에서 종종 반근대주의와 단순하게 동일시하는 경향이 있지만, 근래 모성주의를 둘러싼 페미니즘 연구에 의해서 모성 또한 근대의 발명품이며 모성주의는 근대의 산물로서 페미니즘이 취할 수 있는 변이의 일종이라는 사실이 밝혀졌다.

이런 입장은 모성 보호 논쟁에서 히라쓰카의 논점을 상세하게 검토해보면 재확인할 수 있다.[48] 요사노 아키코의 "여성의 철저한 독립"이라는 주

---

* 일본 신화에 나오는 태양의 여신으로, 일본 황실의 조상이라고 한다.
** '전혀 인위적이지 않고 신의 뜻대로'라는 의미를 갖고 있는, 신대(神代)부터 전해져 오는 일본 고유의 도(道).

장에 대해 히라쓰카는 "모성 보호 주장은 의뢰주의가 아니다"라는 논리를 펼치는데, 그때 히라쓰카가 말하는 모성 보호의 '의뢰' 대상은 남편이 아닌 국가라는 공공 영역이었다. 히라쓰카는 여성은 모성을 통해 국가라는 공공 영역에 공헌하기 때문에 국가로부터 공적 시민으로서 모성을 보장받을 권리가 있다고 한다. 이런 주장은 국가라는 공공 영역이 성립되기 이전에는 생각할 수 없는 것이다. 히라쓰카가 엘렌 케이Ellen Key의 주장에 공감한 것도 모성 보장과 그에 연결된 복지국가의 역할이었다. 따라서 공적 영역의 비대에 기대를 걸었던 것에 지나지 않으며 그런 국가의 '공공성'이 미처 충분하게 확립되지 않은 시기에, 말하자면 시대에 앞서서 논의를 편 것이라고 할 수 있다. 오히려 요사노가 생활인으로서 존재하지도 않은 공공 영역에 기대를 건 히라쓰카의 이상주의를 현실주의 입장에서 비판한 것으로 이해하는 것이 타당할 것이다. 그리고 전시에 히라쓰카는 자신이 기대하던 이른바 비대해진 공적 영역을 보았던 것이다.

요사노는 이런 히라쓰카가 국가를 과대평가하고 있음을 간파하고 있었다.

> 히라쓰카 씨는 국가에 매우 큰 기대를 걸고 계신 것 같은데 (…) 물론 히라쓰카 씨가 말하는 '국가'는 현상 그대로의 국가가 아닌 이상적으로 개조된 국가를 의미할 것입니다.[49]

덧붙이자면, '모성 보호 논쟁'의 주요 참가자인 야마다 와카山田わか* 나 히라쓰카의 적극적인 소개 덕분에, 북유럽의 여성 사상가인 엘렌 케이는 서구보다 일본에서 훨씬 높은 평가와 지명도를 얻고 있다. 그렇다고 해

서 일본의 제1차 페미니즘 물결이 서구로부터 수입된 사상이라는 해석은 적절하지 않다. 번역이라는 문화 소개 사업은 반드시 선별 과정을 포함한다.[50] 일본 페미니즘은 성립 당시부터 북유럽계 모성주의와 친밀성을 지니고 있었으며 앵글로색슨적인 개인주의적 평등주의를 멀리하는 경향이 있었다. 예를 들면 히라쓰카는 엘렌 케이의 글을 《세이토》에 번역해 소개했는데, 이것은 히라쓰카가 엘렌 케이에게 영향을 받았다기보다는 히라쓰카가 엘렌 케이의 사상에서 공감할 수 있는 부분을 발견했다고 하는 쪽이 타당하다. 당시 샬럿 퍼킨스 길먼Charlotte Perkins Gilman과 같은 앵글로색슨계의 개인주의 사상도 알려졌지만 적극적으로 도입되어 소개되지는 않았다.

미야케 요시코三宅義子는 '모성 보호 논쟁'을 국제 페미니즘의 맥락에 위치시키고자 하는 흥미진진한 연구를 통해서 요사노 대 히라쓰카의 논쟁을 엘렌 케이와 샬럿 퍼킨스 길먼이 가진 사상적 배경의 차이로까지 거슬러 올라가 논하고 있다. 이보다 먼저 앵글로색슨계 페미니즘 – 경제적 자립과 정치적 평등을 지향한 개인주의 페미니즘이며, 메리 울스턴크래프트나 올리브 슈라이너 등이 대표적인 사람들이다 – 은 이미 일본에 알려져 있었다. 원래 엘렌 케이 류의 모성주의 페미니즘은 제1차 페미니즘 물결의 제1단계에 등장한 개인주의 페미니즘에 대한 비판으로 제2단계에 등장했던 것이다. 서구 페미니즘 그 자체가 틈새 없이 견고하게 결합된 한 덩어리가 결코 아니다. 자본주의의 후발 주자로서의 일본 페미니즘은 요사노가 "추운 나라의 봄에

---

*    1879~1957. 모성 보호에 전력한 여성 운동가. 젊었을 때 뚜쟁이에게 속아 미국의 매춘 시설에 팔려 갔던 경험을 토대로 1947년에 매춘부 갱생 시설인 하타가야(幡ヶ谷) 여자학원을 설립했다.

는 복숭아꽃과 배꽃이 일시에 핀다"고 말했던 것과 같은 상황이었지만, 그런 국면에서도 서구 페미니즘을 선택적으로 수용했던 것은 분명하다.[51] 요사노 대 히라쓰카 논쟁은 단순히 일본으로 무대를 옮긴 서구 페미니즘의 '대리전쟁'이 아니었다.

두 번째로, 모성 보호 논쟁 속에서 개인주의 페미니즘을 대변한 듯한 요사노는 정말로 근대 개인주의자인가 하는 의문이 성립된다. '모성 보호 논쟁' 가운데 종종 인용되는 요사노의 발언을 살펴보자.

> 나는 어린이를 물건이나 도구로 생각하지 않으며, 한 사람의 독립적인 인격체라고 생각합니다. 어린이는 어린이 자신의 것입니다. 히라쓰카 씨와 같이 사회의 것, 국가의 것이라고는 결코 생각하지 않습니다.[52]

이 문장은 그녀의 개인주의를 예증하기 위해 자주 거론되곤 하지만, 이런 요사노의 입장이 과연 국가 이전의 것인지 또는 국가 이후의 것인지는 검토할 만한 가치가 있다. 예를 들면 러일전쟁 당시 요사노가 쓴 유명한 반전 시 「당신, 죽을 것 없을지어다」*도 국가주의에 우선하는 전근대적인 가족주의 가치를 드러낸 것으로 읽을 수 있다. 히라쓰카에 대해서 "국가주의자나 군국주의자와 같은 고압적인 말투를 흘린다"고 이야기한 요사노의 직관은 어떤 의미에서는 정확했다. 반대로 요사노가 국가주의에 대해 거리를 유지할 수 있었던 것은 그녀가 국가 이전의 공동체적인 윤리를 신

---

\*     이 시는 러일 전쟁 당시 요사노가 전선에 나간 동생에게 보낸 것이다.

체화했기 때문은 아닌가 생각해볼 수도 있다.[53]

1918년 모성 보호 논쟁이 일어날 당시에 부인 참정권 운동은 아직 이루어지지 않고 있었다. 모성주의자 히라쓰카가 당초 부인 참정권 요구에 냉담했었다는 것은 잘 알려진 사실이다. 1920년에 이르러 히라쓰카는 이치카와 등과 합류해 신부인협회를 결성하고, 여성의 정치적 권리를 요구하는 데 뛰어들었으며, 1924년에는 이치카와 후사에, 구부시로 오치미久布白落美* 등에 의해 부인참정권획득성동맹婦人參政權獲得成同盟이 발족되었다. 모성 보호 논쟁 과정에서 요사노 아키코는 사회주의자인 사카이 가가와堺枯川, 즉 도시히코利彦**로부터 "중심이 되어 부인 참정권 운동을 일으키도록" 그리고 "주창자로는 내〔요사노〕가 가장 적합"하다는 종용을 받았지만, 자신의 생활에 여유가 없다는 것과 때가 아니라는 것을 이유로 굳이 사양했다고 한다.[54] 이 문장을 볼 때 요사노가 부인 참정권을 지지했던 것은 분명하며, 그녀를 이치카와와 함께 '통합형'의 계보에 위치시키는 것은 타당할 것이다.

세 번째 문제점은 스즈키와 요네다 모두 히라쓰카의 일관성을 강조하기 때문에 오히려 전시 체제의 비합리성, 따라서 전시라는 비상시와 근대화 프로젝트의 단절을 전제하게 된다. 그것은 페미니스트 사상가의 전

---

*  1882~1972. 1916년에 일본 부인교풍회 총간사가 된 이후 일관되게 폐창 운동에 종사했다. 전후 매춘방지법제정촉진위원회 위원장이 되어 매춘방지법 제정에 온 힘을 쏟았다.

**  1870~1933. 사회주의자. 1906년에 잡지 《사회주의 연구》를 창간해 마르크스주의 연구에 노력했으며 1922년 공산당 창립에도 참여했다.

쟁 협력의 필연성을 논증하기 위해 반대로 전쟁을 근대화 프로젝트로부터의 일탈이라고 전제하게 되는 것으로, 그 전쟁이 일본 근대사에서 불합리한 광기였다는 예전의 패러다임으로 다시 돌아가고 마는 결과가 된다. 그런 의미에서 그들의 견해는 전전 페미니스트의 연속성을 강조하는 구 연속 사관 패러다임 안에 있는 것이며, 신연속설과는 연결되지 않는다.

### 6. 여성판 근대 초극파

또 하나의 중요한 인물로서 다카무레 이쓰에(1894~1964)를 들어보자. 그녀는 광신적으로 전쟁을 찬미하고 천황제 이데올로기를 지지했기 때문에, 말하자면 가장 대표적인 반근대주의자로 취급되고 있다. 게다가 히라쓰카의 사상적 적자를 자칭하며 근대 개인주의를 초월한 모성적 자아를 강조한 것 등으로 조국가수의를 적극적으로 추진한 여성 측 책임자로 여겨지고 있다. 말하자면 근대 초극파의 사상적 지도자로 간주된 인물로서, 거의 모든 평전에서 변호의 여지 없이 다뤄지고 있다.[55]

> 시대의 질식감에서 일본 정신으로 회귀, 급기야 익찬 체제에 적극적으로 가담한 것은 15년 전쟁 아래서 대다수의 일본 지식인이 걸은 길이지만, (…) 아마도 그것이 다카무레가 여성 해방을 근대 난관의 극복에 맞추어 심혼을 기울여 추구한 결과일 것이라고 생각하면 무참한 생각에 어찌할 바를 모르겠다.[56]

그러나 다카무레의 반근대주의에 대해서도 검토해볼 필요가 있다. 다카무레는 「해, 달 위에」라는 시를 발표하며 시인으로 등단했을 때부터 도시와 자본주의의 악에 대항하는 자연과 전원의 옹호자로 등장했다. 그런데 근대의 담론사가 명확히 한 것은 전원 사상이야말로 근대에 대한 반작용으로서, 존재하지도 않았던 과거를 향수 대상으로 만들어내면서 생겨난 사상이며, 그런 점에서 근대의 부산물이라는 견해다. 따라서 다카무레의 반근대주의, 즉 반산업주의와 반도시주의 또한 모성주의와 마찬가지로 근대 페미니즘의 두 번째 단계에 등장한 사상이었다.

이런 근대에 대한 반동 사상은 서구가 근대를 대변하는 오리엔탈리즘의 구도 속에서는 일본 내셔널리즘에 지극히 적합한 성격을 지니고 있었다. 그리고 다카무레 자신이 천황제 담론을 교묘하게 이용해 자신의 입장을 정당화하고자 한 시도는 역작 『모계제 연구母系制の研究』(1938)에서 결실을 맺는다.

1931년에 다카무레는 도쿄 도 스기나미杉並 구의 '숲 속의 집'에 '두문 불출·면회 사절'이라는 팻말을 걸고 10년 넘게 하루 10시간씩 연구에 몰두하는 등 전설적인 학문 연구 생활에 돌입다. 이 기간 동안 다카무레의 생활을 지원할 목적으로 후원회가 조직되었는데, 그 회원 명부에는 이치카와 후사에, 히라쓰카 라이초 등 당시 반드시 뜻을 같이했다고 하기 어려운 사람들의 이름이 올라 있다. 니시카와 유코西川祐子는 페미니스트 지도층이 다카무레를 후원하게 된 동기를 전쟁 협력을 위한 이론적 정당화가 절실하게 필요했기 때문이라고 지적한다. 다카무레는 그녀들에게 이론적 정당화를 마련해줄 수 있는 이론가로 여겨졌던 것이다.

다카무레는 고대 친족 관계를 초서혼에 기초한 모계제라며 전전의 가부장적 역사관에 도전했지만, 동시에 고대 천황제 사회에서는 본래 여성

의 지위가 높았다며 여성사를 황국 사관과 연결시키고, 또한 혼인화협婚姻
和協 논리에 의해 대동아공영권 사상을 정당화했다.[57] 그렇기 때문에 전시
임에도 불구하고 『모계제 연구』를 펴낼 수 있었으며, 회원 수가 2000만 명
인 대일본부인회 기관지인《일본 부인》에 계속 연재할 수 있었던 것이다.

1966년부터 1970년까지 5년에 걸쳐 펴낸 『다카무레 이쓰에 전집』[58]에
는 그녀가 전시에 행한 전쟁 찬미 발언이 주의 깊게 삭제되었다. 그런 점으
로 판단해보건대 적어도 이 전집을 엮은 남편 하시모토 겐조橋本憲三는 다
카무레의 과거를 오점으로 생각하고 있었음이 분명하다.[59] 전집에 수록되
지 않은 작품 중에서《일본 부인》의 1944년 11월호에 게재된 「우아하고
아름다운 여인」의 일부를 인용해본다.

우리 '우아하고 아름다운 여인'은 가족심家族心*을 생명으로 여겨 세계의
가족화를 갈망하고 있다. 그러므로 그것을 막는 것에 대항하기 위해 성
전이 일어났으므로, 전쟁은 적극적으로 여성의 것이라고 해도 좋다. 우리
아이, 우리 남편, 우리 형제를 격려해 싸워 이기도록 만들어야만 하는 여

---

* 국가주의 이데올로기, 국가주의 감정은 생물학적인 자웅 단위를 기반으로 해 원초
적인 감정에 의해 유지되는 것처럼 보이는 가족 개념과 직접적으로 연결되어 있다.
그리고 국가주의 이데올로기는 가족을 국가라는 공동체의 척도로 삼음으로써 국가
도 자연적이며 본래적인 조직이라고 믿게 만든다. 전시 일본에서도 국민이 천황의
'적자'라는 언설과 황후를 국모라고 부르는 것 등을 통해 군국주의 체제는 국민에
의해 감정적·정신적으로 지탱되었다. 여기서 다카무레가 이야기하는 '가족심'도 그
런 이데올로기의 일종이라고 할 수 있다. 가족심은 출산(병사의 출산)과 가정을 지
키는 것, 즉 국가주의의 근본인 가족의 기반을 굳건하게 지키는 것을 본분으로 여기
는 여성들의 마음가짐으로 해석할 수 있다.

성의 뜻이 여기에 있다.

　이번 대전에 우리는 '여자이지만'이 아니라 '여자이기 때문에' 떨쳐 일어서는 바이다.[60]


　다카무레를 연구하는 사람은 많지만 그녀가 이용했다는 1차 사료까지 거슬러 올라가 다카무레의 여성사를 검토하는 사람은 적다.『신찬성씨록新撰姓氏録』* 등 원전만 해도 1만 장이 넘는 계보지를 카드화했다는 다카무레의 작업을 검증하는 일에만도 방대한 노력이 필요하다. 구리하라 히로무栗原弘도 10여 년에 걸쳐 다카무레가 연구 대상으로 삼았던 헤이안** 중기 500여 가족의 예를 근거로, 다카무레가 "사료를 고치고 의도적으로 창작"했다고 주장했다.[61] 구리하라의 '다카무레 여성사 허구설'은 다카무레 연구자 사이에 커다란 파문을 일으켰지만, 구리하라는 다카무레를 일면적으로 단죄하는 것이 아니라 다카무레 여성사의 숨겨진 뜻을 존중하는 마음을 담긴 이해를 보이고 있다. 그에 따르면 "다카무레의 궁극적인 목적"은 "쓰인 역사 속에서 여성 해방"을 이루고자 하여 "유사 이래 일본 여성의 음울함을 털어내고자 한 것"이었다고 지적한다.[62] 다카무레에게 자신의 여성사 자체가 여성 해방을 위한 '수행적 언어 행위illocutionary speech act'(J. L. 오스틴)

---

*　　헤이안쿄(平安京)·고기(五畿) 내에 거주했던 고대 씨족 계보지로,『성씨록』이라고도 한다. 헤이안은 지금의 교토이며, 고기는 역대 천황의 궁성이 있던 5대 지역인 야마시로(山城), 야마토(大和), 가와치(河内), 이즈미(和泉), 셋스(攝津)를 말한다.

**　　794년에 수도를 나라(奈良)에서 헤이안으로 옮겨 이후 400년 동안 헤이안쿄가 정치의 중심지였던 시기.

였다면, 그녀는 전시에도 그 저작으로 ─ 그 방향은 묻지 않고 ─ 여성들을 지속적으로 격려했던 것이다.


## 7. 여성 사회주의자인가 사회주의 여성 해방론자인가
### ─ 야마카와 기쿠에의 경우

모성 보호 논쟁에서 활약한 또 다른 사회주의자 야마카와 기쿠에山川菊江(1890~1980)에 대해 언급해보자. 전전 여성 사회주의자를 페미니스트에 넣을 수 있을까 하는 문제는 그 자체가 논의 대상이다. '페미니즘'이라는 용어는《세이토》의 관계자들이 의식적으로 사용했지만, 그들의 운동은 사회주의자들로부터 '부르주아 페미니즘'으로 단죄되었다. 계급의 관점에선 이들이 보기에 당시 세계를 석권했던 제1차 페미니즘 물결은 부르주아 자유주의의 변종에 지나지 않으며, 사회주의 진영 여성들이 그런 흐름에 동조했던 흔적도 없다. 당사자들의 자기 정의로부터 벗어난다면, 그것 또한 세계사적으로는 페미니즘 조류의 하나인 사회주의 여성 해방론을 형성하는 것이지만, 개개 여성 활동가가 사회주의 페미니스트인지 아니면 여성 사회주의자인지는 검토할 만한 가치가 있다.

물론 무엇을 페미니즘이라고 부를 것인가는 관점에 따라 다양하다. 여기서 잠정적으로 정의를 내리면, 어떤 운동이 '페미니즘'이기 위해서는 첫 번째로 여성의 자율적 운동일 것, 두 번째로 여성의 성 역할(젠더)에 대해 문제시할 것 등 둘 다 필요하다. 이 중에서 첫 번째 조건은 필수 조건이지만 그렇다고 여성이 담당하는 모든 운동을 페미니즘이라고 할 수는 없다.[63] 이 두 가지 조건으로 판단하면 첫째, 사회주의 운동은 우선 남성 우위

운동이며 따라서 여성의 자율적인 운동이라는 조건이 결여되어 있다. 둘째, 사회주의 진영은 여성 요구의 독자성을 인정하지 않고 오히려 여성이 독자적인 움직임을 보이는 것을 분파주의라고 부르며 꺼렸다. 사회주의자에게 여성 해방은 노동자 계급 해방에 종속되는 것으로서, 사회주의 혁명과 함께 자동으로 달성되는 것이라고 여겨졌다. 따라서 여성은 노동자 해방을 위한 계급 투쟁에 합류해야 하며, 여성의 독자적인 투쟁은 의미가 없을 뿐 아니라 노동자의 단결을 가로막는다고 간주되었다. 게다가 해방되어야 할 여성은 노동자 계급에 속하는 여성들이며, "자기 안에 잠재된 천재성의 발휘"(히라쓰카)를 꾀하는 페미니즘 같은 것은 부르주아의 소일거리에 불과하다고 보았다.

야마카와는 모성 보호 논쟁에서 요사노 대 히라쓰카의 대립에 끼어들어 "요사노를 일본의 메리 울스턴크래프트, (…) 히라쓰카를 일본의 엘렌 케이"에 대비시켜 논점을 정리해 28세라는 젊은 나이에 이론가로서 명성을 날리게 된다.[64] 사회주의자인 야마카와의 관점에서 보면 "요사노의 사회 비평은 부르주아지에서 출발해 부르주아지로 끝나는" 것이고 "엘렌 케이는 끝에 가서는 진부한 사회정책론자에 지나지 않는" 이로, "과장되게 성적 구별에 입각한 (…) 반동 사상"을 지녔다고 잘라 말할 수 있다.[65] 여성에게도 노동권과 생활권이 모두 있으며, 대가가 지급되는 노동뿐 아니라 대가가 지급되지 않는 노동의 가치도 평가되어야 한다고 주장한 이 뛰어난 이론가는, 요사노와 히라쓰카의 논점을 다음과 같이 비판한다.

재래 사회는 부인에 대해 노동의 권리를 거부하는 동시에 생활의 권리도 부정하고 있다. 거기서 전자를 강조해야 한다고 등장한 것이 시종일관 기회 균등을 부르짖는 옛 여권 운동이며, 그에 대한 수정안으로 후자를 강조해야 한다며 일어난 것이 모권 운동이다. 오직 노동의 권리만을 요구해 생활권의 요구를 망각한 점이 전자의 결함이며, 어머니가 된 부인의 생활권을 요구하는 데에만 머물러 만인을 위한 평등한 생활권을 주장하는 데까지 생각이 미치지 못한 점은 후자의 결함이다.[66]

야마카와가 제시한 본인의 해결책은 "현재의 경제 관계라는 화禍의 근원을 척결한다"는 "더 높고, 더 철저한 결론"이었다. 시국 정세로 인해 애매한 표현밖에 할 수 없었지만 "현재의 경제 관계의 변혁"이 사회주의 혁명을 의미함은 문맥상으로 누가 보아도 명확하게 알 수 있다.[67] 야마카와도 여성 해방은 노동자 해방에 종속되며, 또한 그와 함께 자동적으로 찾아온다고 믿고 있었다.

그렇지만 야마카와는 사회주의자 중에서 여성의 독자적인 요구에 대해 누구보다도 자각하고 있는 사람 가운데 하나였다. 1925년에 무산無産 정당이 결성될 무렵 그녀는 당 강령에 남녀평등의 내용을 덧붙이도록 본부에 요구했다. 아래의 항목이 그 내용이다.

1. 호주제도 폐지, 일체의 남녀 불평등 법률 폐지
2. 교육과 직업의 기회 균등
3. 공창 제도 폐지
4. 성·민족에 관계없이 일률적인 최저 임금 보장
5. 동일 노동에 대한 남녀의 동일 임금
6. 모성 보호[68]

전후 야마카와의 회고에 따르면 공산당 간부들이 협의한 결과, 위 항목 가운데 공창 제도 폐지 조항만 찬성과 반대가 반반으로 나뉘어서 결정되지 못했으며, "다른 조항은 모두 반마르크스주의라는 이유로 부결되었다"는 답을 받았다. 야마카와는 "이 항목들은 부인 해방의 기본적인 요구이며 제2, 제3 인터내셔널과 국제노동기구ILO도 이의 없이 인정하고 있는 세계 공통의 평범하고 상식적인 것이어서, 이에 반대하는 것은 보수 반동 이외에는 없을 것"이라고 인식하고 있다.[69]

하지만 당시 일본 공산당의 남성 지배 체질은 이 정도로 심각했으며 거기에 참여하는 동지로서 여성 당원들 역시 남성 지배를 의심하지 않았다. 야마카와의 요구에 대해 "부녀 부원들한테서도 똑같은 대답이 돌아왔다". 이 여성 당원들을 사회주의 부인 해방론자라고 불러야 할까 그렇지 않으면 단지 여성 공산주의자라고 불러야 할까.[70] 적어도 그녀들이 공산당의 남성 지배를 뒤집어엎으려고 하지 않았던 것은 분명하며, 그 결과 비합법 활동 내에서 '하우스키퍼'[71]라는 여성의 역할로 착취당하게 되었다.

같은 해 남자 보통선거법이 시행되었지만 기묘하게도 야마카와가 제기한 5개 항목에는 부인 참정권 요구가 명시되지 않았다. 야마카와는 부인 참정권에 대해 냉소적이었다.

남자 보통선거를 인정하는 데에는 (…) '국체国体를 위험하게 한다'고 두려워할 정도로 경계한 (…) 보수 세력도 부인 참정권 문제는 어린이가 남의 장난감을 탐내는 정도로밖에 생각하지 않아서 남성의 경우처럼 두려워하지 않았습니다. (…) 외국의 세례를 받은 부인 참정권은 대체로 남자 선거권을 확장하는 경우와 같이 그렇게 진귀하지도 급격한 변화를 가져오지도 않으며 오히려 보수 세력에게 유리한 점도 많다고 생각한 탓이겠지만, 국체 변혁을 예상해 반대할 정도로 신경질적인 정치가는 없었습니다.

우리가 '무엇을 위해서, 어떤 사회를 만들기 위해서'라는 참정권의 목적을 정하지 않고 단지 참정권만을 탐한다면 결과적으로 부인 해방은커녕 군벌, 관료 독재의 무기가 되어버릴 염려가 충분히 있었습니다. 당시 이미 처녀회, 애국부인회, 그 밖에 여러 어용 부인 단체가 다수 조직되는 데 노동자·농민 부인들이 동원되어 그 영향 아래에 있었기 때문입니다. (…) 옛날 서양에서도 부인 운동가들은 부인에게 참정권을 부여하면 전쟁을 막을 수 있다고 이야기했지만, 그것만으로는 전쟁을 막을 수 없다는 사실을 역사가 가슴 아플 정도로 분명하게 말해주고 있습니다.[72]

이 문장이 전후에 쓰였다는 사실을 감안한다고 해도 야마카와의 관측은 혜안이라고 할 만하다.[73]

전시에 사회주의는 비합법화되어 침묵을 강요당했다. 야마카와 기쿠에는 투옥된 남편 히토시均*를 뒷바라지하며 생계를 해결하기 위해 소개지**에서 메추리를 사육하는 등 고생을 많이 했다. 하지만 베스 카초프의 최근 연구에 따르면 야마카와는 전시에 침묵을 지키기는커녕 왕성한 문필가였다고 한다.[74] 야마카와는 주위의 배려로 수입의 상당 부분을 원고료에

---

* 야마카와 히토시(山川均, 1880~1958). 사회주의자. 『야마카와 히토시 전집』 등이 있다.

** 제2차 세계대전 때 공습과 화재 등의 피해를 줄이기 위해, 집중되어 있는 인구와 건물을 분산해 이주시킨 곳.

의존하게 되는데,[75] 야나기다 구니오柳田国男*의 의뢰로 쓴『무가 여성武家の女性』도 그런 예의 하나다.

야마카와의 발언은 전시 상황이 절박해지면서 점차 '기회주의적'[76]인 경향이 커져갔다. 야마카와는 시종일관 여성의 노동 참가를 지지하고 직장 여성 보호에 노심초사했지만, 그 노동의 내용이 침략전쟁을 위한 것인지 어떤지는 적어도 기록된 글에서는 문제 삼지 않았다. 야마카와는 전후 사회당이 정권을 잡았을 때 잠시 가타야마 데츠片山哲** 내각의 노동성 부인청소년국 초대 국장직을 맡았다. 직장 여성의 보호에 부심한 그녀의 의지는 생애 전체를 관통했다.

## 8. 서민 여성의 가해 책임

반성적 여성사가 엘리트 지도층뿐 아니라 서민 여성의 전쟁 책임을 추구했던 것은 또 하나의 성과라고 할 수 있다. 가노 미키요加納實紀代의 '후방'사같이 서민 여성사를 발굴하는 작업에 의해 여성 대중이 반드시 그 전쟁을 부정적으로 받아들였던 것이 아니라는 사실이 분명해졌다. 전쟁을

---

* 1875~1962. 민속학자, 관료. 신문사 근무를 거쳐 다수의 민속학 잡지를 간행했으며 1935년 민간전승회(民間傳承會, 후에 일본민속학회)를 창시해 잡지《민간전승(民間傳承)》을 간행, 일본 민속학의 독자적 입장을 확립했다. 저서로『도노 이야기(遠野物語)』(1910),『정본 야나기다 구니오 전집(定本柳田國男集)』(전36권, 1962~1971) 등이 있다.

** 1875~1962. 사회운동가, 정치가, 변호사. 1945년에 사회당을 결성해 위원장이 되었고, 1945년부터 1948년까지는 일본 수상을 지냈다.

통해 가능했던 여성의 공적 영역 참가는 여성에게 알 수 없는 흥분과 새로운 정체성을 부여했다. 그리고 지금도 서민 여성들은 그런 경험들을 들뜬 기분으로 기억하고 있다.

여성사를 연구하는 학자 가운데 전쟁이 지니는 여성 해방의 측면을 누구보다도 먼저 지적한 사람은 무라카미 노부히코村上信彦다. 가노도 "'후방의 여자'가 일종의 여성 해방"이었다고 지적했다.[77] 가노는 이치카와 후사에가 『자서전自傳』에서 국방부인회 발족식에 모여든 여자들이 "부끄러운 듯했지만 기뻐하는 것 같았다"고 묘사하며 "일찍이 자신의 시간을 가져본 적이 없는 농촌 부인 대중이 반나절이나 집에서 해방되어 강연을 들을 수 있다는 것만으로도 이것은 부인 해방"이라고 쓴 문장을 인용하고 있다.[78] 가노에 따르면 "국방부인회 간부로 침식을 잊고 일했던 날들을 '자기 생애에서 가장 좋았던 날들'로 가슴에 품어두고 있는 여성들이 많다".[79]

그 밖에도 생활사와 자전의 기록이나 발굴 등 지방 여성사의 노력도 주목할 만하다. 하지만 현재 시점에서 회상된 과거로 재구성된 기억 속에서 여성이 스스로를 '가해자'로 인식하고 있는 예는 극히 드물다. 만주에서 돌아온 사람들의 체험기도 자신들이 겪은 수난이 중심을 이루고 있어, 자신들이 군사력에 의해 보호받는 침략자였다는 인식은 거의 찾아볼 수 없다. 중국 여성에 대한 강간이나 일본군 '위안부'들의 수난에 대해서도 '피차 마찬가지였다' '그런 시절이었기 때문에 어쩔 수 없었다'고 보는 경향이 있다.

다바타 가야田端かや는 식민지 조선에서 살았던 일본 여성들의 경험을 청취해 기록하는 귀중한 작업을 했다.[80] 다바타는 그런 작업을 통해 일본 여성들은 회상된 과거로서 한국에서의 경험에 대해 특권층으로서의 향수

로 가득 차 있으며, 그 특권이 어떤 불공정에 의해 주어졌는가 하는 물음에 대해서는 굉장히 무관심하다는 사실을 발견했다.

여성이 역사의 객체가 아닌 주체라는 페미니즘의 패러다임 전환은 여성이 단지 전쟁 피해자가 아닌 능동적인 가해자였다는 인식을 불러왔다. 그런데 '가해'는 어떤 관점에서의 판단인가. 우리는 여기서 또 한 번 무엇을 근거로 무엇에 대해 '반성'할 수 있을까 하는 문제 앞에 서게 된다.

지금까지 보아온 대로 근대의 총력전이 여성의 국민화를 꾀했던 것에 대해서 페미니즘 사상가들은 어떤 의미에서든지 환영을 표했다. 야마다카 시게리山高しげり,* 요시오카 야요이吉岡彌生, 오쿠 무메오奧むめお** 등 그 밖의 여성 운동가들도 마찬가지라고 할 수 있다.

여기서 잊어서는 안 될 것은 여성의 국민화 프로젝트는 당시 여성 운동가들에게 잘못된 길이나 반동이 전혀 아니었으며 오히려 혁신으로 받아들여졌다는 점이다. 그들은 여성의 공적 활동을 요청하고 또한 가능하게 한 신체제를 흥분과 사명감으로 받아들였다.

1937년 중일전쟁 발발 후《문예춘추》지면에 수록된 '전시 부인 문제를 이야기하는 좌담회'81에 출석한 히라쓰카 하루코平塚明子***는 다음과 같이

---

* 　1899~1977. 부인 운동가, 정치가. 1924년 부인참정권획득성동맹 결성에 참여했으며 모성 보호 운동에 전력했다. 전후 1950년에 전국미망인단체협의회 사무국장, 1952년에 일본전국지역부인연합회 회장 등을 역임했고, 1962년에는 참의원 의원에 당선되었다.

** 　1895~1997. 이치카와 후사에와 함께 부인 참정권 운동을 일으켰다. 1947년 참의원 의원, 주부연합회 회장 등을 역임했다.

*** 　히라쓰카 라이초의 본명.

말했다.

어쨌든 부인 대중을 동원해 가사 이외에 사회적·국가적인 일을 할 수 있
게 하고, 부인들이 그런 일로 집을 비우는 것을 남편들이 인정하게 된 것
은 일반적으로 부인들의 생활에 상당히 큰 변화가 온 것이라고 생각합니
다. (…) 사변 중에 일반 가정의 부인에게 그런 습관이 생기는 것과 그리고
단체에 협력하며 경험을 쌓는 것은 여러 가지 의미에서 후세에 좋은 점을
남기는 일이라고 생각합니다. 예를 들면 가정과 사회, 국가와의 긴밀한 관
계를 알게 되고 새로운 눈으로 자신의 가정을 보게 됨으로써 지금까지의
가정 이기주의에서 벗어날 수 있게 될 것입니다.[82]

히라쓰카는 여기서 국가와 사회를 거의 동의어로 사용하고 있다.
야마카와 기쿠에도 같은 좌담회에서 사회를 본 기자로부터 "사변이
가져온 사상적 움직임 중에서 가장 현저한 것은 (…) 여성과 남성의 대립이
없어지고 국민의 한 사람인 여성의 관점에서 사물을 생각하기 시작한 데
있는 것이 아닌가"라는 질문을 받고, "부인 운동에는 두 가지 입장이 있다"
고 대답한 후 다음과 같이 지적했다.

지금까지 의식적이지 못했던 일반인들, 즉 이번 사변 등에 새롭게 동원된
사람들은 (…) 오로지 국가의 일원으로 동원되면서 여성으로서의 특수한
직능을 발견하게 되는 새로운 훈련을 받고 있다.[83]

좌담회의 사회를 맡은 기자는 사변 후 "국가 강제"가 "지금까지의 부

인 해방 운동과 일치하는 것은 아닌가 생각한다"고 시사한다. 이에 대해 부인 운동가들은 오히려 정부가 여성 정책을 혁신하는 데 불철저하고 뜨뜻미지근하다며 초조함을 감추지 않는다. 히라쓰카는 "국민정신총동원중앙연맹에 부인들을 더욱 많이 참가시키고, 부인 단체를 총동원하라"고 주장한다.[84]

이치카와 후사에는 '부인의 시국 협력'을 촉진하기 위해 애국부인회와 국방부인회의 대립을 넘어선 '부인 조직 일원론'을 제창하고, 1940년에 솔선해서 부선획득동맹을 해산했다.[85] 그리고 같은 해 발족한 다이쇼 익찬회에 '부인부'가 없는 것을 지적하면서 다음과 같이 비판했다.

> 우리는 익찬회가 부인을 무시하거나 뒷전으로 미루고 있는 것은 부인에 대한 기존의 구태의연한 생각처럼 부인을 과소평가한 결과라고 생각한다. (…) 따라서 우리는 익찬회가 하루라도 빨리 (…) 부인부를 설치할 것을 요구한다. (…) 만약 익찬회 당국이 여전히 구체제와 마찬가지로 부인을 돌보지 않고 방치해둔다면 신체제는 절대로 확립될 수 없으며 높은 수준의 국방 국가는 그 초석부터 무너지게 될 것이라고 경고한다.[86]

여성의 징용에 관해서도 이치카와는 정부보다 더 적극적이었다. 1943년 10월 당시 수상이었던 도조*가 의회에서 "여성 징용은 일본 가족

---

제도를 파괴시키므로 현시점에서는 실시하지 않는다"고 발언한 것에 대해 다음과 같이 비판했다.

> 국가의 입장에서 생산력을 늘리는 데 여성 근로가 불가피하다고 판단된다면 조금도 주저할 필요가 없다고 생각합니다. (⋯) 부인 근로에 대해 정부 스스로 더욱 확실한 부인 근로관을 가졌으면 합니다. (⋯) 현재 이런 단계에 이르러서도 정부를 비롯한 사회 각층의 거의 모든 남성들이 부인에 대한 사고방식이 여전히 봉건사상에서 한 걸음도 벗어나지 못하고 있어서 유감스럽고 답답한 생각이 들지 않을 수 없습니다.[87]

여성 참정권 운동에서 이치카와의 동지였던 야마다카 시게리는 더욱 강경했다. 1943년 7월 다이쇼 익찬회의 제4회 중앙협력회의 석상에서 "주저하실 것 없이 미혼 여성의 징용을 단행해주실 것을 바란다"고 제언했다. 나아가 "모성 보호 시설은 국가가 각 공장에 강제"하도록 "국가가 강력하게 나설" 것을 "절실하게 희망"하고 있다.[88]

이치카와 후사에는 "여성 징용은 가족제도와 모순되지 않는다"고 주장했다. 오히려 노동과 모성의 양립, 그리고 직장에서의 모성 보호 정책을 확립하는 일은 장기간에 걸친 부인 운동의 목표였다.[89]

총동원 체제는 적어도 부인 운동가들의 눈에 그동안 산적해 있던 부인 문제, 즉 여성의 노동 참가와 모성 보호, 여성의 공적 활동과 법적·정치

---

상황이 불리해지자 1944년에 사직하고, 패전 후 A급 전범으로 교수형에 처해졌다.

적 지위 향상 등 현안을 한꺼번에 해결할 수 있는 혁신적인 것으로 보였다. 부인 운동가들은 당국의 불철저와 소극성을 질타하고, "당국의 부인 정책에 대한 부족과 준비성 없음을 보충하는" 것을 "사명"으로 삼았다.[90]

가노는 "사상의 보수성과 행동의 혁신성. 파시즘이란 그런 것이 아닌가"라고 했다. 하지만 한 가지 더 보류해둘 것은 파시즘 사상은 결코 '보수적'이지 않았다는 것이다. '국체'라는 이데올로기조차 아직 실현되지 않은 미완의 국가 프로젝트의 다른 이름으로 '국민' 앞에 나타났던 것이 아닌가. 그런 '국체'를 '전통'이라는 이름으로 포장하는 미사여구에 속아서 후세의 역사학자들은 그것을 보수 사상이라고 부르는 것이다.


## 9. 국민국가의 젠더 전략과 그 딜레마

총력전이라는 '공적 영역'이 전례 없이 비대해진 시기에 이르러 국민국가가 젠더를 재편성할 때, 그 양태는 두 가지로 나타난다. 하나는 성별역할 분담을 유지한 채 사적 영역의 국가화를 목표로 삼는 것, 또 다른 하나는 성별 역할 분담 자체를 해체하는 것이다. 전자를 '젠더 분리형'(간략히 말해 분리형), 후자를 '통합형'이라고 부르겠다. 이런 젠더 전략의 선택은 여성 해방의 두 가지 노선인 '평등인가 차이인가'의 대립으로 오랫동안 논쟁이 계속돼왔다.

일본, 독일, 이탈리아의 추축 동맹국들, 즉 파시스트 국가는 분리형 전략을 취했다는 공통점이 있다. 나치는 '독일은 남성다운 남성과 여성다운 여성을 좋아한다'고 공언해 여성의 공적 활동을 제한했다. 기이하게도 이세 나라는 페미니즘 또한 모성주의 색채가 강해 '차이 있는 평등different but equal'이라는 수사가 여성 해방 사상에서 지배적이었다. 물론 근대의 여성 해방 사상에는 어느 나라를 막론하고 분리형에서 통합형에 이르는 스펙트럼의 폭이 있지만, 다양한 페미니즘의 내부 노선들에서, 말하자면 권력의 담론에 적합하도록 해방의 수사법을 조정해가는 과정을 볼 수 있다.

히메오카 도시코姬岡とし子는 『근대 독일의 모성주의 페미니즘』에서 바이마르 시기*에는 통합형 전략이 우세했으나 나치가 정권을 잡으면서 그 반작용으로 분리형, 즉 모성주의가 우세해지는 과정을 논하고 있다. 그것은 페미니즘의 일종의 생존 전략이기도 하고, 운동론적으로 말하면 문화적 범주에 호소하는 설득 기술이기도 했다. 내가 페미니즘을 "문화에 구속받는 것culture-bound"이라고 했던 것은 페미니즘 역시 그 어휘를 문화의 범주에 깊이 의존하고 있기 때문이다.

분리형 젠더 전략 아래에서 국가가 '후방'에 있는 여성에게 기대한 것은 '출산 병사' 역할과 '경제전의 전사'로서의 역할이다. 전문적인 용어로 말하면 재생산자(생식) 및 생산자(노동) 역할, 즉 다산 장려와 근로 동원이다. 거기에 소비자로서의 역할, 즉 생활 개선(이라는 명목의 절약과 공출)을 덧붙일 수 있다. 가노의 표현을 빌리면 "남자는 국외 '전선'으로, 여자는 국내의 '후방'으로. 침략전쟁을 위한 총력전 속에서, 지금까지 '집' 안과 밖으로 나뉜 성별 역할 분업은 그 규모를 일시에 국가 차원으로까지 확대했던 것

---

＊    바이마르 공화국이 성립해 존재했던 1919년부터 1933년까지의 시기. 바이마르 공화국은 사회민주당, 중앙당, 민주당이 연합해 내각을 구성했으며, 바이마르 헌법은 당시 세계에서 가장 민주적인 헌법이라고 한다. 국민의회 소집, 군대 민주화, 광산의 사회화 등을 시도했으나 이런 정책 운영의 실패가 공화국이 붕괴하는 한 원인이 되었다.

이다".[91]

　전시 인구 정책에 대해서는 몇 가지 연구가 이미 마련되어 있다.[92] 중 일전쟁 직후인 1938년에 모자 보호법이 시행됨과 동시에 인구 정책과 국 민 체위 향상을 꾀해 후생성이 설치되었다. 1940년에는 국민우생법이 성 립되면서 각지에 우생결혼상담소가 설치되었다. 같은 해 11월에는 후생성 이 10남매 이상을 둔 가정을 뽑는 제1회 우량 다자 가정의 표창이 거행되 었다. 1941년에 미국과 태평양전쟁을 시작하기에 앞서 인구정책확립 요 강이 각료 회의에서 결정되어 1940년 당시 7300만 명이었던 인구를 "앞으 로 20년 동안 약 2700만 명을 더 늘려 1960년에는 1억 명으로 증가시키기 로" 결정했다.[93] 이런 인구 정책을 위해 출생 증가, 결혼 장려, 건전한 가족 제도 유지, 모성 육성, 피임·낙태 금지, 화류병[94] 근절 등이 제창되었다.

　이치카와 후사에는 정부의 인구정책확립 요강을 환영하며 다음과 같 이 적고 있다.

　　부인은 이런 국가정책을 통해 처음으로 일본 민족의 어머니로서 지위가
　　확인되었으며, 그런 자각과 협력을 국가가 기대하기에 이르렀습니다. (…)
　　이리하여 낳고 기르는 일은 어머니 한 사람 또는 가정의 사사로운 일이
　　아닌 국가 민족의 공적인 일로 받아들이게 되었습니다. 이는 낳는 자의
　　입장에서 자랑스럽고 기쁘기 그지없습니다.[95]

　또한 인구 정책이 항상 국민의 양적 관리뿐 아니라 질적 관리도 수반 하고 있는 것과 인구 증가 정책의 배후에는 반드시 우생 정책이 결부되어 있다는 것도 지적되었다. 그리고 일본 페미니즘 사상가들의 사상 속에는

누가 어머니가 될 자격이 있고 없는지를 둘러싼 선별 원리, 즉 우생 사상이 있다는 점도 논의되었다.[96] 후루쿠보 사쿠라古久保さくら는 다음과 같은 히라쓰카 라이초의 발언에서 '라이초의 우생학으로의 접근'을 지적했다.

어머니의 새로운 일이란 단순히 아이를 낳고 키우는 것이 아니라 건강한 아이를 낳고 더 나아가 잘 키워야 하는 것이다. 즉 종족 보존 이상으로 종족의 진화 향상을 꾀하는 것이 생명이라는 무엇보다도 신성한 불씨를 시작도 없고 끝도 없이 운반하는 부인의 인류에 대한 위대한 사명인 것이다.[97]

히라쓰카 라이초는 『피임의 가부를 논한다』에서 한 걸음 더 나아간 발언을 했다.

우생학적 관점에서 본다면 우리나라에서도 법률적으로 어떤 개인에 대해 결혼을 금지한다거나 단종법 시행을 명하는 것은 지금 당장이라도 바람직한 일이라고 생각합니다.[98]

문맥상 히라쓰카가 나치가 시행한 단종법을 알고 있었다는 것은 의심할 여지가 없다. 히라쓰카는 오랫동안 '화류병남자 결혼제한법'을 청원하고 있었으며 결혼하려는 남녀에게 성병 검사를 하도록 권했다. 그는 매독에 걸린 남편에 의해 부인이 감염되거나 선천성 매독에 걸린 아이가 태어날까 봐 우려했다. 히라쓰카는 성병에 걸린 남성(매춘의 증거로 간주)은 아버지가 될 자격이 없다고 생각하고 있었다. 그래서 히라쓰카는 국가에 의한 생식 관리를 환영했다.

야마다카 시게리나 오쿠 무메오 같은 부인 운동가는 주부로서 '생활 개선' 운동에도 적극적으로 관여했다. 관혼상제 간략화, 낭비 배제와 절약, 생활의 합리화 같은 슬로건은 오랫동안 그녀들이 깊이 관여해온 것들이며 그런 생각은 그대로 전후 주부련(주부연합회)이나 소비자 운동으로 계승되었다. 오쿠 무메오는 전후 주부련 회장에 취임하는데, 그 점에서 볼 때도 그녀에게 전시와 전후 사이 단절은 없다. 나리타 류이치成田龍一는 오쿠 무메오의 평전을 분석해 그녀가 부인 운동의 대중 동원가로서의 사명과 능력을 전시와 전후에 일관되게 발휘했으며 조금도 전향할 마음이 없었음을 밝혔다.

여성의 재생산자 및 소비자로서의 역할은 일상용어로 말하자면 아내혹은 어머니 역할의 테두리를 벗어나지 않는다. 와카쿠와가 말하는 '가정의 국가화'란 이런 아내, 어머니 역할의 국가 관리라고 바꿔 말할 수 있다.

그런데 '가족 정책'이라는 완곡어법으로 불리는 인구 정책에는 맹점이 있다. 인구 증가책으로 혼인율과 혼인 **내** 출생률을 상승시키는 방식 외에도 혼인 **외** 출생률을 상승시키는, 즉 달리 말하면 '혼외자'를 증가시키는 방식을 선택할 수도 있기 때문이다. 여기서 국가는 가족이라는 사적 영역을 최종적으로 해체할 것인가 말 것인가 하는 극한적인 선택을 해야 하는 상황에 처하게 된다.

제2차 세계대전의 막바지에 이르러 나치는 혼인 연령 남녀 비율의 불균형으로 '아리아 인종' 여성들에게 결혼난이 일고 있는 것을 우려하면서 인구 증가를 위해 미혼모를 권장하기에 이른다. 그것은 SS(나치 친위대)와 같은 나치 엘리트와 미혼 여성의 불륜을 권장하는 주장까지 포함했기 때문에 이 안은 보수계 여성 단체의 '결혼과 가족을 사수하라'는 대합창 아래 거센 반발이 일어나 철회될 수밖에 없었다.[99] 나치는 '열등 인종'을 말살시키기 위해 '죽음의 공장'을 만들었지만, 논리적으로 그들의 우생 사상 배후에는 출산 QC(Quality Control, 품질 관리)를 수반하는 '재생산 공장'의 가능성이 상정되고 있다.[100]

후방을 사수한다는 행위에는 공공연히 말은 못하지만 아내의 정조 관리라는 임무도 있었다. 국방부인회의 임무 중에는 출정 병사가 있는 집에 대한 원조와 부상병·전사자 유족을 어머니나 자매와 같은 마음으로 돌본다는 것이 있다. 가노는 그 안에 "세계 어디에도 견줄 수 없는 일본의 부덕婦德"을 지켜 "꺼림칙한 소행 문제"가 일어나지 않도록 "보호 선도"하는 역할이 포함되었던 것을 잊지 않고 지적했다.

> 1938년 고베神戸 국방부인회는 군의 요청에 따라 군인 유가족, 특히 출정 병사의 아내들을 '보호 선도'하는 일에 관해 각 분회에 지령을 내렸다. 황군 병사의 아내가 적어도 품행에 대해 의심을 받는 일이 없도록 유효하고 적절한 조치를 취할 것, 게다가 비밀리에 실시할 것 등이다. 그 결과 효고현兵庫縣에서는 용사부인회, 후방어머니회 등의 모임이 개최되어 출정 병사의 젊은 아내들을 보호 선도하거나 출정 병사의 아내 한 사람 한 사람에 담당을 정해 긴밀한 관계를 맺게 해 정조 문제가 생기지 않도록 감시하게 했다고 한다. 그것이 실제로 노리는 것에 대해서는 아내들에게 일체 비밀에 부쳐 "아무런 반발 없이 염려했던 소행 문제를 미연에 방지할 수 있었던 공적은 헤아릴 수 없는 것이었다"라고 『대일본국방부인회 고베 지방 본부사』는 자랑스럽게 기록하고 있다.[101]

일본 여성의 아내와 어머니로서의 신성성은 이렇게 갖은 수단을 동원해 유지되어야만 했다. 인구 정책을 '가족 제도 보호'라고 부르는 것은 이미 완곡어법을 넘어서고 있다. 가족이야말로 황군 병사의 남성성을 정의하는 요새였기 때문이다. 그 그늘에는 성에 대한 이중 기준의 어두운 측면, 즉 모성과 대비되는 '창부성'을 짊어진 일본군 '위안부' 여성들이 있다.

## 10. 젠더 전략의 패러독스

그런데 총동원 체제에서 젠더 분리 전략은 삐걱거리기 시작한다. '경제전의 전사'라는 역할이 가정 내 소비 생활에 한정되어 있는 동안은 별 문제가 없지만, 남성의 일손이 부족해짐에 따라 생산 영역에까지 여성의 노동력이 요청되면서 '모성'과의 갈등이 생겨났다. 총동원 체제의 여성 정책은 이런 고충을 노골적으로 드러내고 있다. 예를 들면 인구 정책 확립 요강은 이른 나이의 혼인과 출산을 장려하기 위해 "여성이 취업할 경우, 20세가 넘는 여성의 취업을 가능한 선에서 억제시키는 방침과 혼인을 가로막는 고용 및 취업 조건을 완화 또는 개선하도록 조치할 것"이라는 조건을 달고 있다. 또한 여성 징용을 주저해 야마다카 같은 부인 운동 지도자로부터 "주저하지 말고 단행하라"는 질타를 받은 것은 이미 지적한 바와 같다. 야마다카의 경우도 인구 정책에 저촉되지 않기 위해 징용 대상을 "미혼 여성에 한정한다"고 규정했다.

전시 여성 노동에 대한 사회사적 연구는 노동력이 부족한 상황에서도 전쟁이 노동 시장의 성별 격리를 해체하지 못했음을 밝혔다. 1930년부터 1945년까지 15년 동안 여성의 노동력은 약 5배 늘어났지만 기혼 여성의 노동력은 그다지 증가하지 않았으며, 또한 여성들이 일할 수 있는 직종도 한정되었다. 총동원 체제에서도 젠더 분리가 유지된 것이다. 여성 징용을 촉진하는 '여성의 공적 영역 참가'도 젠더 분리 전략에 포함되어 있었다. 그녀들은 여성들의 생산 노동 참여가 어떻게 하면 모성과 양립할 수 있을까 하는 문제로 고심하고 있었기 때문이다. 그리고 무엇보다도 젠더 분리 전략이 결코 건드리고 싶어 하지 않은 것이 여성 징병 문제였다. 여성의 전투 참가는 국민을 정의하는 결정적인 성별 경계를 해체해 병사가 지니는 남성으로서의 자기 정의를 무너뜨린다.

앞에서 영국과 미국 등의 연합국들이 여성 징병을 수반하는 통합형 젠더 전략을 취했다고 지적했다. 하지만 분리형과 통합형의 차이를 지나치게 강조하는 것은 오해를 불러일으킬 여지가 있다. 분리형과 통합형은 정도의 차이에 지나지 않으며 같은 국민국가가 편성하는 젠더 전략 안에 있다. 영국이나 미국에서도 여성 병사는 소수의 예외적인 존재에 지나지 않으며, 또한 후방 지원 등의 임무에 한정되었다.[102]

여성이 생산 노동에 참가할 것을 촉구하는 캠페인도 어떻게 하면 노동 참가가 여성성을 침해하지 않을 수 있을까 하는 메시지로 일관하고 있다. 무엇보다 19세기까지 제국주의 침략이 한창이었을 때 영국과 미국 등 모든 나라에서 모성이 중요한 개념이었다는 사실은 영국의 여성사학자 애너 데이빈이 고전적 저작인 『제국주의와 모성』에서 설득력 있게 묘사하고 있다.[103]

연합국 중에서도 프랑스는 노골적인 출산 장려 정책으로 유명하다. 파시즘 국가에서 인구 정책은 패전 후 금기시되었지만 전승국인 프랑스에서는 전시의 인구 정책이 전후에도 계속되었다. 그뿐 아니라 독일과의 전쟁에서 패배한 것을 인구전에서 패배한 결과라고 보고 종전 직후부터 오늘날까지 출생 촉진 정책을 취하고 있다. 그 배경으로는 선진 공업 국가에서의 인구 전환, 즉 출생률 저하가 다른 나라보다 먼저 프랑스에서 진행되었다는 사실을 들 수 있다. 나치 지배하의 독일도 이미 출생률 저하기에 들어갔기 때문에 나치의 인구 정책은 그와 관련한 구호를 열심히 외쳤지만 별다른 실효를 거두지는 못했다.

그런 의미에서 국민국가의 젠더 경계를 최종적으로 해체시키는 여성 징병의 통합형 전략은 어떤 국민국가에서도 채용된 적이 없으며, 또한 여성 해방 사상 측에서도 주장한 일이 없었다. 국민국가를 전제로 하는 '일국 남녀평등'[104]의 궁극적인 도달점은 군대에서 남녀평등이 실현되는 것이지만, 1970년대 미국에서 ERA(Equal Right Amendment, 남녀평등 헌법 수정조항)가 실현되려고 할 때 반대파가 이를 저지하기 위해 남녀평등이 되면 여자도 병역 의무를 가져야 한다고 하는 악질 캠페인을 폈다. 당시 베트남 전선에 파병된 젊은 병사에게 "당신 옆에 여성 병사가 동료로 서 있다면 어떤 느낌이 들까요"라고 묻는 방송이 있었는데, 그 젊은 병사는 곤혹스러워하며 인터뷰에서 다음과 같이 대답했다.

우리는 고향의 아내나 연인을 지키기 위해 싸운다고 배웠는데, 보호받는 당사자인 아내나 연인이 전선에 나타난다면 무엇을 위해 싸우고 있는지 알 수 없게 됩니다.[105]

그리고 '국민'과 '남성성'의 은밀한 그러나 결정적인 동맹을 드러낸 이 ERA 반대 캠페인은 확실하게 효과를 올렸다.

베트남 전쟁 후 1973년에 미국은 국민의 병역 의무를 면제해 지원병 제도로 바꿨다. 그와 동시에 여성 병사들이 증가해 여성의 전투 참가가 과제가 되었다. 드디어 1991년 페르시아 만 전쟁에 맞닥뜨려 사담 후세인의 광기를 저지하기 위한 '바람직한 전쟁'에 미국 시민의 대다수가 열광적으로 지지를 보냈으며, 미국 최대 여성 단체인 NOW(National Organization for Women, 전미여성기구)는 여성 병사의 전투 참가 해금을 평등이라는 이름 아래 요구했다. 하지만 우리는 거기서 '여성 해방'을 본 것일까, 그렇지 않으면 여성의 최종적인 '국민화'를 본 것일까?

### 11. 여성의 '전향' 문제

반성적 여성사는 페미니스트가 역사적인 주체임을 강조함으로써 적극적이든 소극적이든 간에 그들의 전쟁 협력이 자유의사에 의한 것임을 강조한다. 이를 통해 우리는 "과연 그들에게 '전향'은 있었던 것일까?"라는 의문을 갖게 된다. 여기서 말하는 전향은 이중의 의미가 있다.

첫째는 제1차 페미니즘의 물결에서 전쟁 협력으로의 전향이고, 둘째는 전쟁 협력에서 전후 평화와 민주주의로의 전향이다.

반성적 여성사학자들은 첫 번째의 전향을 부정한다. 여기서 전쟁 협력은 강제가 아니었던 것이 된다.

두 번째 전향에 대해서는 어떤가. 이치카와, 히라쓰카, 다카무레 등은 모두 전후 '발 빠른 변신'을 했다며 지적받고 있다. 그녀들의 전후 행위를 보면 전시의 발언은 마치 없었던 일 같다. 그런 그녀들에게서 반성이나 단절을 느낄 수는 없다.

이치카와는 패전 후 재빠르게 여성 참정권 운동을 재개해 점령이 가져다준 부인 참정권을 환영했다. 이치카와는 패전 후 한때 점령군에 의해 공직에서 추방당하지만 복귀 후 참의원 선거에 출마해 당선되었다.[106] 이치카와가 전시에 행한 익찬 협력은 누구나 알고 있는 사실이며 이치카와의 경력에도 '오점'으로 간주되고 있지만, 그것은 여성 참정권 운동을 지키기 위한 어쩔 수 없는 선택으로 정당화되어왔다. 1981년에 87세의 나이로 인생을 마치기까지 이치카와는 다섯 번에 걸쳐 25년 동안 여성 의원으로서 정치권에 이름을 올린, 전후 여성 해방 운동의 상징적인 존재였다. 이치카와에 대한 본격적인 비판은 그녀의 사후에야 비로소 가능하게 되었다고 할 수 있다.[107]

스즈키 유코는 전후 이치카와의 다음과 같은 회상을 인용했다.

나는 그런 시대의 그런 상황에서 국민의 한 사람인 이상 당연했다고는 할 수 없어도 부끄럽게 생각하지는 않는데, 그것이 잘못된 것일까요.[108]

스즈키는 이 인용문에서 "국민의 한 사람인 이상"이라는 부분에 방점을 찍어 그것이 "그녀의 천황제 내셔널리즘 문제를 생각할 때 핵심이 된다"고 지적했다.[109] 여기서 내릴 수 있는 결론은 이치카와에게 전후 전향은 없었으며 그에 따른 반성도 없다는 또 하나의 단죄다.

히라쓰카도 전후 평화 운동에 적극적으로 참가했다. 전후 핵실험이 재개되었을 때 노벨 물리학상 수상자인 유카와 히데키湯川秀樹, 시모나카 비사부로下中彌三郎 등과 함께 '세계 평화를 호소하는 7인 위원회'의 구성원이 되어 미국 대통령 앞으로 항의문을 보냈다. 또한 '세계연방건설동맹' 이사에 취임해 전후 평화 운동의 지도자 역할을 했다. 히라쓰카에게 인류 애고이즘 극복과 연결되는 평화주의의 이상은 처음부터 일관된 것이었다. 전후에도 그때까지의 확신을 더욱 굳혔을 뿐 전향의 필요성을 자각하고 있었다고 할 수는 없다.[110]

초국가주의자인 다카무레의 경우 그녀의 '변절'을 변호하는 일은 다소 어려울 듯하다. 다카무레는 패전 조칙을 들은 이튿날 일기에 다음과 같이 적었다.

> 뼛속 깊이 몰려오는 고통을 가슴에 느껴 울부짖을 뿐. 엎드려 단지 울부짖을 뿐. 한밤중에 잠에서 깨어 울부짖을 뿐. 아침에도 눈물뿐. 한참 동안이나 멈추지 않는 눈물, 깊은 고통의 눈물이어라. 색깔 없는 눈물이어라. 이것은 무엇을 의미하는 고통인가. 나는 아직 문文을 몰라라. 그리하여 괴롭다. 온종일 괴롭다.[111]

그 후 다카무레는 기회주의라고 할 수밖에 없는 '변신'을 한다. 전시부터 《일본 부인》에 연재 중이던 「대일본여성사」에서 황국 사관적인 부분을 고쳐 이노우에井上의 여성사와 같은 시기인 1948년에 출간했다.[112] 그 속에서 그녀는 점령을 해방으로 받아들여 진주군을 환영했다.

다카무레를 "국가가 고용한 무녀"로 평가하는 가노 미키요는 "대사제인 천황의 인간 선언"에 따라 "신의 아이"인 다카무레는 "사람의 아이" 다카무레로 "재생"했다고 말한다.

다카무레의 '사람의 아이'로서의 재생극은 페어플레이라고 하기는 어렵

다. 천황의 '인간 선언'과 마찬가지로 말이다.[113]

이것을 다카무레의 '전향'이라고 불러야 할 것인가? 니시카와 유코西川
祐子에 따르면 다카무레는 적어도 '여성 대중과 함께한다'는 자세만큼은 일
관하고 있다고 한다. 그런 의미에서 다카무레는 일본 여성 대중들만큼 기
회주의적이었으며 동시에 여성 대중들만큼 전향했다고 말할 수 있을지도
모른다. 그렇지만 만약 구리하라 히로무栗原弘가 지적하듯이 다카무레의
여성사가 "쓰인 역사 속에서 여성 해방을 이루는 것"이었다면 여성사학자
로서 다카무레의 자세는 일관되며, 그런 의미에서 그녀에게 '전향'은 없었
던 것이 된다.[114]

그런데 전향을 문제 삼는 관점은 연속 사관 안에서 묘하게 꼬인다. 만
약 전전과 전후의 근대화 프로젝트에 일관성이 있었다면 왜 전향할 필요
가 있었을까. 연속 사관 입장에 서면 전향은 없었다고 하는 것이 올바르다.
그리고 반성적 여성사학자들이 텍스트를 다시 읽는 작업에서 건져낸 것도
아이러니하게 전전 페미니즘 사상가들의 일관성과 주체성이었다.

그렇다면 잘못한 사람은 도대체 누구인가? 그래도 여전히 그녀들의
전쟁 협력이 잘못이라고 단죄하려면 두 가지 조건이 필요하게 된다. 첫째,
그 전쟁이 잘못이라는 판단과 둘째, 따라서 그 잘못을 간파하지 못한 무지
와 역사적 한계를 지적하는 것이다. 그런 종류의 잘못을 지적하는 관점은
항상 사후적이며 게다가 초월적일 수밖에 없다. 예를 들면 스즈키는 이치
카와가 국민화의 함정을 간파하지 못한 한계, 히라쓰카가 천황제를 이상
화했던 무지를 비판한다. 그 배후에는 국민화나 천황제가 악이라는 절대
적 관점, 바꿔 말하면 전후 시점이 있다.

"'15년 전쟁＝침략전쟁＝악'이라는 자명한 전제에서 출발한 전후파"[115]에 스즈키도 포함되지만 그 자명함 또한 역사에 의해 형성된 것이다.[116] '국가'의 한계와 천황제가 악이라는 것은 역사에 의해 사후적으로만 선고될 수 있는 것으로서, 그 시대를 살던 개인이 그 역사적 한계를 넘지 못했다고 비판하는 것은 역사학자로서 부당한 단죄는 아닐까. 스즈키의 여성사가 탁월한 문제 제기로 가득 차 있으며 여성사에 중요한 공헌을 했다는 점을 인정하면서도 종종 고발 사관이라고 불리는 것은, 말하자면 역사의 진공 지대에 발 딛고 서 있는 듯한 초월적인 판단 기준 탓이다.


## 12. 국가를 초월한 사상

야스카와 주노스케安川壽之助는 전쟁 책임론에 관한 글에서 "사람은 무엇을 실마리로 시대를 초월할 수 있는가"라는 물음을 던진 후 "시대나 운명, 상황에 맞춰 흐르지 않고 시대를 초월해 살기 위해서는 스스로 구애하며 따르는 원리 원칙을 지녀야 할 것"이라고 대답한다.[117]

스즈키는 동시대를 살면서 전쟁 협력이라는 잘못을 저지르지 않은 개인들을 예로 들면서 피할 수 있었다는 점, 즉 잘못의 임의성을 강조했다. 그 예에는 코뮤니스트, 아나키스트, 기독교도, 평화주의자와 같은 여성들이 포함되었다. 그렇다면 그녀들은 도대체 무엇을 근거로 국가를 초월할 수 있었을까.

코뮤니스트 여성들은 코민테른 국제주의에 의거해 국민국가를 초월할 수 있었지만, 그 이상주의는 현실 사회주의 국가에 의해 배신당했다. 스탈린 치하 소련의 국가 에고이즘은 국익을 위해 국제주의를 서둘러서 내

던져버리고 나치 독일과 불가침 조약을 맺는 일도 마다하지 않았다. 그뿐이 아니다. 코뮤니스트 여성들은 '계급 투쟁'이라는 최우선 과제를 위해 여성의 자기 억압을 문제 삼을 수 없었다. 그녀들은 국가를 초월했을지는 몰라도 젠더를 초월하지는 못했다. 그것은 남성에게 맞춰진 사회주의의 국제주의에 충실했던 덕분이다.

종교는 어땠는가. 일본에서는 불교 단체뿐 아니라 기독교를 포함한 종교 단체가 익찬 체제에 편입된 것은 이미 알고 있는 사실이다.

클라우디아 쿤츠Claudia Koonz는 나치 체제에서 기독교 여성 단체의 저항을 예로 들고 있다. 흥미로운 것은 내면적 윤리를 강조하는 신교도들이 나치즘에 쉽게 말려들었으며, 가톨릭 여성들이 나치에 대해 강하게 저항했다고 지적한 점이다. 그런데 가톨릭 여성들은 어떻게 국가사회주의 체제를 초월하는 관점을 갖게 된 것일까. 그것은 국가 안의 국가라고도 할 수 있는 또 하나의 권위의 원천인 로마 교황청이 구체적인 존재로서 실재했기 때문이다. 그 자체가 극히 여성 차별적인 또 하나의 권위에 순종함으로써 결과적으로 악을 선고받은 나치즘에 대해 저항할 수 있었던 역사의 아이러니를 우리는 극구 칭찬해야만 할 것인가.

스즈키는 스스로 "매국노라고 불러도 좋다"며 반전 의사를 관철했던 에스페란티스트 하세가와 테루長谷川テル\*의 예를 소개했다. 절대 반전의 입

---

\*    1911~1947. 에스페란티스트. 필명은 미도리카와 에이코(綠川英子). 중국인 유학생 리우런(劉人)과 결혼한 후 1937년에 상해에 밀입국하여 중국 해방 운동에 참가했다. '국민당 국제 선전처'에서 반전 방송을 담당했다. 에스페란티스트는 언어 패권주의를 지양하고 국제주의·절대적 평화주의를 지향하는 에스페란토어의 이상에 공감하는 사람이다. 에스페란토어는 세계적인 영향력을 갖고 있는 언어권 국가에서

장에 섰던 그녀는 중국으로 건너가 조국을 적으로 돌려 대일 반전 방송을 담당했다. 그런 감동적인 생애를 인정하면서도 나는 여전히 두 가지 의문을 억누를 수 없다. 첫째, 그녀는 '좋은 전쟁'과 '나쁜 전쟁'의 구별 없이 모든 전쟁에 반대할 수 있었을까 하는 의문이다. 그것은 바로 제국주의 침략 전쟁은 악이지만 민족 해방(과 그 지원)을 위한 투쟁은 선인가 하는 문제로, 전후 반핵 운동을 분열시켰던 '좋은 핵'과 '나쁜 핵'의 대립 문제와도 연결된다. 둘째는 그녀가 대일 방송에 종사했던 것이 중국이 아니라 다른 나라였다면 어땠을까 하는 의문이다. 마찬가지로 모스크바에서 대일 방송에 종사했던 오카다 요시코岡田嘉子*의 경우는 어떤가. 현재 오카다가 소련에 협력한 것은 강제당했기 때문이라고 여겨지고 있는데, 이미 '악'으로 단정된 스탈린 체제에 협력한 오카다는 '이용당했다'고 하고, 다른 한편으로 중국 민중의 항일 전쟁이라는 '정의의 전쟁'에 협력했던 하세카와는 영웅시된다.

가네코 후미코金子文子**나 이토 노에伊藤野枝***같이 권력에 의해 학살된 아나키스트 여성들은 어떤가. 중일전쟁이 시작되기 전에 죽은 그녀들의 '그

---

는 환영받지 못했다. 일본에서는 1906년에 일본에스페란토협회가 설립되었고 제2차 세계대전을 전후로 탄압받게 된다.

* 1902~1992. 여배우. 1938년에 소련으로 망명해 모스크바 방송에 근무했다.

** 1904~1926. 아나키스트. 1923년 관동 대지진 때 보호 명목으로 구속된 후 황태자 암살 계획을 세웠다는 누명을 쓰고 사형을 구형받았다. 이후 감형되었으나 천황제를 사회 불평등의 원흉이라고 주장하며 이를 거부하고 옥중에서 자살했다.

*** 1895~1923. 아나키스트 여성 운동가이자 사상가. 1923년 관동 대지진 후 계엄령 아래서 조선인, 사회주의자, 노동조합 활동가 참살이 벌어졌을 때 함께 피살당했다.

뒤'를 예견하는 것은 어렵다. 페미니스트들의 과거를 파헤치는 작업이 철저해지면 거의 모든 여성 지도자는 영광의 자리에서 밀려나고, 최후에는 전쟁 전에 죽는 행운으로 '순수함'을 유지할 수 있었던 여성들만이 남게 될지도 모른다.

총동원 체제라는 국민화 프로젝트는 여성뿐 아니라 소수민족이나 핍박받은 이들을 끌어들이면서 진행되었다. 일본에서 부락해방동맹*의 전신이었던 전국수평사全國水平社와 지도자 마쓰모토 지이치로松本治一郎**가 이 국민화 프로젝트를 적극적으로 지지해 침략전쟁에 가담했던 과정을 김정미가 철저하게 폭로했다.[118] 도미야마 이치로富山一郎는 오키나와 문제에 대해 같은 물음을 던져, '국민화'에 대한 기대로 인해 오키나와전에 참가했던 사람들이 빠진 함정을 파헤치고 있다.[119] 전승국인 미국에서도 흑인 병사나 아시아계 병사들이 군대 내 평등을 환영해 적극적으로 전선으로 나간 것은 잘 알려진 사실이다. 앤더슨이 말하는 것처럼 국민화 프로젝트가 '상상의 공동체'를 만들어내, 그것이 바야흐로 역사화되려는 한창때에 그것을 비판하는 초월적이고 역사 외재적인 관점을 갖는 것은 누구에게나 곤란한 문제였다.

---

* 여기서 부락이란 신분적·사회적으로 차별 대우를 심하게 받아온 사람들이 집단으로 살고 있는 지역을 말한다. 부락은 에도 시대에 형성되었고, 1871년에 법제상으로는 부락민의 신분이 해방되었지만 사회적 차별은 지금까지 남아 있다. 부락해방동맹은 그런 차별 철폐를 목적으로 사회 운동가들이 조직한 운동체다.

** 1887~1966. 부락 해방 운동가. 1923년 전규슈수평사(全九州水平社)를 결성해 위원장이 되었으며, 1925년 수평사 해산 후 1936년 부락해방전국위원회 위원장을 역임했다. 중의원, 참의원 등을 거쳤다.

## 13. 반성적 여성사에 던지는 질문

총력전은 여성의 국민화를 요청하고 촉진시킨다. 이미 살펴본 바와 같이 많은 부인 운동가들은 그것을 환영했으며 적극적으로 추진하기까지 했다. 그런데 근대 총력전에 대한 연구는 여성의 국민화가 연합국과 동맹국에 관계없이 마찬가지로 진행되었음을 증명하고 있다. 전승국인 미국이나 영국에서도 여성 지도자들 - 와카쿠와는 정확하게 "전쟁의 치어리더들"이라고 부르고 있다 - 은 있었을 텐데, 자유와 민주주의를 지키는 반파시즘 투쟁이었기 때문에 그런 '올바른 목적'을 위한 여성의 국민화는 면죄되는 것일까.

여성의 가해 책임을 묻는 반성적 여성사는 도대체 무엇을 '반성' 대상으로 하고 있는 것일까? 그 범위를 묻는 것으로 반성적 여성사가 '일국 사관national history'의 한계를 극복하는 것이 가능한지를 물을 수 있게 된다. 이 물음은 세 가지 질문을 파생시킨다.

첫 번째로, 반성적 여성사는 그 침략전쟁에 여성이 가담했다는 데 대한 전쟁 책임을 추궁하고 있지만, 여기에서 반성 대상이 전쟁 일반에까지 미치고 있는 것일까라는 물음이다. 전쟁은 국민국가의 최대 사업이며, 근대전은 전 국민, 전 계층을 총동원하는 총력전의 양상을 띠는데, 똑같이 전쟁에 협력했지만 파시스트 국가에 속하는 여성은 반성해야 할 필요가 있고 연합국 여성은 그럴 필요가 없는 것일까. 그렇다면 전쟁에는 '좋은 전쟁'과 '나쁜 전쟁'이 있다는 것인데, 일본 여성의 책임은 그것이 '나쁜 전쟁'이라는 것을 간파하지 못한 데 있는 것일까. 그리고 '좋은 전쟁'과 '나쁜 전쟁'을 구별하는 것은 - 만약 사후적이지 않다면 - 도대체 어떻게 가능한가?

두 번째로, 반성적 여성사는 여성의 국민화 자체는 지지하지만 국민국가가 행하는 사업으로서의 전쟁은 부정하는 것인가. 이 생각은 일본국 헌법 제9조 '국제 분쟁 해결 수단으로서의 교전권을 포기한다'는 일국 평화주의와 아주 밀접하다. 동시에 일국 평화주의에 부수되는 모든 한계를 짊어져야 하는 결과를 낳는다. 하지만 근대 국민국가가 시민의 무장 해제와 국가에 의한 폭력 독점을 기반으로 성립했다는 사실은 어떻게 평가할 것인가. 근대 이후 국민국가는 폭력 행사가 합법화된 유일한 법적 주체다. 그와 함께 공민권의 근거에 병역이 있다는 것을 어떻게 평가할 것인가. 반대로 만약 어떤 경우일지라도 여성의 국민화 자체가 비판 대상이 된다면, 어떤 근거에서 여성은 국가를 초월할 수 있으며, 또한 초월하지 않으면 안 되는가 하는 물음이 생긴다. 일본 반성적 여성사의 가해자 사관은 그런 물음까지 사정거리 안에 두고 있는 것일까?

세 번째로, 여성의 국민화에는 통합형과 분리형 외에 또 다른 변종이 있지만, 그리고 역사의 우연인지 필연인지 통합형은 연합국형, 분리형은 추축국형으로 대응되지만, 분리형은 좀 더 여성 억압적이고 통합형은 좀 더 해방적이라고 말할 수 있는가. 그리고 분리형의 젠더 경계를 받아들이고 나아가 '이류 국민'으로서 체제 협력을 유유낙낙 받아들인 파시스트 국가의 여성들은 가부장제 국가에 순종적인 '뒤떨어진' 존재였다고 비판할 수 있는가.[120] 그러나 통합형 '젠더 평등' 전략은 여성의 국민화를 귀결점으로 하는 여성 병사를 생산하게 된다. 게다가 통합형 젠더 평등이 달성되었다 해도 그것은 결코 여성에게 해방적이라고 할 수는 없다. 왜냐하면 남성을 전형으로 삼아 만들어낸 인간 모델 아래에서 여성의 재생산 기능은 일탈(불리한 조건)에 불과하기 때문이다. 분리형은 여성을 여성의 영역 안에 가두어두지만, 통합형은 여성 스스로에게 자기의 여성성을 부정하게 한다. 게다가 통합형에 철저할지라도 여성은 '이류 전투력'으로 취급된다. 이라크 전쟁에서 미국 여성 병사는 '병사의 임신·출산'과 '산휴를 얻는 병사'라는 악몽을 현실로 만들었다. 그에 더해 포로가 된 여성 병사를 기다리고 있는 것 또한 성적 능욕이라는 '암컷의 굴욕'이었다.

통합형과 분리형의 차이는 근대가 여성에게 할당한 영역 지정의 딜레마를 반영하고 있으며, 양쪽 다 여성의 국민화 과정에서 나타나는 변종이라고 할 수 있다. 어떤 의미에서 전시 통제 경제를 평상시에도 유지했다고 할 수 있는 사회주의권에서는 여성 노동에 대해 통합형을 실현했으나, 오히려 연합국의 자본주의 경제는 평상시에는 분리형으로 복귀했다. 사회주의권의 여성 지위를 보아도 통합형이 분리형보다 해방적이라는 보증은 없다. 오히려 사회주의권의 극진한 모성 보호 정책은 여성의 모성이라는 부가적인 무거운 짐을 국가가 짊어짐으로써 그 부담을 줄인다는 목적으로 이루어졌으나, 오히려 전통적인 가족관이나 성 역할 의식은 온존했다. 육아의 사회화는 본래 여성 노동력을 확보하기 위한 노동 정책이지, 결코 남녀평등 정책이나 나아가 어린이의 성장 권리를 보증하기 위한 아동 복지 정책으로 성립된 것이 더더욱 아니라는 사실에 유의해야 할 것이다.[121]

그런데 여성의 국민화라는 문제 설정은 그 안에 이미 해결 가능성을 담고 있다. 마치 천황제라는 용어가 그것을 정립하는 것 자체로 타도 대상으로 상대화된 것처럼 여성의 국민화는 국민과 여성 사이의 배리를 한꺼번에 보여준다. 첫째로, '국민'은 처음부터 여성을 배제함으로써 남성성의 용어로 정의되었다. 둘째로, '여성'은 젠더 범주에 의해 처음으로 하나의 공동성으로 뒤늦게 발견되었던 것이다. 바꿔 말하면 '국민'과 '여성'이라는 범주를 탈구축하는 것으로 탈자연화되었던 것이다. 그리고 '국민'을 젠더화함으로써 얻어진 여성의 국민화라는 패러다임이 가시화된 것은 첫째, 여성은 국민이 아니었다는 너무나도 분명한 사실, 그리고 둘째는 여성의 국민화를 위해 국가가 직면한 딜레마(젠더 경계를 유지할 것인가 초월할 것인가)의 극한이었다.

탈식민주의적인 분석은 하나의 범주가 '상상의 공동체'을 만들어냄으로써 이후에는 억압으로 전환하는 모습을 집요하게 파헤친다. 그런 의미에서 여성이라는 범주도 예외는 아니다. 범주가 '이것 아니면 저것'이라는 배타성을 지닐 때 이런 억압이 반드시 생겨난다. 그리고 국민이란 그런 배타적인 범주의 전형 가운데 하나에 지나지 않는다. 그런 배타성을 더욱 가시화시킨 것이 바로 전쟁이다. 국민은 반드시 한 국가에 배타적으로 귀속할 것을 강요당한다. 이중국적자나 적도 아군도 아닌 그 어느 쪽에도 속하지 않는 존재는 인정받지 못한다.

이 문제에 대해서 탈식민주의가 제시한 해결책은 범주의 부정이 아닌 '더 많은 범주를'이라는 범주의 복합화였다. 개인의 복잡성에 맞는 범주의 복합성만이 단일 범주의 공동성으로 개인이 회수되는 것을 막을 수 있다. '국민'이 억압적인 것은 그것이 상위 범주를 인정하지 않는 배타적 귀속을 요구하기 때문이다. 그렇다고 그것을 초월하기 위해서 또 하나의 초월적 범주를 만들어내는 것은, 일단 '국가'에서 벗어날 수 있다 해도 다시 한 번 또 다른 공동성에 회수되게 된다. 1980년대 세계사의 격동이 가르쳐준 교훈은 국가가 초월성을 잃었다는 것, 그것을 위해 목숨을 바쳐야 할 정도의 초월성이 국가에는 없다는 상대화였다.

## 14. 여성의 국민화를 어떻게 초월할 것인가

이상과 같이 생각해보면 여성의 국민화를 둘러싼 여러 가지 변종을 전체적인 구도 속에 위치시켜볼 수 있다.

여성의 국민화에는 성별 격리 전략(분리형)과 성별 불문 전략(통합형)의 두 가지 유형이 있는데, 이 두 가지 길은 페미니즘 성립 당시부터 '차이인가 평등인가'라는 딜레마로 아주 익숙한 문제다. 성별 격리를 받아들이게 되면 여성다움이란 규범을 받아들여야 하지만, 반면에 한정된 범위 안에서이기는 하지만 자율적 영역을 획득할 수 있게 된다. 성별 불문 전략은 언뜻 평등을 이룬 것처럼 보이지만, 그 속에서 생산과 전투를 짊어진 여성들은 공적 영역이 남성성을 기준으로 정의되어 있는 한 이류 노동력, 이류 전사가 되는 것에 만족해야만 한다. 그렇지 않으면 스스로 여성성을 부정해 남자와 동등해지는 것을 목표로 하든가, 아니면 기껏해야 여성 역할을 유지한 채 보조 노동력이 되는 이중 부담이라는 선택이 기다리고 있을 뿐이다. 양쪽 다 근대 페미니즘에서는 너무나도 익숙한 광경이다.

이런 딜레마는 지금도 여전히 해결되지 않은 문제로 남아 있다. 기지 매춘이나 PKF(Peace Keeping Force, 유엔 평화유지군) 매춘, 전시 강간이 변함없이 문제가 되는 한편, 걸프 전쟁을 둘러싸고 여성 병사가 전투에 참가하는 문제가 페미니스트 사이에 논의를 불러일으켰다.

'페미니즘은 국가를 초월할 수 있을까?'라는 물음을 제기했을 때, 나는 '페미니즘은 왜 국가를 초월해야만 하는가?'라는 정말 소박하면서도 근원적인 물음을 맞닥뜨렸다. 나는 페미니즘은 국가를 초월해야 하며, 초월할 수 있다고 생각하고 있는데, 이제는 그 이유가 분명해졌다. 페미니스트들이 국민국가를 분석하는 작업을 통해 근대-가부장제-국민국가라는 틀 안에서 남녀평등이란 원리적으로 불가능하다는 것을 증명했기 때문이다. 페미니즘과 근대를 둘러싼 복잡한 물음 속에서 평등인가 차이인가의 대립은 근대가 여성에게 강요한 '의사疑似 문제'에 불과하다고 에바라 유미코는 밝혔다.[122]

후기구조주의 젠더사학자인 조앤 스콧Joan Scott은 『페미니즘 위대한 역설』에서 프랑스 페미니즘의 역사를 거슬러 올라가 근대가 낳은 '개인'이 담고 있는 젠더에 대해 추궁했다. '개인'이 남성을 전형 모델로 해 만들어진 곳에서 여성은 평등인가 차이인가라는 딜레마에 어쩔 수 없이 빠지게 된다. 하지만 이런 양자택일에서 여성은 어느 쪽을 취해도 함정에 빠질 뿐이다. 페미니즘이란 단지 그런 역설을 몸소 재현하기 위해 거기에 있는 근대의 '문제아'에 지나지 않는다. 스콧이 의도한 것도 바로 근대가 여성에게 강요한 '의사 문제'를 탈구축하는 것이다.

근대화 프로젝트는 '여성 문제woman question'를 낳은 바로 그 원인에 지나지 않으며, 페미니즘은 그런 역사 분석을 통해 근대라는 틀 안에서는 여성 문제의 해결이 불가능하다는 것을 증명해왔던 것이다. 그런 의미에서 페미니즘은 근대의 산물이면서 근대를 초월할 수 있는 사정거리를 지니고 있다. 여성의 국민화를 둘러싼 페미니스트의 분석이 보여주는 것은 사적 영역의 젠더 분석에서 시작한 페미니즘 연구가 드디어 공적 영역의 젠더 분석에까지 미치게 되었다는 사실이다. 그리고 이것으로 국가와 공적 영역은 표면상의 젠더 중립성을 박탈당하게 된 것이다.

여성의 국민화를 탐구해오면서 우리는 이렇게 말할 수 있다. **국민국가에는 젠더가 있다**. 여성의 국민화는 근대 국민국가가 여성에게 억지로 떠맡긴 배리를 체현한 것이고, 총동원 체제는 그 배리를 극한적으로 괴이한 형태로 보여줌으로써 역으로 근대 국민국가의 틀 안에서는 여성 해방이 불가능하다는 것을 입증했다. 그리고 그로 인해 여성에게 국가를 초월할 수 있는 근거를 제시한 것이다.

하지만 정반대의 사실은 말할 수 없는 것일까. 여성이야말로 근대-시민사회-국민국가가 만들어낸 바로 그 '창작물'이라고. 여성의 국민화, 즉 국민국가에 여성으로서 참가하는 것은 그것이 분리형이든 참가형이든 '여성≠시민'이라는 배리를 짊어진 채 국민국가와 운명을 함께하는 것에 지나지 않는다. 그리고 그런 사정은 '남성=시민'에게는 더욱 벗어나기 어려운 함정일 것이다.

'여성'의 해체. 그리고 그것은 '남성'의 해체와도 같은 것이다. 페미니즘이 근대의 산물이라면 근대와 함께 페미니즘의 운명도 끝나겠지만, 페미니즘은 근대를 물어뜯고 태어난 '근대의 미운 오리 새끼'였다. 페미니즘에 의해 젠더라는 변수가 발견된 것은 단지 그것을 해체하기 위한 것일 뿐이다.

# 2장 일본군 '위안부' 문제를 둘러싸고

### 1. 삼중의 범죄

1990년대의 오늘날 국민국가와 젠더 문제를 둘러싸고 일본군 '위안부'만큼 근본적인 물음을 제기하는 것은 없다. 이 문제는 또한 공공의 기억을 구성하는 것을 둘러싼 역사 방법론에 대해서도 근원적인 질문을 던지고 있다.

일본군 '위안부'가 일본 내에서 결정적으로 문제가 된 것은 1991년 12월 김학순[1]을 필두로 한 일본군 '위안부' 피해 한국 여성 3명이 도쿄 지방 재판소에 일본 정부의 사죄와 개인 보상을 요구하는 소송을 제기하면서부터다. 일본군 '위안부' 문제는 전후 의례적으로 다루어지기는 했지만 '불쌍하다' '가련하다'라는 시각을 벗어나지 못했을 뿐 아니라 전쟁에 따르는 잔학상이나 '도를 지나친', 심지어는 '남자의 동물적 욕정'에 희생된 것으로 자연화되어왔다.[2] 피해자 여성 3명의 용기 있는 고발은 일본군 '위안부'를 둘러싼 패러다임을 한꺼번에 뒤바꿀 수 있는 힘을 지녔다. 과거 식민지 국민의 전후 보상 문제는 군인연금이나 유족연금, 전시 우편저금* 등의 보상을 둘러싸고 패전 직후부터 줄곧 문제가 되었지만 일본군 '위안부'는 한 번도 보상 대상이 된 적이 없으며, 피해를 '문제화'하는 데에만 반세기가 걸렸다는 역사적 사실은 충격적이었다.

일본군 '위안부'라는 역사적 '사실'은 알려져 있었다. 게다가 많은 병사들이 그 경험을 일말의 죄의식도 없이 기록으로 남기고 있다. 하지만 아주 최근에 이르기까지 '위안부' 문제를 범죄로 문제 삼는 사람은 없었다. 사실은 그곳에 있었지만 눈에 보이지 않았던 것이다. 역사적으로 '존재하지 않았다'는 것과 마찬가지다. 이전 병사들의 자비 출판을 포함한 공식 · 비공식 전기와 회상록이 국회 도서관에 보관되어 있는 것만으로도 약 3만 종에 이른다고 하는데, 이제야 간신히 재해석 작업이 이뤄지고 있다.

일본군 '위안부' 제도가 범죄화되었다는 것은 단지 과거를 다시 묻는 것만을 의미하지 않는다. 전후 반세기가 지난 지금 이제 와서 새삼스럽게 무슨 소리냐고 하는 사람들에게 이 문제는 과거의 문제가 아니라 현재의 문제라고, 우리가 현재 진행형으로 가담하고 있는 범죄라고 대답하고 싶다. 일본군 '위안부'를 둘러싼 이중의 범죄란, 첫째 전시 강간이라는 범죄와, 둘째 전후 반세기 동안 그 죄를 망각했다는 범죄를 말한다. 두 번째 범

---

* 우편저금은 유세이쇼(郵政省, 일본의 행정기관. 한국의 우정사업본부와 사업적 성격이 유사한데 2001년 총무성으로 통합)가 우체국 창구를 통해서 하는 저금 사업으로 1875년에 시작되었다. 우편저금은 1987년에 금융 자유화가 이루어질 때까지 전액이 국채의 소화, 재정 투융자의 원천으로 이용되었다. 이런 특징에서 볼 때 전시 우편저금이 전쟁을 위해 쓰였다고 상상하기는 어렵지 않다.

죄는 피해자에게 피해 사실을 인지하지 못하게 함으로써 반세기 동안 일상적으로 계속되어온 '현재의 범죄'라고 할 수 있다. 거기에 덧붙여 현재 보수파 사람들이 피해 여성의 고발을 부인하고 있는 것을 세 번째 범죄라고 불러도 좋다. 피해를 입힌 과거가 있는데도 피해자에게 오랜 세월 동안 침묵을 강요하고, 피해자가 간신히 침묵을 깨자 돈 욕심 때문에 거짓말하는 것이라고 한다면 이것이 이중, 삼중의 범죄가 아니면 무엇이겠는가.

일본군 '위안부' 문제의 패러다임이 일본군이 저지른 성범죄로 바뀌게 된 배경에는 1980년대 이후 한국 여성 운동의 영향이 있었다는 사실을 잊어서는 안 된다. 김학순 등의 제소에 앞서서 1990년 5월에 한국의 노태우 대통령의 방일에 즈음해서 한국 여성 단체가 전후 처음으로 '정신대'[3] 문제의 해결을 요구하는 성명을 발표했다. 6월에 일본 정부는 국회 답변에서 "위안부는 민간업자가 한 일"이라고 일본 정부의 관여를 부정하는 발언을 했는데, 그에 대해 한국의 37개 여성 단체가 공개 항의 서한을 보냈다. 이 여성 단체들을 중심으로 같은 해 11월에 한국정신대문제대책협의회(정대협)가 결성되었다. 다음 해 8월 김학순은 정대협의 호소에 응답해 자기 이름을 공표했던 것이다. "부끄러워해야 할 사람은 '위안부'가 아니다"라는 패러다임의 전환은 그에 앞서 정대협 대표인 윤정옥 등이 10년 넘게 전 前 '위안부' 여성들의 이야기를 청취하고 기록하는 노력을 함으로써 이미 준비되었던 것이다.[4]

'위안부'의 증언이 충격적인 이유는, 첫째로 그렇게 잔혹한 역사적 '사실'이 존재했기 때문이기도 하지만, 둘째로 그 피해자가 전후 50년 동안이나 침묵을 강요당해왔다는 사실 때문이기도 했다. 불과 얼마 전까지만 해도 수많은 전 '위안부' 여성들은 자기 경험을 '내 자신의 치욕'으로 받아들여 기억 저편에 묻어두고 있었다. 그녀들은 과거를 봉인한 채 가장 가까운 가족에게조차 그런 사실을 밝히지 못한 채 살아왔다. 많은 여성들이 고향에도 돌아가지 못했다. 그런 과거를 그녀들이 '피해'로 공공연하게 재정의한 것이다. 거기에는 역사 인식의 거대한 변화, 패러다임의 전환이 있었다.

패러다임의 전환을 가져온 것은 1980년대 한국의 민주화 운동과 여성 운동이었다. 더 나아가 말하자면 한국 여성 운동의 배후에 있는 전 세계 페미니즘 운동이 고양되었기 때문이기도 하다. 1991년에 김학순이 최초로 자신을 '피해자'로 밝히고 나섰을 때 우리는 극심한 충격을 받았는데, 그 배경에는 김학순의 증언을 준비할 수 있게 만든 두 가지 사건이 있었다. 첫째는 1980년대 군사독재 정권에서 일어난 성 고문 사건의 고발이었다. 권인숙이라는 학생 운동 활동가가 감옥*에서 성 고문을 당했다며 처음으로 피해자로서 자신의 이름을 공개적으로 밝히고 나섰다. 권인숙의 고발을 통해 강간을 둘러싼 패러다임의 전환―피해자의 '치욕'에서 가해자의 '범죄'로― 이 준비되었다. 권인숙의 고발은 주위 여성들이 힘이 되어줌으로써 비로소 가능했던 것이다. 두 번째로, '위안부'였던 사람이 자신을 밝히기에 앞서서 윤정옥을 대표로 하는 정대협 사람들의 조사와 호소가 있었다. 패러다임의 전환이 먼저 있었기 때문에 그에 응답하는 증인이 우리 눈앞에 나타난 것이다. '위안부'의 증언은 지원 단체 여성들이 없었다면 있을 수 없었던 것이다.

아시아여성자료센터가 엮은 『'위안부' 문제 Q&A』에 의하면 '위안부'

---

에 대해 "전후 처음으로 일본 사회에 문제를 제기했던 것은 1970년대 기생 관광을 비판한 한국 여성들이었다".[5]

> "일본 남성은 전쟁 중에 군의 힘으로 동포 여성들을 정신대원으로 몰아 넣고, 그것을 반성하지도 않은 채 이제는 돈으로 기생 여성을 농락하고 있다"고 항의했던 것이다.[6]

역시 기생 관광에 대해서도 일본군 '위안부' 문제를 직접적으로 떠올리며 일본인에 의한 '성적 침략'으로 받아들이고 있음을 쉽게 이해할 수 있다. 한국에만 한정된 이야기가 아니다. 일본 남성의 아시아 섹스 관광과 일본군 '위안부'를 연관 지은 논의는 필리핀 여성의 경우에도 나타난다.[7]

하지만 일본인의 섹스 관광 비판이 매춘부 차별이나 한국 내 매춘 용인 풍조에 대한 비판과 연계되고 있던 것은 아니었다. 성적 침략에 대한 비판은 민족주의 틀 안에서 받아들여질 수 있다. 범해진 것은 민족의 자존심이며, 그에 대한 분노가 반드시 기생 여성들의 인권 존중으로 연결되지는 않는다.

기생 관광 비판에서 '위안부' 문제를 전사前史로 위치시키는 것은 타당하다고 생각하는데, 그것은 '위안부' 문제 자체가 처음부터 민족 차별과 성 차별이라는 두 요소를 내포하고 있기 때문이다. 하지만 기생 관광에 대한 비판이 성 차별 고발과 연결되려면 1980년대의 성범죄 피해자를 둘러싼 패러다임의 전환을 매개로 해야 했다.

## 2. '민족의 치욕' ― 가부장제 패러다임

일본군 '위안부'를 이야기하는 패러다임은 요즘 잠깐 사이에 급속히 변화해왔다.

최초로 등장한 것은 '민족의 치욕'이라는 가부장제 패러다임이다. 가부장제 패러다임은 여성의 주체성을 부정하고, 여성에 대한 성적 인권 침해를 가부장제 아래서 남성 간에 벌어지는 재산권 싸움으로 환원한다. 그리고 이것이야말로 피해자에게 침묵을 강요해온 '이중 범죄'의 원인이다.

피해 여성의 고발에 대해 초기에는 "민족의 치욕을 밖으로 드러내지 말라"는 대단히 가부장적인 억압의 소리가 한국은 물론 일본에서도 일어났다.[8] 첫째, 성적 능욕을 당한 것은 여자의 치욕이라는 유교적인 도덕관에 기인한 것이다. 둘째, 자기 민족 여자의 정조를 지키지 못했던 한국 남성의 '칠칠치 못함'을 뭇사람 앞에 드러냈다는 점이다. 셋째, 남성에게 망신을 주는 여성의 고발을 막지 못했다는 '면목 실추'에 관한 것이다. 여기서 여성의 정조란 남성 재산의 하나로서, 그 재산권 침해에 대해 한일 양국의 가부장제 사이에서 이해가 계산되어 이야기되었을 뿐, 여성의 인격이나 존엄은 조금도 고려되지 않았다. 운동이 일어난 후에도 한국에서는 "민족적 자존심이 상처받는다는 이유로 일본에 대한 배상 요구에 반대하는 의견이 폭넓게 공감을 얻고 있었다"고 한다.[9]

"한국인은 굉장히 긍지가 강한 민족이 아닌가. (…) 사실 자신들에게도 부끄러운 과거를 깡그리 파헤쳐서 세계에다 선전하고, 몇 억 엔 정도의 돈으로 그것을 보상하라고 요구하다니 (…) 망신살이 겹치는 것이 아니겠는가."[10] 에바라 유미코는 하가 도루芳賀徹의 이 발언을 소개하면서 일본 남성과 한국 남성 사이에는 "폭력에 의해 범해진 여성이 그 몸을 부끄럽게 생각하는 것은 당연하다는 감성, 자신의 여자를 빼앗긴 남성이 자신을 부끄럽게 생각하는 것은 당연하다는 감성"이 공유되어 있다고 지적한다.

> 자기 민족의 여자는 자기 것이며 그 여자가 다른 민족에게 능욕당하는
> 것은 '남자의 명예'를 더럽히는 것이라는 전제가 만약 한국과 일본의 남성
> 들에게 있다면 그것은 충분히 일본군 '위안부' 피해자들에게 입을 다물게
> 하는 압력이 되었을 것이다.[11]

에바라는 "나는 성폭력 피해자에게 그 몸을 부끄럽게 여기도록 해 고발을 막는 것은 그 자체가 용서할 수 없는 성폭력이라고 생각한다"고 논한다. 에바라가 지적하는 것도 가부장제의 이중적 성폭력이다.

강간이 두 가부장제 사이에서 투쟁의 상징으로 이용된다는 역사적 사실은 아주 많다. 19세기 인도에서는 영국 식민지배에 의한 현지 여성 강간이 민족주의적인 격분과 동원의 상징으로 이용됐다.

> 19세기 말 민족주의자들은 강간과 인종차별주의를 연결해 영국 법률에
> 반대하기 위한 무기로 이용했다. '우리' 여성들을 영국 병사로부터 지키자
> 는 외침이 (…) 맹렬했다. 민족주의자들은 강간을 여성에 대한 폭력 행위
> 라기보다는 국가 명예에 대한 침해로 보고 있다.[12]

이 주장에는 여성의 섹슈얼리티는 남성의 가장 기본적인 권리와 재산이며 그것을 침해하는 것은 당사자 여성에 대한 능욕 이상으로, 그 여성이 속한 남성 집단에 대한 최대의 모욕이라는 가부장제의 논리가 있다.[13]

일본군 '위안부' 제도의 직접적인 계기가 된 1937년 난징 대학살,* 강간이 너무나 많이 일어나 '난징 대강간'이라고도 불리는 이 사건에 앞서 중국에서는 일본군 병사에 의한 강간이 빈번히 일어나고 있었다. 일본군 병사의 중국 여성 강간은 중국 남성들 사이에 '예상했던 것보다 강한 반일 감정'을 불러일으켰다고 하는데,[14] 그들은 그것을 자신의 남성성에 대한 최대 모욕이라고 생각해 그것을 범한 사람들의 의도대로 받아들였을 것이다. '위안소'를 설치한 후에도 병사들에 의한 점령지 강간은 끊이지 않았는데, 그것은 여성이 전리품이라는 가부장제의 논리가 그대로 드러난 것이었다.

성적 피해의 자기 인지, 그것은 단적으로 말하면 섹슈얼리티의 자기 결정자로서 여성 자신의 정체성을 확립하는 것을 의미한다. 그것은 자신의 섹슈얼리티 - 여기서는 단적으로 신체 - 에 대한 결정권이 자기 자신에게 속하며, 아버지나 남편 등 가부장권에 속하지 않는다는 주체 의식을 수반한다. '위안부' 소송에 대해 일본 정부는 전후 보상을 1965년 한일조약으로 해결했다고 시종일관 주장하고 있지만, 그 안에 담긴 가부장제의 논리를 날카롭게 찌른 것이 개인 보상 청구권 논리였다. '위안부' 소송을 지원해온 단체의 야마사키 히로미는 이렇게 말했다.

---

\* 루거우차오 사건 이후 중일전쟁이 전면화되어 당시 중국의 수도였던 난징이 함락된 1937년 12월 13일부터 일본군에 의해 약 2개월 동안 학살이 계속되었다. 도쿄 재판 판결에 따르면 비전투원 1만 2천 명, 패잔병 2만 명, 포로 3만 명이 시내에서 살해되었고, 근교에 피난 간 시민 5만 7천 명 등을 합해 총 12만 9천여 명이 살해되었다고 한다. 그러나 이것은 최소한의 수치이고 실제는 30만 명이 넘을 것이라고도 하는데, 아직까지 정확한 내용은 완전히 밝혀지지 않았다.

만약 지금 어떤 여성이 강간을 당했는데 그 범인이 남편이나 부친과 합의
가 끝났기 때문에 이미 해결되었다고 말한다면 납득할 수 있겠습니까? 아
닙니다.[15]

여기서 '남편이나 부친'을 '국가'로 바꿔보면 알기 쉽다. 한국 정부는
개인 청구권을 인정하지 않는다고 하며 일본 정부를 지지함으로써, 개인
을 국가의 귀속물로 환원했다. 개인 청구권 논리는 국가가 개인(의 이해)을
대표할 수 없다는 점에서 국민국가를 초월하는 성질을 갖는다. 따라서 피
해 여성과 그 지원 단체가 싸워야 할 상대는 한일 양국의 가부장제이기도
하다.

### 3. 조선 부인의 '순결'

1970년대 초에 남성 르포 작가에 의한 일본군 '위안부' 보고서가 잇달
아 간행되었다. 센다 가코千田夏光의『종군 위안부』(1973)와 김일면의『천황
의 군대와 조선인 위안부』(1976)가 발표되었다. 센다는 일본군 '위안부'를
"불쌍한 존재"라고 칭하며 동정에 가득 찬 표현을 쓰고 있는데, 이전에도
병사의 회상록에는 "몹쓸 짓을 했습니다. 살아 있다면 어떻게 지내고 있을
까요"라는 식의 동정적인 태도가 보였다. 센다에게는 '위안부' 제도를 범죄
로 구성하는 눈이 없었다. 무엇보다도 사죄하고 보상해야 할 피해자가 어
디에도 없었던 것이다.

『종군 위안부』가 간행된 지 14년이 지난 후 센다는《논좌論座》의 요청
으로「『종군 위안부』의 진실」을 기고한다.

내가 『종군 위안부』라고 제목을 붙인 책을 후타바샤雙葉社에서 출판한 때가 1973년이다. 본편과 속편을 합쳐 50여 만 부가 팔렸지만 서평다운 서평은 《적기赤旗》*의 독서란 정도에밖에 실리지 않았다. 사회적으로 화제가 된 일도 없었다.

조사해보니 책을 구독한 사람은 주로 전쟁 중에 중국 대륙이나 동남아시아 전선에 보내져 현지에서 그녀들을 샀던 병사들이었으며, 다 읽고 난 뒤에는 긴 한숨과 함께 서가 깊은 곳에 처박아두고 달리 이야기하는 일도 없이 보낸 듯하다. (…) 유감스럽게도 근현대사 연구자의 관심을 끌지도 못했다.

그다음 1984년 '고단샤 문고講談社文庫'에서도 복간되었지만 사정은 비슷했다. (…)

사회 문제가 되지 않았다는 사정은 한국도 비슷했다. 1973년에 후타바샤판이 나오자 바로 한국에서도 번역본이 나와 "일본인으로서는 잘 조사해서 썼다"는 신문 서평이 실렸다고 들은 바 있지만, 그 이상의 일은 없었다.[16]

"일본과 한국에서 이런 사정이 크게 달라진 것은 1991년 12월 '위안부'였던 한국인이 제소하면서부터"라고 센다는 적고 있다. 아무도 센다의 역사적 한계를 질책할 수 없다. 일본에서도 한국에서도 많은 사람들이 '위안부'의 존재를 알고 있으면서도 피해자의 침묵 위에 안주하고 있었기 때

---

\*     일본 공산당 기관지.

문이다.[17]

센다는 더 나아가 "불가사의하게도 (…) 여성들의 반응은 전무에 가까웠다"고 적고 있다.[18] "유일한 예외"가 일본 기독교 부인들의 모임인 교풍회橋風會*의 다카하시 기쿠에高橋喜久江였다고 한다.[19]

센다는 언급하지 않았지만 또 한 사람의 '예외'가 있다. 마루야마 유키코丸山友岐子다. 마루야마의 글은 센다와 김일면의 '위안부' 르포를 읽고 난 독후감으로서, 그에 대한 불쾌감의 원인을 규명한 것이다.[20]

마루야마는 한국인 작가 김일면의 『천황의 군대와 조선인 위안부』를 "분노와 원념의 결정이라고 할 만한 노작"이라고 평가하면서도 그 "분노"의 기저에 깔려 있는 "남성의 논리"를 놓치지 않았다. 마루야마는 김일면이 "조선 부인의 순결성과 정결성을 강조"할수록 "이상한 기분이 든다"고 지적하며 이렇게 논했다.

여성들의 순결을 엄격히 요구하는 사회가 여성들에게 결코 행복한 사회가 될 수는 없으며, 여성이 그 사회의 요구(남성의 요구)에 순종적이었다고 해서 그 민족의 여성이 인간으로서 특별히 뛰어난 자질을 지니고 있다

---

\* 1886년에 설립된 도쿄기독교부인교풍회. 교풍회는 공매음(公賣淫)·음주·끽연 등을 금지시키기 위한 운동을 목적으로 설립된 것이다. 1880년 말부터 1890년대에 일어난 폐창(廢娼)론과 폐창 운동을 담당한 민간 단체의 효시가 되는 존재다. 폐창 운동은 일부일처제에 기초한 가정을 유지하기 위해 혼인 외의 성(性)과 가정을 차단시키고자 한 것이다. 결국 공창을 없애지는 못했지만 폐창 운동은 매춘이나 매춘부를 범죄화함으로써 일반 가정과 '양가 여자'들로부터 격리된 매춘부들은 사회의 어두운 존재가 되었으며, '매춘부 차별'을 생산하는 작용을 했다고 한다.

고 할 수도 없다.[21]

그리고 "좋아서 해외 매춘을 하러 간 일본 여성들과 천황의 군대에 의해 폭력으로 내몰린 조선 여성들"을 대비시키는 김일면의 논법에 대한 반론으로 일본의 '가라유키상'* 전통에 대해 언급한다.

폭력에 의해 납치되어 전장으로 끌려가 강제로 매춘부가 되었던 여성들이 구사일생으로 고국에 돌아가도 고향 땅도 밟아보지 못하는 조선 사회보다는 적어도 고향 땅에 돌아가 살아 있는 동안 자신의 무덤을 만들고 '계집애의 일'이라면서 매춘으로 돈을 벌어 온 사실을 이야기할 수 있는 사회가 그나마 행복하다는 것만은 틀림없다.[22]

다소 오해를 불러일으킬 수 있는 표현으로 마루야마가 여기서 하고자 했던 말은 여성의 성에 대한 억압이라는 측면에서 한국의 가부장제 또한 같은 죄를 짓고 있다는 것이었다.

1990년대에 이른 오늘날에 마루야마의 한계를 지적하는 것은 쉽다.

---

\*    에도 시대 말기부터 제2차 세계대전 사이에 일본에서 주로 동남아시아 등의 외지로 돈을 벌러 간 여성들로, 매춘업에 종사했다. 일본의 근대화를 현실적으로 가능하게 한 경제력의 일부분은 여성 노동력이 담당했다. 그중에서도 가장 손쉽고 빠른 방법은 해외 매춘이었다. 이 해외 매춘의 주력자들이 바로 가라유키상이라고 할 수 있다. 19세기부터 20세기 초에 걸쳐 가라유키상이 세계 매춘 시장의 큰 비중을 차지했다. 그 배경으로는 1889년 영국에서 공창제를 폐지함으로써 가라유키상이 인도까지 진출하게 된 것 등을 들 수 있다.

첫째, 마루야마는 일본군 '위안부'를 매춘으로 여기고 있다. "'종군 위안부' 란 도대체 무엇인가. 일본 군대가 아시아 각지로 데리고 갔던 매춘굴에서 일하던 여자들이다".[23] 둘째, 애당초 '조선인 위안부'를 가라유키상과 대비 시킨 것은 김일면 자신이지만 이 비교는 초점을 벗어나고 있다. 그런 부당 한 비교에 대해 지나치게 반발하는 마루야마의 민족주의적인 편향을 지적 할 수도 있다. 양쪽 다 유교적인 남성 사회로 그나마 일본이 매춘부에게 관 용적이었다고 말하는 편향을 말이다. 셋째, 마루야마는 '일본인 위안부'에 게 동정을 표하면서도 그녀들이 걸었을 마찬가지 운명을 상상하지는 않는 다. '조선인 위안부'들의 그 후와 비교하려면 '가라유키상'이 아닌 '일본인 위안부'들의 그 후와 비교했어야 한다. '일본인 위안부'는 고향에서 받아들 여졌을까? 고향에서 자신들의 과거를 이야기했을까? 또는 '정신 보국'을 자랑스럽게 이야깃거리로 삼았을까? 지금까지도 '일본인 위안부'들은 무 겁게 침묵을 지키고 있다.

그러나 가부장제 사회에서 강제성의 유무를 묻지 않고 '매춘부'였던 여성이 받는 오명을 문제시했다는 점에서 마루야마의 관점은 '위안부'의 침묵에까지 이르고 있다. 페미니즘에 의해 '매춘賣春'이라는 여성 문제에 서 '매춘買春'이라는 남성 문제로 패러다임이 전환된 것은 겨우 1980년대 의 일이다. 오히려 마루야마는 자신의 감각과 언어로 최대한의 한계점까 지 사유해 패러다임 전환에 다다른 것이다.

## 4. 전시 강간 패러다임

가부장제 패러다임의 변종이 '전시 강간' 패러다임이다. 강간은 비전투원에 대한 가해 행위이기 때문에 당연히 국제법상으로도 위법일 뿐 아니라 군사 법규에도 위반된다. 이런 전시 강간이 끊이지 않고 계속되는 것은 강간이 전쟁이라는 비상시에 어쩔 수 없었던 '도를 지나친' 행위로 간주되어 민간인 학살과 함께 종종 면죄되어왔기 때문이다. 전쟁에는 강간이 따른다는 견해나 전시 강간은 어느 나라에서나 있었다는 견해는 더욱더 가해를 면책시킨다. 강간에 대해서는 아주 최근까지도 여성으로부터 오랫동안 격리된 남성 사회에 사는 병사들의 '동물적 욕정' 때문이라고 설명되어왔다. 그러나 평상시의 강간 신화가 점차 해체되면서 가해자 남성이 성욕 때문에 강간하는 것이 아님이 밝혀진 다음[24] 전시 강간에 대해서도 남성학의 관점에서 새로운 이해가 성립하기에 이르렀다. 히코사카 마코토는 '남자는 그것을 참지 못한다'는 식의 남성 신화를 비판하며, 강간은 남성의 권력 지배를 과시하기 위해 이루어진 것이며, 특히 전시 강간은 그것의 복수성(윤간)에 특징이 있으며 약자에 대한 공격을 통해 연대 의식을 확립하기 위한 의식儀式이라고 논한다.[25] 실제로 전시 강간이 종종 '관객'이 있는 곳에서 이루어진다는 것은 잘 알려져 있다.

그러나 그것만으로는 충분하지 않다. 병사의 공격이 특히 여성의 성을 향하는 것은 그것이 '적'인 남성에 대한 가장 상징적인 모욕이며 자기 힘의 과시임을 알고 있기 때문이다. 그렇기 때문에 강간은 상대국 남성에게 격렬한 분노를 불러일으키는 효과가 있다.

역사학자 히로타 마사키는 일본군 '위안부'를 전시 강간 패러다임의 연장선상에서 다루고자 한다.[26] 히로타는 전시 강간 패러다임 안에서 일본군 '위안부'를 설명하면서 "말이 통하지 않는, 즉 처음부터 의사소통이 되지 않는 이문화적 존재라는 것"을 일본군 '위안부'의 특징의 하나로 들고 있지만, 이것은 조선인 '위안부'에게는 맞아떨어지지 않는다. 그녀들은 황민화 정책이 시행됨에 따라 일본 이름이 기명으로 주어졌으며, 유카타*를 걸친 '일본 부인'으로 치장되었다. 조선인 '위안부'는 일본어를 할 수 있었기 때문에 병사들에게 환영받았다. 병사들 중에는 '위안부'와 '나눈 정'을 그리워하면서 회상하는 사람도 있으며, 일본인 병사와 함께 죽은 '위안부'도 있다. 물론 그중에는 억지로 함께 죽게 된 경우도 있다.

역사적 사실로 보아도 일본군 '위안부'를 전시 강간 패러다임으로 해석하기에는 무리가 있다. '위안부' 제도는 우발적이고 비조직적인 전시 강간을 넘어서고 있기 때문이다. 물론 그중에는 전시 강간을 당한 후 조직적이고 지속적인 감시 아래 윤간을 당하게 된 피해자도 많다. 필리핀이나 인도네시아 등 동남아시아 점령지에서 그런 유의 피해자가 많이 보인다.

전시 강간과 조직적인 '위안부' 제도를 어떻게 구별할 것인가는 현실적으로 어려운 문제다. 그러나 일본군 '위안부'를 전시 강간으로 환원하는 것만으로는 풀리지 않는 문제가 '위안부'라는 제도 그 자체에 담겨 있다.


### 5. 매춘 패러다임

'위안부'를 정당화하기 위해 종종 동원되는 것이 매춘 패러다임이다.

---

\* 일본 서민들의 전통적인 의상으로, 가운과 비슷해 주로 목욕 후나 여름철에 입는다.

일본에서 이런 주장을 하는 사람으로는 보수파계 여성 평론가인 가미사카 후유코上坂冬子와 최근에는 '새로운 역사 교과서를 만드는 모임'의 후지오카 노부카쓰藤岡信勝나 만화가 고바야시 요시노리小林よしのり 등을 들 수 있다. 매춘 패러다임은 업자 관여와 금전 수수를 이유로 들어 본인의 자유의사를 전제하는 견해다. 실제로 '위안부' 중에는 '좋은 돈벌이가 있다'는 감언에 속아서 갔던 사람도 있으며, 본인이 아닌 가족이 대가를 받은 예도 있을 것이다. 일본군이 철수할 때까지 모은 군표를 줄곧 몸에 지니고 있다가 가지고 돌아갔다는 이야기도 있다. 여기에서는 모집하는 과정의 자유의사 유무 문제와 금전 수수 문제는 별개로 생각해야 한다. 한국의 증언자 19명 중 취업 사기에 해당하는 경우는 12건이다. '일할 곳이 있다'거나 '식모 일이 있다'는 등 업자의 말에 속아 강제 매춘이라고는 상상도 하지 못했던 경우다. 금전 수수는 강제로도 이루어질 수 있다. 강간한 후에 억지로 돈을 쥐여준다고 해서 강간죄가 사라지는 것은 아니다. 같은 19명의 증언에 따르면 그중에 금전을 받은 사람은 3명인데, 그것도 일본군이 발행하는 군표로 지급되어 패전 후에는 종이 쓰레기와 마찬가지가 되었다.[27]

히코사카 마코토는 전쟁 말기에 필리핀 루손 섬의 한국인 '위안부'의 증언에 기초해 다음과 같이 서술했다.

> 그녀들이 소중하게 간직하던 돈은 강제된 상황에서 가혹한 노동을 하며 자신의 의지와는 관계없이 모으게 된 돈이었다. 그런데 그것은 그 당시에도 이미 전혀 가치가 없는 종잇조각으로 변해버린 것이었다.[28]

만약 '위안부'가 일종의 강제 징용이며 또한 성 노동이라고 한다면 그런 정신 보국에 대해 전후 무효가 되어버린 군표 보상을 청구하면 그것으로 끝날 일이지만, '위안부' 문제는 강제노동 일반의 보상 문제처럼 진행되지는 않았다. 왜냐하면 매춘은 추업醜業이나 천업賤業으로 간주되었기 때문에 거기에 본인의 자유의사가 갖춰지면 전락하는 것은 당사자라는 '추업부' 차별이 버젓이 통용되었던 것이다.

이 점에서 피해자 여성 가운데 한 사람인 문옥주가 제기한 '군사우편저금' 소송은 흥미롭다. 언뜻 성 노동에 대한 대가 지급을 요구하는 것같이 보이는 이 소송에서 문옥주의 요구는 자신을 갈기갈기 찢어서 손에 넣은 돈을 가해자인 일본 정부 아래 두고 싶지 않다는 주장이었다.[29] 하지만 다른 우편저금 소송과 마찬가지의 논리, 즉 '한일 경제협력·청구권 협정으로 해결되었다'는 일본 정부의 견해에 밀린 채 문옥주는 소송 중인 1996년 10월에 사망했다.

이 문제에는 보류해야 할 몇 가지 문제가 있다. 우선 '위안부'가 강제 징용인가 아닌가에 대해서인데, 일본 정부가 행한 강제 징용에는 성 노동이 공공연하게 포함되어 있지 않았다. 둘째로 강제 징용이 대가가 있는 노동인지 아닌지도 의심스럽다. 성 노동이든 그 외의 노동이든 간에 강제징용은 거의 모든 경우 명목상의 임금만으로 노예 상태에서 일을 시키는 것이 보통이기 때문이다.

또 한 가지 매춘 패러다임에 따르는 기본적인 오해를 지적해둘 필요가 있다. 강제든 임의든 관계없이 매춘은 여성과 남성 사이 성과 금전의 교환이 아니다. 성 산업으로서 매매춘賣買春은 파는 사람(업자나 경영자, 대개 남성)과 사는 사람(인 남성) 사이에서 이루어지는 교환 행위이며, 거기서 여성은 교환 주체/당사자agent 가 아니라 단지 객체/상품에 지나지 않는다. 상품에게는 손님을 선택할 권리가 없다. 민간 '위안소'에서 돈을 번 사람은 개개의 '위안부'가 아니라 일부 경영자였다. 군표가 아직 유효했던 시대에 재산을 모아 철수했던 업자 중에는 성공한 사람도 있었을 것이다. 하지만 그들 또한 '위안부' 여성을 착취했던 것에 대해 내심 부끄럽게 생각하고 있을 것이다.

매춘 패러다임은 패러다임 자체 속에 여성의 주체성을 함의함으로써 남성을 면책하는 견해다. 매춘하는 여성은 그 자체로 오욕화된다. 추업에 종사하는 여성은 존재 자체가 더럽혀졌다고 생각된다.[30] 매춘 패러다임은 본인의 의사를 문제시한다는 점에서 여성의 자기결정권을 인정하고 있는 것처럼 보이지만 사실은 매춘부와 그 밖의 여성 사이를 나누는 성의 이중 기준을 떠받친다는 점에서 가부장제 코드의 변이라고 할 수 있다. 이 매춘 패러다임의 차별성은 많은 일본인 일본군 '위안부'로부터 목소리를 빼앗아왔다.[31]

매춘 패러다임의 기만성은 몇 가지 점에서 명확해졌다. 첫째, '위안소' 제도에 확실히 군이 관여했다는 것이다. 위안소에는 군 직영 위안소, 군 전용 위안소, 군 이용 위안소 등 세 종류가 있었으며 전부 군의 관리 아래 놓여 있었다. 둘째, 매춘이라는 겉보기와는 달리 그 실태는 감시하의 강제 노동이었다는 점이다.[32] 병사들은 한 번 이용할 때마다 군표를 지급하도록 되어 있었다. 하지만 여기에서도 오해를 피하기 위해 말해두자면 군표를 받는 사람은 업자였으며, 병사와 '위안부' 사이에 직접적인 교환 관계는 없었다. 셋째, '위안부'를 조달하는 데 자유의사는커녕 폭력에 의한 강제나 납치, 취업 사기나 인신매매와 같은 유무형의 압력이 동원되었다는 점이다.

군은 기존 유곽을 군 전용, 군 이용 '위안소'로 전환하는 수법이나 일회 이용에 따른 요금을 설정하는 수법, 게다가 '위안소' '위안부'라는 완곡어법을 사용해 감금과 강제 실태를 은폐시켜 마치 그것이 생업으로 운영된 것처럼 보이도록 하려 했다.[33] 일본 내 한국인 '위안부'가 있었던 오키나와에서는 예부터 격식 있는 유곽으로 알려진 '쓰지辻'가 군으로부터 '군 전용' 위안소가 되도록 요청받았을 때 이것을 자랑스럽고 당당하게 거절했다는 일화가 있다. 재래 유곽과 '위안소'는 범주상으로 연속선상에서 다뤄지고 있었다.[34]

단, 오키나와의 한국인 '위안부'에 대해서는 본토 병사에 의한 오키나와 차별 문제를 생각해야 한다. '위안소'가 설치될 즈음에 현지 부인 단체는 '풍기가 문란해진다'는 이유로 반대 신청을 했는데, 이에 대해 군은 '양가 자녀의 정조를 지킨다'는 논리로 설득했다. 여기에 현지 여성들도 납득해 '위안소'를 받아들였다고 한다.[35] 오키나와 여성의 정조가 여기서는 한국인 여성의 희생으로 황군 병사에게 능욕당할 가능성으로부터 '지켜졌던' 것이다. 황군 병사가 오키나와 여성에게 잠재적인 가해자였다는 것은 오키나와가 준점령지 취급을 받고 있었을 가능성을 시사한다.

군대 '위안소'에 군이 조직적으로 관여했다는 사실이 알려지는 것은 군의 평판이 나빠지는 일이었다. 군대 '위안부' 제도는 필요악이라고 인정은 되었지만 황군의 치부로서 인식되고 있었다. '위안부'는 군용선으로 수송되었으며 전선에서 이동할 때도 군이 맡았다. 군용선에 민간인을 태워서는 안 되므로 그들은 '적하(積荷, 군용 물품)'로 취급되었으며, 그 결과 명부조차 남지 않았다. 물론 그 정도까지 인격이 박탈당했다고 할 수도 있으며, 동시에 군이 '성적 위안'을 위한 '물품' 수송을 드러내고 싶지 않았던 것에 대한 배려의 흔적이라고 할 수도 있다.

패전 후 '위안부' 관계 자료는 다른 수많은 군사 자료와 함께 폐기되었지만, 거기에 '위안부' 문제가 특수한 '전쟁범죄'로 다뤄질지 모른다는 위기의식은 보이지 않는다. 사실 도쿄 재판\*에서 점령군은 포로 학대나 민간인 학살을 문제시했던 것처럼 '위안부' 문제를 재판하지 않았다. 이유 가운데 하나가 도쿄 재판이 열릴 당시 한국은 주권을 회복하지 못한 상태였으므로 고발 측에 서지 못했다는 것이다. 그 당시 식민지 조선의 문제는 일종의 내정 문제로 간주되었다.[36]

도쿄 재판은 연합국에 의한 패전국 일본의 전범 재판이었다. 일본에게 침략당했던 많은 아시아의 피해국들인 한국, 중국, 대만, 인도네시아, 필리핀 등은 고발 당사국이 되지 못했던 것이다. 한국 역시 전후 배상을 둘러싼 양국 간 협정에서 '위안부' 피해를 들고 나오는 일은 없었다. 고바야시 등에게 "그렇게 중요한 문제라면 왜 한국 정부가 지금까지 입 다물고 있었는가"라고 말꼬리를 잡혀도 어쩔 수 없는 사태가 오랫동안 계속된 것이다. 센다 가코가 증언하듯이 패러다임 전환은 1991년 12월 피해자들이 자신들을 밝히고 나설 때까지 기다려야만 했던 것이다.

---

\*    극동 국제 군사재판이라고도 한다. 제2차 세계대전이 끝난 후 연합국이 일본의 정치, 군사 지도자들의 전쟁 책임을 소추하기 위해 열린 재판이다. 1945년 포로 학대죄에 해당하는 B·C급과 정치·군사 지도자들인 A급으로 나누어 기소했으며, 1946년 일본 이치야 구(市谷區) 대본영 건물을 법정으로 삼았다. B·C급 전범에는 조선인, 대만인 등이 다수 포함되었다.

## 6. 성 노예제 — 성폭력 패러다임

매춘 패러다임의 임의성을 단호하게 부정하는 것이 '군대 성 노예제 military sexual slavery' 패러다임이다. 이 패러다임은 1993년 6월 오스트리아 빈에서 열린 유엔 세계인권회의 이후에 정착되었다. 유엔은 인권위원회에 '여성에 대한 폭력' 특별 보고자 설치를 결정한 다음 스리랑카의 라디카 쿠마라스와미Radhika Coomaraswamy를 보고자로 선정했다. 그녀는 일본군 '위안부' 피해자로부터 증언을 청취하는 등 활발하게 조사를 벌여 1996년 4월 쿠마라스와미 보고서를 제출해 인권위원회에서 만장일치로 채택되었다. 쿠마라스와미 보고서는 일본군 '위안부'를 성 노예제의 하나로 규정한 뒤 그에 덧붙여 일본 정부에 사죄와 보상을 권고했는데, 그 경위에 대해서는 이미 잘 알려져 있다. 하지만 오늘에 이르기까지 일본 정부의 공식적인 견해는 첫째, '위안부'는 성 노예제에 해당되지 않으며, 둘째, 유엔 인권위원회는 과거로 거슬러 올라가 책임을 추궁하는 기관이 아니라는 것이다.

당시 공산권이 붕괴한 후 구 유고슬라비아의 일부인 보스니아에서의 '강간 캠프'가 전 세계를 충격에 빠뜨렸다. 그것이 단순히 우발적이며 통제되지 않는 전시 강간이 아니라 군에 의한 조직적인 성범죄라는 것, 나아가 강간에 의해 임신한 여성을 중절이 불가능한 시기까지 구속해둠으로써 '민족 정화'를 꾀하고자 한 놀랄 만한 인종 말살적인 전략이라는 측면에서 더욱 충격적인 일이었다. '성 노예' 패러다임은 현대의 문제에서 유추해 '위안부'에 적용된 것이지 그 반대의 경우가 아니다.[37] 그 배후에는 '무력 분쟁 상황에서 일어나는 여성에 대한 폭력'을 문제시하는 인권 정치와 페미니즘의 주장이 있다.

'위안부' 문제가 이미 고령에 달한 여성들의 과거 상흔에만 머물지 않고 여성 운동의 국제 연대 아래서 커다란 공감을 얻게 된 것은, 이 문제가 오늘날에도 끊이지 않고 계속되는 여성에 대한 성폭력과 밀접한 관계가 있다는 인식 때문이다. 보스니아에서의 '강간 캠프'와 같은 노골적인 전쟁 범죄에 한정된 이야기가 아니다. 많은 여성들은 '위안부' 문제를 유엔이 문제로 삼는 '무력 분쟁 상황에서 일어나는 여성에 대한 폭력'만이 아니라 일상적으로 일어나는 강간이나 성범죄, 그리고 가정 내 폭력이나 유아에 대한 성적 학대 등 여성의 성적 자기결정권에 대한 침해로 간주되는 모든 피해와 서로 연결되어 있다고 이해해, '이것은 자신의 육체에 가해진 폭력'이라며 아픔을 함께 나누었다. 이런 성 지배 아래에서는 매춘 또한 여성에 대한 구조적인 폭력의 한 형태로 이해되었다. 1995년 베이징 여성회의에서 '위안부' 문제는 NGO 포럼의 주요한 초점 중 하나였는데, 캠퍼스 성희롱, 가정 내 폭력, 기지 매춘에 반대하는 활동가들이 참가했다.

성폭력 패러다임의 중요 개념은 '여성의 인권'과 '성적 자기결정권'이다. 하지만 이런 패러다임 역시 문제점을 안고 있다.

첫째, 인권 개념은 초역사적인 보편 개념이 아니다. 인권의 내용은 역사적으로 변화해왔을 뿐 아니라 사회적으로 성, 계급, 민족 등의 변수에 의해 제한되어왔다. 인권 개념 역시 근대라는 시대의 한계를 안고 있다. '여성의 인권' 개념은 페미니즘의 성과 중 하나이며 성폭력 패러다임으로의 전환을 가능하게 한 개념이지만, 동시에 '인권'이나 '자기결정권' 개념 또한 오늘날 새롭게 검토되기에 이르렀다.[38]

둘째, 인권 외교라는 이름에서 보이듯이 유엔 중심주의의 문제가 있다. 포스트 냉전 시대의 미국 일극 집중 체제하에서 '세계의 경찰'로서 유엔이 하는 역할을 단순하게 평가할 수만은 없다. 미국은 외교에서 인권을 전면에 내세우면서 자국의 전쟁범죄나 무력 침략에는 눈을 감아왔다. 유엔은 정의正義의 대명사가 아니다.

셋째, 성적 자기결정권 개념은 성 노동을 둘러싼 논의를 다시 한 번 임의성의 유무 문제로 돌아가게 할 가능성이 있다.

'위안부'를 군대 성 노예제로 받아들이는 것은 강제적 납치나 감금 상태에서 조직적이고 지속적으로 이루어진 강간이라는 점에서 보면 적절한 용어 이해일 것이다. 하지만 매춘 패러다임과의 대립을 너무 강조하다 보면 피해자의 임의성을 극구 부정할 수밖에 없는데, 이 점에서 바로 강간 재판의 경우와 아주 비슷한 딜레마에 빠지게 된다. 예를 들면 피해자의 과거의 성적 순결함이나 저항의 유무, 경제 동기의 부정 등이 상징적으로 동원되는, 구체적으로 이야기하면 '연행 당시 처녀였으며 완전히 속아서 또는 폭력에 의해 납치되어 도망이나 자살을 꾀했지만 저지당했다'는 식의 피해자 모델이 쉽게 받아들여지게 된다. 물론 이런 참담한 경험을 스스로 공개한 피해자 분들에게, 조작적 범주인 피해자 모델 같은 개념을 끼워 맞추려는 것은 굉장히 예의를 벗어난 일일 테다. 문제는 이야기하는 사람보다 자기가 듣고 싶은 이야기만 듣고자 하는 사람들에게 있다. 게다가 이 패러다임에는 피해자 모델에서 벗어난 사람들이 자신을 밝히기 어렵게 만드는 정치적인 효과가 있다. 연행 당시 매춘 경험이 있다거나 빈곤으로 인해 경제적인 유혹에 넘어가 약간은 눈치 챘으면서도 승낙했다거나 또는 군표를 모았다거나 한 경우는 그것이 비록 선택이 제한된 상황에서 그녀들이 할 수 있는 필사적인 생존 전략이었음에도 불구하고 인정받기 어렵게 만든다. 더욱 분명하게 이야기하자면, 이 패러다임은 '순수한 피해자'와 '불순한 피해자' 사이에 경계를 긋는 작용을 한다. 그리하여 '순수한 피해자'상을 만들어냄으로써 예기치 못하게 여성에게 순결을 요구하는 가부장제 패러다임의 공범자가 될 수 있다.

구라하시 마사나오倉橋正直는 위안소를 '민간 주도형(매춘부형)'과 '종군 위안부형(성 노예제형)'의 두 종류로 구별하는데, 그렇게 되면 여기에서도 피해자 사이를 가르게 된다.[39]

매춘 패러다임과 구별되는 군대 성 노예제 패러다임의 또 다른 정치적 효과 가운데 하나는 '일본인 위안부'와 일본인 이외 '위안부' 사이의 분단이다. 성 노예제는 적국 또는 피점령지 여성에게 행한 조직적 성범죄이고, 따라서 자국민인 '위안부' 또는 동맹국민에 의한 기지 매춘 등을 '피해'에서 제외하는 작용을 한다. 예를 들면 베트남 전쟁에 참전했던 한국인 병사의 기지 매춘이나 일본 내에서의 미군기지 매춘은 자유의사에 의한 경제 행위이므로 면죄되는 경향이 있다. 하지만 오키나와 현민의 분노를 산 1995년 미군 병사의 소녀 강간은 여성에 대한 일상적이고 구조적인 폭력이라는 점에서 기지 매춘과 연결되는 문제인 것은 아닐까.[40]

야마시타 영애는 정대협 논리에 담긴 매춘부 차별에 대해 다음과 같이 지적했다.

'위안부는 매춘부가 아닐 뿐만 아니라 공창은 더더욱 아니다'라는 반론을 전개해온 정대협의 논리에도 자칫 '위안부는 강제, 매춘부는 자유의사'라는 인식을 긍정하게 만들 여지가 있다.[41]

한편 스즈키 유코는 이런 분단을 넘기 위해 전전의 공창제 또한 성 노예제였다는 논리를 폈다.[42] 성 노예 개념이 인신매매를 포함한 '여성의 교환traffic of women'에 적용되고 있다는 점에서 본다면, 일본의 공창제 또한 여성에 대한 인권 침해 행위로서 성 노예제임이 틀림없다.

1925년에 일본은 추업협정, 추업조약, 부녀매매금지조약에 가입했으며 1932년에는 ILO 29호 강제노동조약에도 가맹했다. '위안부' 제도는 말할 필요도 없고 공창제 자체가 이미 조약 위반이었다. 외견상으로 본인의 자유의사에 의한 계약이라는 형태를 취하고 있었지만, 채무로 인한 구속과 감시 아래에서의 노동 등 실질적인 노예 상태에 놓여 있었던 것은 공공연한 비밀이었다.

보수파 역사학자 하타 이쿠히코는 「4대 사건(루거우차오 사건, 난징 대학살, 731부대, '위안부')의 쟁점과 맹점」에서 '위안부'에 대해 (1) 관헌에 의한 강제 연행 시스템이 있었는가 (2) 평상시 공창제보다 생활 조건이 가혹했는가 (3) 왜 자신을 밝히는 일본인 '위안부'는 없는가라는 세 가지 물음을 던진 뒤 이 가운데 앞의 두 물음에 대해서 스스로 "아니오"라고 답하고 있다.[43] 물론 하타의 논리는 교묘하게 짜여 있다. 예를 들면 첫 번째 물음에서 "강제 연행 시스템이 있었는가"라고 물으면서 '강제 연행이 있었는가'라고 묻지 않는다. '군이 지시한 조직적인 강제 연행이 있었는가?' 하고 물음을 던지면 대답은 아니다가 되든가 그렇지 않으면 '군의 조직적인 관여를 입증할 만한 증거가 없다'가 될 것이다. 두 번째 물음에서도 '위안부'가 일본의 '공창'만큼 비참한 생활을 보냈다고 한다면 적어도 '일본인과 동등하게' 대우받은 것이 된다. 이 물음은 세 번째 물음과 연계된다. 그렇다면 왜 '일본인 위안부'는 자신을 밝히며 나오지 않는가? 이런 물음을 '맹점'으로 지적하는 하타의 득의양양한 얼굴이 떠오를 것 같지만, 물론 그것이 '쟁점'이라는 것은 하타가 애써 지적하지 않아도 알고 있다. 하타 같은 보수파의 언설이야말로 '일본인 위안부'가 일찍이 존재했던 이유이며 현재까지 이어지는 침묵의 이유이기도 하다. 뒤집어서 이야기하자면 이런 문제야말로 일본 페미니즘의 무력함을 나타내는 증거일 것이다.


### 7. 민족주의 담론

'위안부' 문제를 '민족의 치욕'에서 '성차별'과 '민족 차별'로 전환시킨 것은 한국 여성 운동의 공적이지만, 그 속에는 '성차별'과 '민족 차별'을 둘러싸고 처음부터 이 문제를 민족주의 담론으로 구성하려는 경향이 존재했다.

야마시타 영애는 정대협과 밀접한 관계를 유지하면서 그 속에 있는 민족주의를 누구보다도 날카롭게 내부에서 비판해온 활동가이자 뛰어난 이론가다. 그녀는 한국의 민족주의 담론 속에 있는 성차별을 비판할 뿐 아니라 그런 민족주의 담론에 의해 구축된 '위안부'와 관련된 언설도 "다분히 성차별적인 인식을 띠고 있다"고 지적했다.[44]

첫째는 앞에서 말한 바와 같이 강제와 임의의 구별에 근거한 창부 차별이다. 피해자 모델의 예에서 보듯이 강제성을 강조하면 결과적으로 한국 여성의 '정조'를 강조하는 것으로 연결된다.

둘째는 강제와 임의의 구별을 한국인 '위안부'와 일본인 '위안부'로 대응시킴으로써 국적에 의한 분할을 가져오는 효과다.

야마시타 영애는 1993년 8월에 정대협이 발표한 '일본 정부의 강제 종군 "위안부" 문제 제2차 진상 조사 발표에 대한 우리의 입장'을 소개했다.

일본인 위안부 여성은 성 노예적 성격의 강제 종군 위안부와는 성격이 분명히 다르다. 일본인 위안부는 당시 일본의 공창 제도 아래서 위안부가 되어 금전을 받고 계약을 해, 계약이 끝나면 위안부 생활을 그만둘 수 있었다. (…) 위안부는 당시 공창 제도의 일본인 매춘 여성과는 달리 국가와 공권력에 의해 군대에서 강제로 성적 위안을 줄 것을 강요당한 성 노예였다.[45]

여기서 군대 성 노예 패러다임은 한국의 반일 내셔널리즘을 위해 동원되고 있다. 정대협 내에는 '위안부' 제도를 일본이 한국에게 행한 민족 말살 정책의 일환으로 보는 설도 있을 정도로 민족 대립이 강조된다.

"'위안부' 문제에 대한 민족주의 담론적인 견해는 자민족을 중심에 두고 타민족과 타지역 피해자와의 사이에 벽을 쌓아 분단시킨다"고 야마시타는 분명히 말한다. 야마시타는 한국 여성 운동의 민족주의적 경향은 "민족 민주 운동 속에서 여성 운동이 인정받기 위한 생존 전략"이었다고 보고 있는데, 한편으로는 "국제적 연대 운동 속에서 여성 문제로 고조된 것에 비하면 국내 여성 운동이나 인권 운동에 미친 영향은 극히 적다"고 말한다. "그 이유는 (…) 본래 국내에서는 주로 민족 문제로 접근했으며 또한 '위안부'에 관한 민족주의 담론을 뒤집어엎는 노력이 거의 이루어지지 않았"기 때문이다.[46]

야마시타가 소개하는 김은실에 따르면,

민족주의 담론은 성의 유린이라는 기표에 더 큰 상징적 의미를 부여하는 것으로, 여성 경험의 특수성을 부인하고 이를 민족 문제로 보편화시킨다.

다시 말하면 여성이 아니라 한민족이 일본이라는 강간범에 의해 유린된 것이다. 민족 그 자체가 문제이기 때문에, 강간 범죄는 그것이 일제에 의해 범해지기 전까지는 민족 담론에서 전혀 의미를 부여받지 못한다.[47]

민족주의 담론은 여성을 '민족 주체' 안으로 거두어들임으로써, 더 분명하게 말하자면 여성의 이해를 남성의 이해로 일체화(사실은 종속)시킴으로써 민족주의적 동원에 이용한다. 타국에 의한 유린을 강간이라는 은유로 표현하는 것은 일본에서도 우익의 상투어지만, 그렇다고 그들이 여성의 성과 인권을 존중하고 있다고 볼 수는 없다. 오히려 여성의 권리 주장이 분열을 일으키는 이적 행위라고 질책하는 경향이 있다. 이렇게 보면 민족주의 담론 역시 가부장제 패러다임의 변종이라고 해도 무방하다. 앞서 1장의 '여성의 국민화'의 맥락으로 볼 때, 가부장제 패러다임이 여성을 객체화함으로써 강간을 남성의 재산권 침해로 받아들였다면 민족주의 담론은 여성을 국민 주체화함으로써 강간을 민족의 유린으로 받아들인다. 양쪽 모두 국민의 전형으로 삼는 모델을 남성 주체에 두고 있다는 점에서, 그리고 여성의 이해를 남성의 이해에 맞춰 동일화한다는 점에서 다를 바 없다.

## 8. 대일 협력이라는 암흑

민족 담론 배후에는 그것이 은폐하고 있는 또 하나의 문제, 즉 대일 협력이 잠재해 있음을 지적해두지 않으면 안 된다. 한국 내 민족주의가 현재로서는 그것을 표면화시키는 일을 억제하고 있지만, 일제 지배하에서 대일 협력 문제는 프랑스 비시 정부*의 대독 협력 문제와 마찬가지로 뿌리 깊게 맺혀 있다.

　1997년 6월 23일, 52회 오키나와전 종결 기념일인 '위령의 날'에 '평화의 초석' 아래서 추도식이 거행되었다. '평화의 초석'은 오키나와의 현재 지사 오타 마사히데大田昌秀**의 간절한 염원이라고도 할 수 있는 사업으로서 군인, 민간인, 외국인 등의 구별 없이 오키나와전 전몰자의 이름을 새겨 넣어 전후 50주년에 낙성식을 거행하고자 했다. 그중에는 전시에 오키나와에 강제 연행되어 와서 죽은 한국인도 있다. 창씨개명으로 인해 일본 이름으로 등록된 사람들에게 원래 한국 이름을 되찾아주는 씨명 판명 작업은 아주 힘든 작업이었는데, 이 일을 맡은 사람이 한국 내 오키나와 역사 연구의 일인자라고 할 수 있는 명지대학교 홍종필 교수였다. 홍 교수의 조사로 판명된 사람은 50명이었지만 그중 7명의 유족이 '평화의 초석'에 이름 새겨 넣기를 거부했다. 같은 날짜 《류큐신문》에 홍 교수의 인터뷰가 실렸다.

　일제시대에 강제 연행된 사람들에 대한 한국인의 일반적인 견해는 일본 군에 가담했다는 것이며, (⋯) 일본군에 협력했던 가족의 자손이라는 딱 지가 붙는 것을 두려워하는 사람들이 있다. 마을에서도 불명예스러운 시

---

*　1940년 6월에 프랑스는 독일전에서 항복한 후 남부의 비시 지역에 페탱(Henri Philippe Petain, 1856~1951, 군인·정치가)을 수반으로 하는 비시 체제가 수립되어, 대독 협력과 함께 권위주의적인 정책을 폈다. 이 비시 정부에 대항해 국외에서 드골이 자유 프랑스 선언을 발표하며 '투쟁하는 프랑스'의 상징이 되었다.

**　1998년 지사 선거에서 자민당 계열의 이나미네 게이치(稲嶺惠一)에게 패배했으며, 2001년 참의원 의원으로 당선되었으나 2007년 정계를 은퇴했다. 현재는 비영리법인 오키나와 국제평화연구소 이사장을 맡고 있다.

선을 받아 혼담에도 영향을 미친다.[48]

이 기사를 읽고 나는 충격을 받았다. 강제 징용이 일제 협력이라면 전 '위안부' 역시 똑같은 논리로 다루어질 가능성이 있는 것일까. '평화의 초석'에 전 '위안부'의 이름은 한 사람도 새겨지지 않았다. 가와다川田가 지적하듯이 그녀들은 "본명은 고사하고 연행된 숫자도 생사도 모른다".[49] 하지만 만약 그것이 판명된다고 해도 이름을 새겨 넣는 작업에 유족의 동의를 얻을 수 있을까. '매춘부'라는 오명이 벗겨지고 '전쟁 희생자'로 간주된다고 해도 그다음에는 한국인 군속에 준하는 취급을 받아 '대일 협력자'로 여겨질지도 모른다.

'정신대'란 '정신 보국'을 일컫는 말이며, 강제된 것이라고는 하지만 그녀들은 황군에 '봉사'한 것이 된다. 격전지에서 그녀들은 간호사로 봉사했으며 또한 적군 포로를 처형하는 처형장에서는 국방부인회의 어깨띠를 걸치고 정렬했다고 한다.

B·C급 전범 재판에서도 한국과 대만의 군인·군속은 일본인으로 재판받았다. '위안부' 조달이나 '위안소' 경영으로 돈을 번 한국인 업자들은 말할 필요도 없이 일제 협력자로 지탄을 받겠지만, 식민지 지배하에서 어디서부터 어디까지가 강제이고 임의인지 선을 긋기는 어렵다. '위안부' 범죄의 가해 책임을 묻는 움직임은 범죄자 소추를 요구하고 있지만, 그것은 한국 내 대일 협력 문제를 폭로하는 것으로서 한층 더 반일 내셔널리즘을 강화하는 방향으로 움직일 것이다.

## 9. 일본 특수성론 대 '군 관리 매춘' 보편설

히로타 마사키는 일본군 '위안부'에 관한 구라하시 마사나오, 요시미 요시아키, 스즈키 유코 등의 역사 연구[50]를 소개하면서 모두 천황제 군대의 특수성, 근대 일본 공창제의 특수성, 일본 가부장제의 특수성, 식민지 지배 형태의 특수성 등을 주장하는데, "세 사람 다 일본의 특수성을 지나치게 강조하고 있다는 점에서 위화감을 느낀다"고 했다.[51] 덧붙여 히로타는 "위안부 문제를 전장의 특수한 문제, 일본의 특수한 문제로 가두어두려는 듯한 논술 방식은 그만두어야 하지 않을까"라고 제안한다. 나는 이 제안에 전적으로 동감하지만, 그렇다고 해서 달리 어떤 논술 방식이 있을 수 있을까. 그 제안 속에는 논의가 특수성을 벗어나 보편성으로 회수될 위험 또한 담겨 있다.

'위안부' 문제를 황군의 특수성으로 환원하는 패러다임 – '(특수) 천황제 패러다임'이라 해두자 – 은 일본 문화의 특수성론과 아주 밀접한 연관을 맺고 있다. 이 설에 따르면 천황제란 근대화의 파행 덕분에 세계 역사상 유례없이 억압적인 지배를 만들어낸 체제이며, 그것이 자아낸 '위안부' 제도도 역사상 유례없이 잔학한 성적 학대 제도다. "군대에 매춘부가 수행한 예는 있어도 군대가 매춘 자체를 조직한 예는 없다"는 식으로 '일본군'의 특수성이 강조된다. 천황제에 반대하는 논자들이 적대해야 할 대상인 천황제의 특수성을 강조해 그것을 과대평가하는 경향이 있는 것은 아이러니하다.

이 논의는 즉각 독일 역사학자들의 논쟁을 떠올리게 한다. 나치의 유대인 학살이 역사상 유례없는 잔학한 행위라면 독일인은 이 '원죄'로부터 벗어날 수 없게 된다. 역사 수정주의자인 에른스트 놀테는 이것을 일반적인 전쟁범죄로 논하려고 해서 하버마스 등으로부터 반발을 샀다. '위안부'

제도를 일제에 의한 한민족 말살 정책으로 받아들이는 수사법도 있을 정도이니 유대인 학살과 비유하는 것이 엉뚱한 것만은 아니다.

다나카 도시유키는 제2차 세계대전 중에 있었던 미국, 영국, 독일, 호주 등의 군 관리 매춘 제도를 비교 검토하면서 제1차 세계대전 경험에 근거해 각국 군대에서 병사의 성병 관리가 우선 과제였다는 점, 즉 단순히 군대가 있는 곳에 따르는 매춘이라기보다 '성병 예방을 목적으로 하는 군 관리 매춘'이 필수적이었음을 논증하고 있다. 그리고 도쿄 재판에서 "왜 미군은 종군 위안부 문제를 무시했는가"라는 물음을 던지며 다음과 같이 답한다.[52]

> 미군은 전시와 전후 진주 초기에도 '군 관리 매춘'을 당연하게 생각했기 때문에 일본군이 저지른 중대한 전쟁범죄, 역사상 무엇보다도 중요시해야 할 인간 도리에 대한 죄 가운데 하나인 '종군 위안부' 문제를 범죄로 인식하고 통찰하는 시각이 처음부터 완전히 결핍되었던 것이다.[53]

다나카는 1993년 호주국립대학에서 개최된 일본 연구 국제회의에서 '군대와 강간'의 보편성을 논하며 "나 자신도 그런 경우에 처했더라면 똑같은 행위를 했을지도 모른다"고 발언해 그 자리에 있던 한국인 참가자들의 심한 반발을 샀다. 또한 제2차 세계대전 중에 호주군이 저지른 강간을 폭로해 호주퇴역군인회로부터 항의를 받았다. 다나카의 주장은 '일본군만 저지른 것은 아니다'라는 보편설로 흘러 일본이 저지른 범죄를 면책하려는 논리로 회수될 가능성이 있다. 하지만 그는 '군대와 성'이 맺어온 관계가 보편적 특질이라는 공통점뿐 아니라 '위안부'와의 차이도 잊지 않고 지적했다. "일본의 '종군 위안부' 문제와 미군을 필두로 한 그 밖의 연합국 군대가 행한 '관리 매춘'을 완전히 동질적인 것으로 간주하는 것도 타당하지 않다".[54] 왜냐하면 "'범죄성'이라는 점에서 결정적인 차이가 있기" 때문이다. 하지만 여기서 다나카는 그 차이를 임의성의 유무(자유의사에 의한 매춘과 강제 매춘의 차이)로 환원한다. 그에 따라 '위안부'와 매춘부는 분단되고 그가 말하는 "상업 매춘부"는 금전과 맞바꿨기 때문에 어떤 인권 침해를 받아도 불만을 토로할 수 없는 존재로 차별된다. 이런 논리는 '위안부'가 사실은 매춘부였다는 논리로 바뀔 여지가 있다. 그리고 그의 논리 역시 동맹국민에 의한 '기지 매춘'을 용인하는 결과가 될 것이다.

'위안부' 문제의 특수성을 일본의 민족적 특수성이나 천황제 지배의 특수성으로 환원하는 논리가 있는 한편, '군대와 성' 일반의 문제로 보편화하는 논의가 있다. 어느 한쪽이 올바르고 어느 한쪽이 틀리다고 할 수는 없다. 우리에게 필요한 것은 이 문제를 비교사 속에 두는 것, 그리고 그렇게 함으로써 이해할 수 있는 것으로뿐 아니라 극복할 수 있는 것으로 만드는 것이다.

## 10. 성, 계급, 민족

후지메 유키藤目ゆき의 『성의 역사학』은 90년대 여성사의 도달점 가운데 하나라고 할 수 있는데, 후지메는 그 첫머리에 「서장: 시점과 방법」을 두고 거기서 다음과 같이 논하고 있다.

제2차 페미니즘의 여성사 연구에서 계급·민족(인종)에 대한 관점을 결여한 채 성(젠더)만을 문제시하는 방법은 더 이상 통용되지 않게 되었으며, 따라서 통합적인 파악에 관심이 집중되어 새로운 방법론이 모색되고 있다.[55]

일본군 '위안부'에 대해서도 성, 계급, 민족의 통합적인 파악이 필요하다. 하지만 그것을 위해서는 지금까지 논해온 남성 중심 사관, 자국 중심주의적인 일국 사관 및 그것을 뒤집은 보편주의 등을 초월할 필요가 있다.

이 세 가지 변수를 축으로 '위안부' 문제를 풀어보면, 당시 역사적인 맥락에 입각해 일본인 남성, 일본인 여성, 식민지 남성, 식민지 여성, 그리고 점령지 남성, 점령지 여성의 6개 사회 집단으로 범주화할 수 있다. 그리고 거기에 하층계급 출신의 '매춘부' 차별을 덧붙여야 한다. '여성' 범주는 성의 이중 기준에 의해 '아내=어머니' – 아내나 어머니가 될 자격이 있는 처녀를 포함 – 와 '창부'로 분할되어 있다.

점령지 사람들은 성별에 관계없이 적으로 상정되기 때문에 남성은 살상 대상, 여성은 강간 대상이 되었다. 문제는 식민지 사람들의 처우다. 전시에 한국은 일본 영토의 일부로 간주되어 한국인은 황민의 일부가 되었다. 그리고 총력전 아래서 식민지 남성은 황민으로서 징병이나 징용 등의 달갑지 않은 의무를 지게 되었다. 식민지 여성 또한 '정신 보국'을 요청받았지만 그 여성들은 '이류 국민' 중에서도 더욱 차별받는 존재로서, 그 존재에 어울리는 의무를 할당받은 것이다. 한국에서 '정신대'는 그대로 '위안부'를 가리키는 경우가 많은데 그들이 '여자 정신대'라는 이름 아래 동원되었다는 완곡어법에도 가해자의 논리가 담겨 있다. 그것은 황군에게나 '정신 보국'이 되는 것에 불과했기 때문이다.[56]

범주상으로는 일본인 일본군 '위안부'와 한국인 일본군 '위안부'는 다를 바 없다. 일본인 '위안부'와 한국인 '위안부'는 군대 계급에 맞춰서 할당－장교 이상은 일본 여성, 병사는 한국 여성－되거나 대우의 차이가 있었지만, 양쪽 다 군과 운명을 함께했으며 필요에 따라 탄약을 운반한다거나 부상병을 간호하는 일도 했다.[57]

이는 동남아시아 각지에서 패주하는 일본군이 최후에는 그들을 전장에 버리고 가버리기는 했어도 막다른 곳까지 동행했던 점－물론 이에 대해 일본군이 죽음에 직면하면서까지 '동물적 욕정'을 버리지 않았다는 견해도 있지만－, 그리고 동시에 그 여성들이 연합군을 반드시 '해방군'으로 받아들인 것은 아니라는 점, '적'의 포로가 되면 그녀들을 기다리는 것은 '적'의 능욕이라고 일본인 병사에게 배웠으며, 따라서 그들과 운명을 함께해 자결하도록 강요받았을 뿐 아니라 그런 예측이 종종 사실로 나타났다는 점 등에 의해 확인할 수 있다.[58]

그리고 무엇보다도 도쿄 재판에서 '위안부' 문제를 재판하지 않았다는 역사적 사실이 있다. 연합국 측 또한 일본군 '위안부'를 범죄로 인식하는 관점을 갖지 못한 것만이 아니다. 점령군을 맞이한 일본 정부는 재빨리 '점령군 위안소'를 설치한 다음 패전과 점령이라는 미증유의 국난을 맞이한 국가를 위해 일본 여성에게 '정신 보국'을 요구했다.[59] 그 점에서 일본 정부의 가부장적인 논리는 전전과 마찬가지로 전후에도 조금도 변하지 않았다.

하지만 일본 여성의 경우 '위안부'가 처음부터 '추업부'에서 모집된 것에 비해 한국 여성은 '이류 국민'의 여성에게 어울리는 '성적 의무'가 할당되었다. 모성과 창부성－더 분명하게 말하자. '변소', '피(여자의 성기)'*로 환원된 그녀들은 창부가 갖는 여러 가지 상징성조차 박탈당했다 – 이라는 성의 이중 기준에 따라 일본 여성과 한국 여성은 각자의 '성적 의무'에 맞춰진 '정신 보국'이 기대된 것이다. 그것은 근대 국민국가의 성립 초기부터 공과 사라는 성별 영역을 지정하면서 다른 한편으로는 성의 이중 기준을 만들어 스스로 규칙을 깨온 가부장제의 딜레마가 찾아낸 구차한 해결책이었다. 가정과 모성이라는 신성성을 침범하지 않는 한편, 남성들을 위한 '성의 해방구'를 원하면서 그 사실이 소문날까 두렵기도 했던 것이다. 그리고 가부장제의 이런 추문을 일본과 한국과 연합국 측이 한패가 되어 공유하고 있었기 때문에 '위안부'는 어떤 가부장제 국가에 의해서도 결국 문제시되는 일이 없었던 것이다.

그뿐이 아니다. '군신의 어머니'라는 성스러운 모성을 할당받은 일본 여성들은 국민화라는 벼락 출세에 대한 기대로 인해 가부장제의 창부 차별을 내면화했다. 그리고 그런 창부 차별은 전후 줄곧 변함없이 '일본인 위안부'나 '점령군 위안부'에 대한 차별과 매춘방지법**의 정신 속에서 이어지고 있다. 그리고 우리가 오늘날까지 '일본인 위안부'와 '점령군 위안부'를 문제시하지 못하고 있다는 사실을 통해 일본 여성들의 가해성의 현재가 드러나고 있다.

---

\* 피는 영어의 'pee'를 말한다. 제2차 세계대전 당시 일본군 위안소는 피야(ビ-屋), 조선인 '위안부'는 조선피, 중국인 '위안부'는 만피 또는 지나피, 일본인 '위안부'는 일본피라고 불렸다.

\*\* 1956년에 제정되었고, 강제·관리·착취 매춘을 하는 제3자를 대상으로 처벌 규정을 두고 있다. 그러나 매춘(賣春) 여성과 매춘(買春) 남성을 차별하고 매춘(賣春) 행위 자체를 문제시함으로써 매춘 여성을 성 노예 상태로 방치한다고 비판되고 있다.

창부 차별은 계급적인 요인과 관계있다. 돈을 위해서라면 추업을 해도 부끄러워할 줄 모르는 여성들은 '양가 자녀의 정조를 지키기 위한 방파제'로 어떤 취급을 받더라도 어쩔 수 없는 존재로 간주되었다. 만약 한국의 민족주의 담론이 원래 그렇지 않은 입장의 (순결한 한국) 여성을 추업부로 전락시켰다는 격분으로 연결된다면 그런 주장은 창부 차별로 귀결된다. 그리고 만약 '위안부'가 다나카 도시유키가 말하는 것처럼 근대의 군대라면, 어디에서나 볼 수 있는 '군 관리 매춘'의 일종이라고 한다면, 전쟁터에서 어느 정도 궤도를 일탈한 취급을 했다는 점을 빼면 누구도 불만을 이야기할 수 없는 처지가 된다. 내가 임의성 유무에 의한 '강제 매춘'과 '임의적 매춘'의 구별, 그리고 그로 인한 여성의 분단에 집요하리만큼 집착하는 것은, 거기에 있는 창부 차별이야말로 근대의 억압적인 성의 이중 기준의 직접적인 효과이기 때문이다.[60]

'위안부' 문제의 배경에는 국민국가와 제국주의, 식민지 지배와 인종주의, 가부장제와 여성 차별, 게다가 성의 이중 기준이 불러오는 여성들 사이의 분할 지배를 둘러싼, 지금도 계속되는 억압이 있다. 우리의 싸움은 과거를 둘러싼 물음이 아니다. 현재의 억압을 둘러싼 물음인 것이다.


### 11. '위안부' 문제의 진실과 각양각색의 역사

'위안부'를 둘러싼 해석의 패러다임은 지금까지 본 바와 같이 이렇게 다양하다.

'위안부' 문제의 '진실'이란 무엇인가? 해석 패러다임들 사이에 이렇게 커다란 차이가 존재할 때 진실은 어느 누구도 알 수 없는 것처럼 보인다. 하지만 이런 문제제기 방식 자체가 사실은 속임수다. 진실이란 유일한 것이며, 누구도 부정할 수 없는 똑같은 모습을 하고 있을 것이라는 생각이 전제되어 있기 때문이다. 오히려 존재하는 것은 각양각색의 당사자에 의해 경험된 다원적인 현실과 그것이 구성하는 각양각색의 역사일 것이다.

　'위안부'와 '나눈 정'을 그리워하며 이야기하는 이전 일본 병사의 현실과, '위안부' 경험을 공포와 억압으로 이야기하는 피해자 여성의 현실 사이에는 메우기 힘든 차이가 있다. 관계 당사자 한쪽이 다른 한쪽과 이렇게 심한 차이가 있는 경험을 갖고 있을 때, 양자가 하나의 경험을 공유하고 있다고 말할 수 있을까. 그렇다면 진실을 둘러싼 싸움은 영원히 결판나지 않는 '신들의 투쟁'(막스 베버)에 지나지 않는 것일까.

　각양각색의 역사를 인정하는 것은 다양한 해석 패러다임 중에서 오로지 하나의 진실을 고르는 것을 의미하지 않는다. 역사가 자신의 눈에 보이는 것과 전혀 다른 모습을 하고 있을 수 있다는 가능성을 인정하는 것이다. 즉, 역사가 동시에 복수적이라는 것을 받아들이라는 것이다. 역사는 언제나 복합적·다원적일 수 있다. 여기서는 단 하나의 '정사正史'라는 생각을 버려야 한다. 역사 속의 소수자, 약자, 억압당한 자, 버림받은 자들. 그것이 단 한 사람일지라도 '또 하나의 역사'는 쓰일 수 있다.

　'위안부' 문제가 제기한 것은 정사가 알지 못했던 또 하나의 역사다. '위안부'의 증언에 의해 정사는 뒤흔들려 일거에 상대화됐다.

　그보다 더 중요한 것은 이것이 그녀들, 즉 전 '위안부' 여성의 역사를 만드는 실천이었다는 것이다. 침묵을 강요받아 봉인되었던 과거, 지배적인 언어로 이야기하고자 하면 오욕으로 점철될 수밖에 없었던 과거를 자기 자신의 삶 속에서 되찾아 과거를 새롭게 이야기하고자 하는 시도, 따라서 이것 역시 역사에 대한 '재심'이다. 그리고 역사가 다시 만들어지는 '현재'에 입회할 때, 거기서 어떤 서술을 새롭게 만들어갈 것인가는 전 '위안부' 여성들만이 풀어야 할 과제는 아닌 것이다.

# 3장 기억의 정치학

## 1. 일본판 역사 수정주의자들

자유주의 사관을 표방하는 사람들을 중심으로 1996년 12월 '새로운 역사 교과서를 만드는 모임'이 발족했다. 그들은 문부성의 검정이 끝난 1997년판 일본사 교과서에서 '위안부'에 대한 기술을 삭제하라고 요구해 독일 역사학자들의 논쟁에서 보이는 역사 수정주의와 유사한 역할을 하고 있다.[1]

이 모임의 제창자 및 찬동인 명부에는 흥미로운 사람들의 이름이 줄지어 있다. 니시오 간조西尾幹二와 에토 아쓰시江藤淳 같은 노장들은 말할 것도 없고 그들보다 젊은 세대의 보수파 남성 지식인 가와카즈 히라타川勝平太와 오쓰키 다카히로大月隆寬, 반페미니스트 여성 기무라 나오미木村治美와 하야시 마리코林眞理子 등이 있다.[2] 예상된 또 한 사람인 반페미니스트 여성 나카노 미도리中野翠는 명부에 이름을 올리지는 않았지만 다른 매체에 "나는 이 '제창' 취지에 찬동하는 사람이다"라고 썼다.[3] 이 명부에서 깜짝 놀랄 만한 이름을 발견하면서 이 문제가 일본의 국론을 양분하는, 또는 일본의 언론인을 두 부류로 나누는 '후미에' 역할을 하고 있지는 않은가 하는 생각이 든다.

그들 배후에 있는 것은 노골적인 민족주의와 대국 의식이다. 여기에 대한 삼단논법은 이렇다. 첫째, 서구 열강도 마찬가지로 나쁜 짓을 해왔다. 둘째, 그들은 그것을 사죄하고 있지 않다. 셋째, 따라서 서구 열강과 어깨를 나란히 하고 있는 제국 일본이 서구 열강과 대등하게 처신하면 왜 안 되는가.

그들이 주장하는 논점은 네 가지로 정리할 수 있다.

첫째, '위안부' 강제 연행을 뒷받침할 만한 실증 자료가 없다는 점이다. 언뜻 보기에 이 주장은 문서 자료 지상주의인 실증 사학의 관점을 취하고 있다. 그러나 이것은 네오 나치의 논리와 다를 바 없다. 네오 나치는 유대인 말살을 지시했던 히틀러가 서명한 문서 자료가 없다는 논거로 유대인 학살은 없었다고 주장하고 있다. 이 문제에서 문서 자료 지상주의가 안고 있는 위험은 누가 보아도 명백하다. 패전국이 전후 처리에 앞서 자신들에게 불리한 자료를 폐기 처분했다는 사실은 분명하기 때문이다. 실증 사학이라는, 언뜻 보기에 '과학적'인 방법론을 채용하는 것이 어떤 함정에 빠질 수 있는가를 고찰해볼 필요가 있다.

둘째, 따라서 문서 자료 지상주의인 실증 사학의 관점에서는 피해자의 증언이 신뢰성을 의심받는다는 점이다. '위안부' 문제의 특질은 지금까지 누구나 그 존재를 알고 있었는데도 피해자가 침묵함으로써 피해자가 없는 범죄가 되어왔다는 것이다. 유대인 학살의 경우도 가스실에서 살아

돌아온 사람이 한 사람도 없기 때문에 주변의 증인은 있어도 가스실 안에서 무슨 일이 일어났는가에 대해 증언할 수 있는 사람은 아무도 없다. 증인을 말살하든가 완전히 침묵시켜버리면 범죄 인멸이 가능하다. '위안부' 문제는 '위안부'를 경험했던 여성들을 침묵시키는 일에 성공했다. 그 피해자들이 간신히 무거운 입을 열고 자신들의 체험을 증언하는데, 구두 증언은 역사 자료로서 신뢰성이 없다는 이유로 실증 사학은 피해 자체를 부인하려 한다.

셋째, 성性의 어두운 면을 중학생들에게 가르치는 것은 적절하지 않다는 것이다. 어른들이 현실에서 벌이는 성의 가지각색의 형태에 대해 아이들에게 가르칠 때 '거북하게 생각'하는 것은 어느 쪽인가. 이 주장은 어른 자신의 '곤혹'을 아이들에게 투사함으로써 현실을 회피하려는 고루한 생각에 지나지 않다. 분명히 자기 자신의 성조차 제대로 다루지 못하는 현장의 많은 교사들이 이런 '거북함' 때문에 이 견해에 공감하는 것일 테다. 덧붙이자면 이런 생각은 오늘날 일본의 중학생들이 성적으로 순수하다는 것을 전제하고 있다. 한편으로는 넘쳐나는 대중매체의 성 정보에 노출시키면서 다른 한편으로는 어린이의 순수함을 상정하는 것은 질 나쁜 위선이라고 할 수밖에 없다.

또 하나의 전제는 성은 좋은 것이라고(좋은 것이어야 한다고) 여기는 착각이다. 현실에서 성은 좋은 것일 수도 있고 나쁜 것일 수도 있다. 성은 인간 사이에 성립되는 관계의 한 형태로, 그것은 가지각색의 모습을 하고 있다. 성을 삶의 환희로 표현할 수도 있지만 유감스럽게도 현실에서는 타자를 유린하기 위해 사용할 수도 있다. 인간이 저지르는 죄악 가운데 하나가 살인인데, 역사 교과서에서 전쟁과 학살이라는 인류사의 어두운 면은 가

르치면서 성에 대한 어두운 면은 가르쳐서는 안 된다는 이유는 설득력이 없다.[4]

성을 배우는 중학생의 나이는 사실 전전의 공창 또는 현재 동남아시아 창부들의 평균 연령과 그다지 차이가 없다. 에도 시대 유곽의 여성들이 한창 돈을 벌 수 있는 나이의 절정은 16세였다고 한다. 동남아시아에서도 창부의 대부분은 10대 소녀다. 게다가 일본의 여자 중고생들은 테레크라*나 '원조 교제' 등 성적 접근에 노출되어 있다. 이 사실로부터 일본 청소년들의 눈을 돌리게 한다고 해서 도대체 어떤 교육적인 효과가 있겠는가. 10대를 '어린 시대의 순수함'에 가두어둠으로써 '사용 금지'의 신체를 만들어온 근대의 소년/소녀 신화야말로 되물어봐야 한다.[5]

넷째, 이것이 그들의 가장 핵심적인 주장인데, 국민적 자존심의 회복이라는 과제다. '자기 악역 사관自己惡逆史觀'에서 적당히 벗어나 자국에 자부심을 갖도록 하는 정사正史가 필요하다는 것이 그들의 주장이다. 도대체 누구를 위한, 무엇을 위한 정사인가? '정사'라는 단 하나의 정통화된 '국사national history'를 만들어냄으로써 국민 사이에 존재하는 다양성이나 대립을 감추어버린다. 그들은 누구 편에 서 있는 것인가.

그들은 애국자인 체하고 있지만 '누가 더 애국자인가'를 둘러싼 게임은 국민과 비국민 사이에 경계를 긋는 것으로서, 어떤 자의적인 '숙청'도 가능해진다. 국가라는 '상상의 공동체' - 게다가 이야기하는 사람에 따라 어떤 정

---

\* 일종의 '폰 섹스'로, 남성이 얼마쯤 돈을 내고 전화방에서 기다리면 무료 전화번호를 이용해 전화를 걸어오는 여성과 섹스에 관한 통화를 나누거나 직접 만나기도 한다. 여고생들이 원조 교제를 위해 테레크라를 이용하기도 해 문제가 되고 있다.

의도 가능하다 - 로의 동일화에 대한 강제와 유혹이야말로 우리가 피해야 할 함정이다. 생각해보면 지금까지 대항 권력 측의 많은 이들이 우국지사인 척하다가 국가주의로 회수되었던 것이 아닌가.

### 2. 젠더사에 대한 도전

'새로운 역사 교과서를 만드는 모임'의 담론 폭력에 대해서는 일찍부터 '위안부' 문제를 적극적으로 문제시해온 역사학자, 즉 요시미 요시아키 吉見義明나 스즈키 유코鈴木裕子 등이 적극적으로 반론을 펴고 있다.[6] 그들만이 아니다. 많은 사람들이 다양한 입장으로 이 담론의 전장에 참가해 흡사 "기억의 내전"이라는 양상을 띠고 있다.[7] 게다가 특정 미디어들이 각자의 처지에 맞는 논자를 기용하는 미디어 전쟁이라는 측면도 있다.

일본판 역사 수정주의 논쟁에서 내가 가장 중대하게 받아들인 것은, 이것이 1970년대 이후 사반세기 동안 페미니즘과 젠더사가 쌓아 올린 성과에 대한 심각한 도전이라는 것이다. 그리고 다양한 관점에서 진행되는 반론 가운데 이런 견해로 받아들이는 분들은 적은 듯하다. 그뿐이 아니다. 반론의 방식에 따라 반대파와 마찬가지로 젠더사의 기초를 파헤쳐 무너뜨릴 수도 있는 논법에 위기감조차 느껴진다.

젠더사의 관점에서 '위안부' 문제는 역사적 '사실'이란 무엇인가라는 역사 방법론과 관계된 근원적인 물음과 연결되고 있다. 그것을 '위안부' 문제만큼 절실하게 나타낸 예는 없다. 단지 '사실'이라는 점에서 '위안부'의 존재는 누구나 알고 있었다. 변화한 것은 '사실'을 받아들이는 방식에 있다. 더욱 정확하게 말하면 '사실' 그 자체가 매춘(이라는 사실)에서 강간(이라는 사실)으로 변화했다고 할 수 있다. 그것이 피해자의 치욕에서 가해자의 성범죄로 패러다임이 전환되는 데 반세기라는 시간이 필요했던 것이다.

'위안부' 문제는 그 자체가 젠더사에 던져진 중대한 도전이다. 이와 함께 그것을 부인하려는 사람들이 던진 도전 역시 그냥 지나칠 수 없다. 여기서는 '위안부' 문제를 둘러싸고 젠더사가 제기했던 방법론적인 과제에 대해 논해보고 싶다. 첫 번째는, 실증 사학과 학문의 객관성·중립성 신화다. 두 번째는 젠더사와 국민사의 관계, 달리 말하면 페미니즘과 내셔널리즘의 관계에 대한 문제다. 그리고 두 번째 논점과 관련해 반성적 여성사에 대해서도 논할 것이다. 마지막으로는 국민 주체를 향한 동일화 유혹과 그 함정에 대해 논하고 싶다.


## 3. 실증 사학과 학문의 객관성·중립성 신화

오늘날 '위안부' 문제를 둘러싼 공방은 '강제 연행은 있었는가' '일본군의 관여를 증명하는 공문서는 있는가'라는 식으로 실증성의 차원에서 다투고 있는 것처럼 보인다. 물론 자유주의 사관을 주창하는 사람들의 논리를 "학문적으로 전혀 말이 안 된다"[8]고 일축해버릴 수도 있다. 사실 일부 양심적인 역사학자들이 반론을 전개하고 있는 것과는 달리 많은 역사학자들은(근대사를 연구하는 학자들도) 이 논쟁에 휘말리지 않기 위해 침묵을 지키고 있다. 그들과는 '진리에 대한 외경'이라는 학문을 대하는 기본적인 태도를 공유할 수 없다는 이유 때문이다. 자유주의 사관을 주장하는 사람들을 악惡 선전가나 악 선동가로 부르며 상대할 가치도 없다고 물리치는 것은 쉬운 일이다. 하지만 그 견해의 배후에서 진리에 봉사하는 학문의 객관

성·중립성 신화가 상처 없이 보존된다면, 그 위험 역시 지적해두어야 할 것이다.[9]

나 역시 자유주의 사관파와 논쟁할 의도는 없다. 그들과 맞물리는 논의가 가능하다고 생각하지도 않는다. 하지만 논쟁은 그보다 훨씬 폭넓은 지평, 동시대의 청자聽者들에게 열려 있다. 만약 일본판 역사 수정주의 논쟁이 시종일관 '사실'을 둘러싼 실증성 수준에 머문다면 '위안부' 문제가 들이민 더욱 핵심적인 물음 가운데 하나를 놓쳐버리게 될 것이다.

현재까지 자유주의 사관에 대한 양심적인 역사학자들의 대항 담론은 '역사의 사실을 왜곡하지 말라', '역사의 위조를 용서하지 말라'는 것이다.[10] 이는 역사적 사실이 누가 보더라도 전혀 다를 바 없는 모습으로 객관적 실재로서 존재하고 있다고 보는 것과 같은 사관이다.

실증 사학에서 역사적 사실로 인정하는 증거로는 문서 사료, 고고학적(물적) 사료, 그리고 구두 사료가 있다. 문서 사료 중에서는 공문서가 사문서보다 사료 가치가 높다. 구두 사료의 중요성을 강조하는 사람들도 다른 물증이나 문서 사료가 뒷받침되고 나서야 비로소 구술이나 증언이 신뢰성을 갖는다고 여기며, 문서 사료에 비해 이차적이고 부차적인 가치밖에 없다고 여긴다. 실증 사학은 문서 사료 중심주의와 사료의 제3자성과 객관성을 절대화하는 경향이 있다.

자유주의 사관파는 실증 사학이라는 허울 아래에서 '위안부' 강제 연행을 증명할 공문서 사료가 없다는 것을 문제로 삼는다.[11] 이에 대해 '위안부' 문제에 관한 역사 자료 발굴에 누구보다도 왕성하게 공헌했으며, 1992년 일본 정부의 공식 사죄 발언의 근거가 된 '위안부' 관계 문서를 방위청 방위연구소 도서관에서 발견한 역사학자 요시미 요시아키는 〈아침까지 생방송〉*에서 고바야시 요시노리 등이 다그쳐 물은 질문에 이 문서가 강제 연행의 간접적인 증거는 되어도 강제 연행 사실 자체를 뒷받침할 만한 자료는 아님을 결국 인정하게 되었다.

물론 요시미는 단순한 실증 사학자가 아니다. 그의 집요한 탐구의 배경에는 일본의 전쟁 책임을 묻겠다는 강렬한 사명감이 있다. 요시미가 발견했다는 해당 사료도 1991년에 '위안부'의 고발이 있고 나서 처음으로 사료 가치를 요시미 자신이 재발견한 것이다.[12] 사료 '발견'에 앞서서 패러다임 전환이 있었기 때문에 그냥 지나쳐버릴 수도 있었던 사료가 단숨에 가치 있는 사료로 재평가된 것이다. 만약 이것이 10년 전의 일이었더라면, 같은 사료를 잠깐 되돌아보는 일도 없었을 것이며 각광받는 일도 없었을 것이다.

'새로운 역사 교과서를 만드는 모임'에 이름을 올리지는 않았지만 사쿠라이 요시코櫻井よしこ**도 강제 연행을 뒷받침하는 공문서가 없기 때문에 사실이 어떤지 증명할 수 없으며, 증명할 수 없는 일을 교과서에 싣는 것은 적당하지 않다는 논리를 내세우고 있다.[13] 언뜻 보기에 객관적으로 만들어진 실증성 논리 앞에 많은 사람들이 설득당한 것처럼 보인다.[14] '공'문서란 관官에서 사태를 어떻게 '관리'했는가를 나타내는 자료다. 그 유무를 물어 공문서가 없는 한 사실 증명은 불가능하다는 것은 지배자治者 입장으로 동일화된 것이 아니면 무엇인가.

---

\*　　일본 아사히 방송국의 시사 프로그램.

\*\*　일본의 유명한 뉴스 앵커였으나 자유 기고가로 활동하다가 국가기본문제연구소 이사장을 맡고 있다. 일본을 대표하는 보수 논객 중 한 명이다.

전쟁 수행에 관한 문서 중 거의 대부분이 패전을 전후로 파괴되었다는 것은 이미 알려진 사실이다. 그중에는 '위안부' 관련 자료도 포함되어 있다. '위안부' 관련 자료를 처분할 때 군부가 이 문제를 특별히 심각한 전쟁범죄로 받아들인 흔적은 없다. '위안부' 관련 자료 또한 다른 군사 관련 자료처럼 취급받고 폐기되었다. 1991년 정대협 등이 진상 규명을 요구한 것에 대해 당시 내각의 관방 장관 가토 고이치加藤紘—는 기자회견에서 "정부 기관이 관여했다는 자료를 발견할 수 없다"면서 자신들이 조사를 소홀히 한 것이 아니라고 증명하려는 듯 "찾을 수만 있다면 찾아주기를 바란다"고 정색하며 발언했다. 받아들이는 사람에 따라서 이 발언은 그가 일본군의 증거 인멸을 충분히 확신하는 것처럼 들리기도 한다. 이런 경우 문서 사료 지상주의는 피해자에 대해 어떤 작용을 할 수 있을까.

이런 문서 사료 지상주의의 가장 큰 문제는 증언이 지니는 증거 능력을 부인하거나 그것이 기껏해야 2차 사료로밖에 가치가 없다고 간주하는 데 있다. 그들은 '문서에 의한 뒷받침이 없다, 즉 충분한 증거 능력이 없다'며 증언의 가치를 축소한다. 실명을 내세운 가해자 측의 거의 유일한 증언인 요시다 세이지吉田清治*의 증언은 신빙성이 미약하다며 어느 진영에서도

---

\* 1943년부터 1945년까지 야마구치 현 노무보국회 시모노세키 지부(山口縣勞務報告會 下關支部)의 동원 부장으로 조선에 파견된 후 제주도 일대에서 징용대를 조직해 '위안부' 강제 연행을 담당했던 실행 책임자. 현재 각종 집회에서의 증언과 수기 『조선인 위안부와 일본인』 『나의 전쟁범죄·조선인 강제 연행』을 통해 일본제국이 행했던 전쟁범죄를 폭로하는 활동을 하고 있다. 그는 "이제서야 참회해 마음 편해지기 위해 증언하는 것이 아니라 역사 속에서 완벽하게, 그것도 공식적으로 말살된 사실을 일본의 후세들에게 전하기 위해 증언한다"고 말한다.

채택하지 않게 되었다. 설상가상으로 피해자 측의 증언도 뒷받침할 만한 증거가 없다는 이유로 택하지 않는다. 이는 피해자의 현실에 대한 최악의 도전에 지나지 않는다. 전후 반세기가 지나서 '위안부'였던 사람이 처음으로 피해자로서 증언하기 시작했을 때 잃어버린 과거는 비로소 또 하나의 현실로 회복되었다. 그때 역사가 다시 쓰였다고 해도 좋다. 그리고 그런 역사의 재심은 전후 50년이 지나서야 겨우 가능하게 된 것이다. 당사자의 현실에서 벗어나 어떤 역사적 사실을 '있는 그대로' 제3자가 판정할 수 있다는 생각은 실증 사학자들의 교만이다.

피해자가 '나는 성행위를 강제당했다' '나는 강간을 당했다'고 피해의 '현실'을 증언할 때 물증을 수반한 입증 책임을 묻는다. 실증주의의 사고 틀에서는 당사자의 수기, 일기, 회상록, 구술사 등의 가치를 그것의 애매함이나 주관성, 착각 등을 이유로 문서 사료를 보완하는 2차적인 사료 정도로밖에 인정하지 않는다. 하지만 여기서 말하는 문서 사료란 권위에 의해 정통화된 사료, 지배 권력 측 사료의 다른 이름이다. 지배 권력 측이 자기의 범죄를 인멸하거나 정당화해야 할 만할 동기가 있다는 점에서 이 사료의 '신빙성' 또한 물어야 할 것이다.

범죄를 입증할 책임을 묻는 방식에도 문제가 있다. 예를 들면 일본 공해방지법은 약자 구제라는 성격을 띠고 있는데, 이는 세계적으로도 앞서 가는 것으로 피해를 받은 사실에 대한 입증 책임을 피해자 입증 책임에서 가해 기업의 반증 책임으로 전환했다. 군대나 기업과 같은 조직이 가해자인 경우, 피해자와 가해자를 비교해 보면 압도적으로 피해자 쪽이 사회적으로 무력하다. 일본 공해방지법의 경우 무력한 사람들이 자신의 피해를 입증하는 책임을 지는 것이 아니라 반대로 고발당한 측이 반증하는 책임을 지도록 법리를 반전한 것이다.

성폭력 피해를 고발하는 재판에 대해서도 마찬가지라 할 수 있다. 나는 피해자 측이 성희롱 사실을 입증하는 책임을 부담하는 것이 아니라 소추당한 가해자가 반증하는 책임을 지도록 논리를 다시 세워야 한다고 생각한다. 왜냐하면 성희롱 역시 처음부터 권력 차이가 있는 당사자들 사이에서 강자가 약자에게 행하는 범죄이기 때문이다. 그렇다면 법정 투쟁에서 외견상으로 당사자들을 대등하게 대하는 것이 결과적으로 어느 쪽을 유리하게 하는지 분명할 것이다.[15]

### 4. 역사화와 비역사화

역사가 '현재에서 과거를 끊임없이 재구축'하는 것이라는 생각은 과거를 현재에서 어떻게 판단할 것인가 하는 물음과 연결된다. 그에 대해 한편에서는 '역사화historicization'라는 관점이, 다른 한편에서는 비역사적ahistorical이라는 보편주의적 관점이 있다. 그리고 양쪽 모두 나름의 문제를 안고 있다.

역사화란 당시에 생긴 일은 당시의 역사적인 맥락에서 이해해야 한다는 주장이다. 그 자체를 볼 때는 바람직한 '역사화' 주장이 '위안부' 문제의 맥락에서는 다음과 같이 왜곡된다. 당시 일본에서 공창제는 합법이었다. 또는 공창은 계약제이기는 하지만 실제로는 인신매매나 강제를 수반하는 비참한 예도 있었다. 그런 시대 배경에서는 '위안부' 여성들이 불쌍하기는 하지만 일본인 공창들의 비참함과 그다지 다르지는 않았다. 따라서 그런 시대 배경을 이해해야 한다는 논의다.

'위안부'의 역사화를 둘러싼 논의는 "공창 제도가 있던 시대였기 때문에 군대 '위안부'가 성립했다"는 점에서 좌우가 일치된 틀을 공유하고 있다. 공창제가 위법이 된 오늘날에 와서는 그것을 정당화시키는 논의는 없지만, 빈곤이나 기아 등 역사적 맥락에서 볼 때 '불쌍한 여성들은 일본인 중에도 아주 많았다. 그런 시대였기 때문에 어쩔 수 없지 않은가' 하는 이야기가 등장한다.

언뜻 타당해 보이는 이런 논의에 대해서도 그때마다 반론이 있었다. 예를 들면 마에다 로우前田朗는 일본이 1925년에는 이미 추업협정, 추업조약, 부녀매매금지조약에, 1932년에는 ILO 29호 강제노동조약에 가맹하고 있던 것을 지적했다. 따라서 이것은 당시 국제조약조차 위반한 행위였다는 논리를 내세운다.

현재의 인권론이 '위안부'를 부정한다는 논리는 오해를 불러일으킨다. 당시의 인권론이 '위안부'를 부정하는 것이다. 이것이 최소한의 규범적 전제다.[16]

이런 역사화를 정확하게 뒤집은 논리가 '전전 공창제 또한 강제 노동에 지나지 않는다'고 주장하는 스즈키 유코의 견해다. 오늘날의 인권론 수준에서는 전전 공창제 또한 단죄된다. 군대 '위안부'는 공창보다 훨씬 열악한 노예 노동이라는 점에서 스즈키는 초역사적인 여성에 대한 인권 침해와 피해자의 연속성을 내세우는데, 그 배경에는 인권이라는 보편적인 가치가 깔려 있다.

스즈키는 반'위안부' 캠페인*에 대한 반론으로 쓴 글에서 이 대립을

"역사 인식과 인권 인식을 둘러싼 치열한 싸움"으로 위치시킨다.[17] 스즈키에게 '역사 인식'이란 단지 하나의 진실을 인정할 것인가 말 것인가 하는 물음과 같은 의미로, 현실은 생성되는 것이며 역사는 끊임없이 재구성된다는 관점이 없다. 그리고 그녀에게 '인권 인식'이란 보편적 정의인 인권을 인정할 것인가 말 것인가 하는 초역사적인 물음과 같다. '인권' 개념은 초역사적으로 주어진 것이 아니다. 인권 개념의 내용 또한 역사와 함께 변화해왔으며 인권 개념을 채용할 때에는 동시에 그것이 짊어지는 역사적 한계도 받아들일 수밖에 없다.

당시의 인권론이 당시 역사를 판가름하는 것인가 아니면 오늘날의 인권론이 당시 역사를 판가름하는 것인가. 제1부 1장에서 논한 것처럼 현재에서 과거를 판가름하는 것은 언제나 역사의 사후적인 지혜에 지나지 않는다. 그렇다면 마에다가 말하듯이 당시의 인권론 수준에서 생각하는 것은 어떨까.[18]

법이나 조약에는 그것이 성립되기 이전으로 거슬러 올라가 책임을 묻지 않는다는 원칙이 있다. 사후적으로는 국제법에 시효가 없다는 생각도 있다. 법적 투쟁이라면 법이나 조약에 준해 법리를 세울 수밖에 없다. 인권 변호사와 국제법 전문가는 자신의 전문 범위 안에서 법리에 따라 논리를 세울 것이며, 그것이 바로 그들의 전문성일 것이다.

법리상의 싸움은 법리에 준할 수밖에 없다. 법적 투쟁도 물론 의미가

---

\* 1991년 김학순 씨가 자신의 이름을 공표한 이후, 일본의 학계와 언론계에서 '위안부'라는 역사적 사실을 부인하거나 '위안부'는 매춘 행위라는 주장을 펴면서 전 '위안부' 여성들의 주장을 부인하는 제반 움직임을 말한다.

있다고 생각하지만, 다음과 같은 사실은 기억해둘 필요가 있다. 첫째, 법적 투쟁이란 극히 한정된 싸움이라는 것이다. 둘째, 법리가 위정자 측 사정에 맞춰 만들어진 것이라고 볼 때 법적 투쟁이란 사전에 '상대방의 씨름판'에 올라갈 것을 강요받는 불리한 싸움인 것이다. 셋째, 법리라는 싸움의 규칙은 원하면 언제든지 – 싸움이 한창 진행 중이더라도 – 바꿔서 만들 가능성이 있다는 것이다.[19]

마에다가 말하는 조약이나 국제법을 전제로 한다면 조약이 체결되기 이전의 부녀 매매와 강제 노동은 위법이 아닌 것이 된다. 국제법이 그 시대 열강들 간의 정치적인 힘겨루기 싸움의 타협 산물이라고 하는 것은 상식인데, 국제법에 의거하는 논의는 기존 국제 질서를 주어진 판단 기준으로 삼아 논리를 내세우는 것에 지나지 않는다. 즉 강자의 논리에 따라 싸워야 하는 것으로, 일시적이라고는 해도 강자의 논리를 받아들이고 게다가 '설득 기술'로 채용해야만 한다. 국제법이나 국제정치를 전문으로 하는 사람들의 '현실주의'는 결과적으로 현상을 추인하는 보수주의에 빠지기 쉬운 경향이 있다.

법리의 배후에는 그 법리를 성립시키는 법사상이 있다. 나는 한정된 법리의 틀 속에서 이루어지는 게임에는 흥미가 없으며, 오히려 법리 자체를 바꿔온 역사상의 사상적인 패러다임 전환에 관심이 있다.

예를 들면 일찍이 제국주의 시대에는, 열강의 식민지 침략을 금지한 국제법이 없었다. 미국에 노예제가 있던 시대에는 노예제를 금지하는 어떤 법률도 없었다. 하지만 그 후 역사에서 노예제가 얼마나 비인도적인 죄인지에 관한 인식이 생겨난 후 처음으로 미국사는 다시 쓰였다. 노예제나 원주민 학살은 미국 역사에서 지울 수 없는 오점이 되었다.

워싱턴 D.C.의 스미스소니언 박물관 단지에 미국 역사박물관National Museum of American History이 있다. 이곳은 역사가 재심될 때마다 전시 내용이 바뀐다. 원주민의 관점에서는 학살에 지나지 않는 현실을 앵글로계 미국인 측에서는 아주 최근까지 '명예로운 정복'으로 받아들이고 있었다. 소수자 측이 이런 현실에 대항해 도전하고 나서야 비로소 미국사는 다원적으로 다시 쓰인 것이다.[20]

일본계 미국인 강제수용의 역사*도 마찬가지다. 미국 역사박물관의 한 귀퉁이가 할당되어, 미국 정부가 일본계라는 이유만으로 자국민에게 행했던 변명의 여지 없는 불의가 전시되어 있다. 하지만 그 전시는 일본계 미국인의 수년에 걸친 보상 요구가 없었다면 실현되지 않았을 것이다.[21] 물론 여기에 전시된 것은 정통화된 '국(민)사'다.[22] 그러나 역사박물관은 사물死物을 수집해 보관하는 곳이 아니다. 역사의 재심이 이루어질 때마다 다시 쓰여 전시 내용이 바뀌는, 살아 있는 현재의 장이다.

그 역사를 다시 쓰게 한 것은 현재를 살고 있는 우리다. 일본의 경우

---

* 일본인의 미국 이민은 1868년 하와이 이민에서 시작되어 미국의 각 주로 퍼져나갔다. 그러나 일본이 제국주의 침략을 분명히 하면서 미국 내에 배일(排日) 분위기가 높아져 1924년에는 배일이민법이 성립해 일본인의 입국이 금지되었다. 그리고 태평양전쟁이 발발하자 1942년 미국 대통령령에 근거해 군사 지역으로 지정된 캘리포니아, 워싱턴, 오리건, 애리조나 각 주에 거주하던 일본계 약 11만 명이 적성국인(敵性國人)이라는 명목으로 강제퇴거 명령을 받아 내륙부의 만자나(캘리포니아 주 로스앤젤레스에서 북동쪽으로 350km 떨어진 곳) 등에 있는 강제수용소에 유폐되었다. 1948년에 강제퇴거 손해배상청구법이 성립되어 미흡하게나마 강제수용 문제가 분명해졌다. 제2차 세계대전 당시 일본계 미국인 약 3만 3천 명이 종군해 특히 일본계 2세로 구성된 442부대(1943년 편성)가 유럽 전선에서 분투한 것이 전후 일본계 미국인의 지위 향상에 큰 영향을 미쳤다.

최근 아이누 신법*을 들 수 있다. 현재를 살고 있는 우리가 일찍이 '명예로운 정복'이라고 간주했던 일을 '야만적인 약탈'로 다시 쓰게 한 것이다.


## 5. 구술사를 둘러싸고

과거 20~30년 사이에 여성사에서 방법론이 크게 바뀌었다. 역사 인식이나 역사 방법론 또한 실천적인 요청과 연결되어 있다. 학문이나 방법론을 실천과 대립시킬 필요는 없다. 페미니즘에서는 이론 또한 중요한 실천이며 담론은 투쟁의 장이다.

여성사는 우선 문서 사료 지상주의 비판에서 출발했다. 왜냐하면 여성사는 '기록된 역사'가 거의 없는 상태에서 출발할 수밖에 없었기 때문이다. 『서양 여성사Storia delle Donne In Occidente』를 엮은 미셸 페로Michelle Perrot는 본래 중세사 전문가인데, 그녀는 중세 여성을 연구하면서 자료가 없음을 한탄했다. 물론 '여성에 대해' 작성된 문서나 그림, 형상은 남아 있다. 하지만 그것은 남성들이 쓴 여성에 대한 표상에 지나지 않는다. 남성이 쓴 여성에 대한 표상은 여성에 대해 어떤 '사실'을 이야기하고 있을까. 오늘날의 역사 연구 수준에서는 표상을 사실로 오인하는 안이한 역사관은 더 이상 성립되지 않는다. 남성들이 쓴 여성에 대한 표상은 여성에 대해 어

---

*　아이누족은 일찍이 홋카이도(北海道), 사할린 등지에서 살던 소수민족이다. 메이지 이후 일본의 동화 정책과 개척 정책으로 고유문화와 관습을 잃게 되었으며 인구도 격감했다. 아이누 신법은 아이누족의 문화 계승과 진흥을 꾀하는 최근의 움직임 속에서 그들의 전통적인 지식 보급과 계발을 목적으로 1997년에 공포되어 시행된 법률이다.

떤 '사실'도 전하고 있지 않지만, 남성이 여성에 대해 무엇을 생각하고 어떤 환상을 지니고 있었는가에 대한 남성들의 관념에 관해서는 웅변하고 있다.[23] 남성이 생산한 여성에 대한 담론은 남성 자신에 대해 이야기하고 있을 뿐 여성에 대해서는 아무것도 말하지 않는다고 하는, 표상 연구에서는 당연한 인식이 드디어 역사학 연구에서도 공유되기에 이르렀다.

여성사의 최대 과제는 어떻게 하면 '침묵당한 목소리silenced voice'가 발화되어 의미를 갖게 할 수 있을까 하는 것이었다. 그래서 여성사는 구술사(듣고 기록하기, 인터뷰)로 향했다. 여기서 구두 증언은 굉장히 귀중한 의미를 지닌다.

구술사가 사료 가치 측면에서 몇 가지 문제점이 있는 것은 사실이다. 첫째는 망각이나 잘못된 기억이다. 둘째는 비일관성이다. 구술은 종종 앞뒤 줄거리가 맞지 않는 경우가 많다. 셋째는 기억의 선택성이다. 어떤 것은 기억하고 있으나 어떤 것은 의도했든 의도하지 않았든 잊어버린다. 넷째는 어디까지나 회상, 즉 현재 시점에서 떠올리는 과거라는 점이다. 회상은 현재 시점에서 본 과거에 의미를 부여한 것으로, 거기에는 자기 정당화도 포함된다. 예를 들면 현재 행복한 생활을 하는 사람은 과거를 긍정적으로 재구성하는 경향이 있는 데 반해 현재 불행하다고 느끼는 사람은 과거로 거슬러 올라가 그 인과를 찾으려 할지도 모른다. 회상이란 어디까지나 현재의 산물이다. 구두 증언이 갖고 있는 이 네 가지 특징은 문서 사료 지상주의자들에 의해 '그러니까 증언은 믿을 만한 것이 못 된다'는 논거가 되고 있다.

그러나 여성주의 사학의 주역들은 '그렇기 때문에 증언에 현실감이 있다'는 논거로 이를 반전시켰다. 여성사가 신뢰성이 없으며 이데올로기의 산물이라는 비판에 대해 거꾸로 '기록된 역사'란 도대체 무엇인가 하고 되묻는 것이다. 기록된 역사의 집필자는 누구인가. 예를 들면 정사란 누구를 위한 것이며 누가 집필자로서의 권위를 부여했는가. 자신이 살던 시대도 아닌 과거를 쓰는 역사학자는 선택적으로 과거를 재구성하고 있는 것이 아닌가. 정사가 '공공의 기억'이 되어버린 지금 그 공공의 '우리' 속에는 누가 포함되며 누가 포함되어 있지 않은가 등의 문제들을 한꺼번에 제기한 것이다.

권위에 의해 정통화된 정사 역시도 구술사가 안고 있는 위의 문제점을 모두 가지고 있다. 첫째로 망각이나 잘못. '난징 대학살은 없었다'고 하듯 일어난 일을 없었다고 하는 정사는 얼마든지 있다. '기록된 역사'에서도 기억된 것보다 잊힌 것이 훨씬 많다. 그 이상으로 오늘날 손에 넣을 수 있는 문서 사료가 어떤 검열을 거쳐 우리 손에 남겨졌는가를 의심해볼 필요가 있다. 우리는 역사에 의해 '허락받은' 사료만 입수할 수 있을 뿐이다.

둘째로 비일관성. 기록된 역사 속에도 앞뒤가 안 맞는 역사는 있다. 역으로 '앞뒤가 맞는 역사'란 무엇인가 하는 물음을 제기할 수도 있다. 역사학은 오랫동안 법칙 정립 과학이라는 이름 아래 과학적 역사학을 표방해왔다. 과거에 생긴 일들을 정합적인 인과관계에 놓고 그 연장선에서 미래를 예측하는 일이 역사학의 사명이라 여겨졌다. 그 때문에 결정론적인 변수를 최종 심급으로 동원해 발생한 모든 일을 그것으로 환원시켰다. 하지만 과학적 역사학인 유물 사관의 인과율이 설득력을 잃고 그 미래 예측도 역사에 의해 반증된 지금 우리는 이런 '앞뒤가 맞는 역사'를 의심의 눈으로 보려고 해온 것이 아닌가. 이것은 '앞뒤가 너무 잘 맞다'라고. 유물 사관만이 아니다. 앞뒤가 맞도록 쓰인 역사라는 것은 어떤 목적론적인 구성에 따라 역사에 마치 하나의 시나리오가 있는 것처럼 쓰여 있다. 그것 외의 해석을 용서하지 않는다는 점에서 앞뒤가 맞는 역사도 아주 위험하다.

셋째로는 선택적인 기억. 기록된 역사 또한 충분히 선택적인 기억이다. 왜 권력자의 행위만 선택되고 그들에 의해 억압당한 사람들의 경험은 선택될 수 없는가. 왜 정치적인 일에는 특권적인 가치를 부여하고 일상생활의 변화는 하잘것없다고 하는가. 문서 사료 중에서도 특히 공문서에 높은 가치를 두는 것은 왜인가. 사회사나 민중사, 여성사가 그런 선택에 대해 이의를 제기해오지 않았는가. 문서 사료 중에서 어떤 것에 우선순위를 부여할 것인가 하는 문제도 관점 선택의 결과에 지나지 않는다. 요시미 요시아키가 '위안부' 관련 문서 사료를 탐색하는 중요한 작업을 하게 된 것도 '위안부'가 문제시되고 난 뒤의 일이지 그 반대가 아니다. 요시미는 일본군 '위안부' 피해자의 증언을 역사학자에 대한 도전으로 받아들여 그것에 대해 성실하게 응하고자 했다.

넷째, 기록된 역사 또한 언제나 현재에서 과거를 상기한 것에 지나지 않는다는 점이다. 프랑스사나 메이지사明治史는 결정판이 쓰였다고 해서 그것으로 끝이라고 할 수 없다. 시대와 해석이 변함에 따라 언제나 현재에서 다시 쓰이는 중이다. 역사는 재심의 연속인 것이다.

젠더사는 지금까지 주류 역사학자들로부터 정치적이며 지나치게 이데올로기적이라는 비판을 받아왔다. 페미니스트는 그것에 대해 '그렇다. 하지만 모든 역사는 정치적이다. 정치적이지 않은 역사가 있을 수 있는가' 하고 되물어왔다. 『젠더의 역사학』의 저자 조앤 스콧은 젠더사가 "필연적으로 편향적인 것이 될 것을 인식"하고 있다. 젠더사가 "편향적인 것"이라는 인식은 지금까지 정사를 자처하는 모든 역사학에 대해 '너는 단지 남성학일 뿐'이라고 정사의 편향됨을 선고하기 위한 공격의 무기도 된다.

나는 이런 편향을 스스로 인정하는 것이 보편적인 설명 추구에 대한 항
복을 인정하는 것은 아니라고 생각하고 있다. 오히려 그것은 보편적인 설
명이란 여태까지 불가능했으며 지금도 불가능하다고 시사하고 있는 것
이다.[24]

이것은 전체사나 법칙 정립적인 과학적 역사학에 대한 대담한 도전이
다. 실증 사학에 대해서도 예외가 아니다. 실증성이라는 이름으로 객관성,
중립성을 표방할 뿐 무엇이 실증적인 사료로서 입수 가능한 것인가, 그런
사료에 특권성을 부여하는 것에 어떤 정치적 의미가 있는 것인가 하는 물
음은 불문에 부쳐져왔다.

젠더사를 포함한 모든 역사학의 당파성을 주장하는 스콧의 관점은 기
존의 무모한 이데올로기론이나 학문에 대한 니힐리즘으로 연결되는 것이
아니다. 역사에 단지 하나의 진리만이 자리 잡을 수는 없도록 현실은 다원
적인 범주로 성립되고 있으며, 그 다양성과 차이에 좀 더 민감해지는 것이
야말로 역사학자를 포함한 사회과학자의 사명이라고 알리고 있다.


## 6. 역사를 이야기하는 방식

역사가 과거를 객관적으로 복원하는 것이 아니라 현재에서 재구성하
는 것이라고 한다면 역사를 서술하는 데에는 이야기 방식narrative이라는 문
제가 있다.

전 '위안부'의 증언이 충격적이었던 것은 그런 사실이 있었다는 것만이 아니라 전후 50년이 지나 이야기를 하는 방식이 변했기 때문이다. 아주 최근까지 많은 전 '위안부' 여성들은 자신의 경험을 '내 육신의 치욕'으로 받아들여 기억 저편에 묻어두고 지냈다. 그녀들은 과거에 뚜껑을 덮고 가장 가까운 가족에게조차 그런 사실을 밝히지 않고 지내왔다. 그 과거를 그녀들이 피해로 공공연하게 재정의한 것이다. 거기에는 역사 인식의 거대한 변화, 즉 패러다임의 전환이 있다.

그 전환을 불러온 것은 1980년대 한국의 민주화 운동과 여성 운동이었다. 나아가 한국 여성 운동 배후에 전 세계에 풀뿌리처럼 퍼져 있는 여성운동의 고양이 있었다. 패러다임의 전환이 먼저 있었기 때문에 거기에 응하는 이야기가 우리 눈앞에 나타나게 된 것이다(제1부 2장 참조). 전 '위안부'의 증언은 여성 운동의 존재 없이는 있을 수 없었다. 비록 법정 투쟁이 상징적인 의미밖에 갖지 못한다 해도,[25] 전 '위안부'의 증언은 우선 당사자 자신에게 아주 심각한 의미를 지니고 있다. 거기에는 당사자의 과거의 공백과 억압된 기억을 회복시키는 커다란 변화가 일어난 것이다. 그것이 어떤 부정적인 기억일지라도 자신의 과거를 의미 있는 것으로 위치시켜 그녀들은 자신들의 전체성을 회복했다고 할 수 있을 것이다. 억압된 기억이 얼마나 그녀들을 괴롭혔는지 많은 피해자들이 증언하고 있다. 전 '위안부' 여성에게 존엄이 있다면, 증언하는 행위에서 그녀들은 이미 존엄을 획득하고 있다. 그 증언을 부인하는 행위야말로 당사자의 존엄을 짓밟는 행위일 것이다.

돌이켜 생각해서 그녀들을 반세기 동안 침묵시킨 것이 무엇인가 묻는다면, 그 반세기 동안 현재형으로 '범죄'는 계속되고 있다고 말할 수 있다.

'위안부'는 과거의 일이 아닌가, 왜 그런 옛날 일을 새삼스럽게 다시 문제 삼는가라는 소리에 대해 이것은 과거의 범죄가 아니라 가해의 현재라고 답하자. 지금도 여전히 자신을 밝히고 나오지 못하는 여성들이 많이 있으리라 생각하면, 우리는 가해의 현재를 살고 있다고 할 수밖에 없다. 그중에서도 일본인 '위안부'의 침묵은 우리의 '죄'로 우리를 무겁게 짓누르고 있다. 가해자 중에서도 가장 커다란 역할을 한 것은 말할 필요도 없이 일본에서도 한국에서도 가부장적인 사회다.

유대인 학살의 역사에서도 흥미진진한 대응을 볼 수 있다. 피해자는 누가 보아도 '객관적'인 피해자로 그곳에 존재했던 것이 아니다. 유대인 학살의 역사가 지금과 같은 형태를 띠기까지 전쟁 이후 우여곡절이 있었다. 가장 큰 변화는 1961년 이스라엘에서 열린 아이히만 재판*이다. 재판이 진행되었을 때 증언대에 불려 나온 생존자들이 무거운 입을 열고 말과 글로 다할 수 없는 그들의 경험을 처음으로 이야기하기 시작한 것이다. 그때까지 이스라엘 안에서조차 유대인 학살의 희생자들 및 생존자들은 시키는 대로 순종적으로 가스실로 보내진, 반항이나 봉기 한 번 일으켜보지 못한 오기도 없는 사람들로 간주되었다. 유럽에서 무위도식하다가 양처럼 살해된 무기력한 유대인들이라는 견해가 암묵적으로 이스라엘 국민 사이에 공유되고 있었다. 아이히만 재판의 증언대에 선 사람들이 입을 열어 말한, 그

---

* 카를 아돌프 아이히만(Karl Adolf Eichmann, 1906~1962)은 나치 독일 치하 '유대인 문제' 해결 실행 책임자였으며, 친위대 장교로 유대인 문제의 '최위적 해결(말살 계획)'에도 관계했다. 제2차 세계대전 후 아르헨티나에서 숨어 지냈으나 이스라엘 특무 기관에 의해 체포되어 예루살렘 재판, 즉 아이히만 재판에서 교수형을 선고받고 처형되었다.

동안 이야기될 수조차 없었던 과거, 말로 표현할 수 없었던 기억이 처음으로 커다란 충격으로 떠올랐다. 생각하는 것조차 고통스러운 피해의 기억은 이야기할 수 있는 방식과 그것을 들으려 하는 귀가 존재함으로써 처음으로 '현실'로 떠오른 것이며, 그곳에 누가 보아도 부정할 수 없는 '사실'로서 있는 그대로 존재했던 것이 아니라는 점은 유대인 학살의 경우에서도 확인할 수 있다.

우리의 전제는 피해자가 마음먹고 입을 열었을 때 그 피해자의 압도적인 현실에서 출발할 수밖에 없다는 것이다. 내가 '현실'이라고 부르는 것은 '사실'과 같은 것이 아니다. 강간 가해자와 피해자 사이에 경험의 내용이 이렇게 차이가 있을 때 그것이 하나의 사실이라고 어떻게 말할 수 있는가. 거기에는 오히려 전혀 다른 두 가지 현실이 살아 있으며, 당사자는 하나의 사실조차 공유하고 있지 않다. '위안부' 제도라는 역사적 사실이 존재했다고 하는 경우에도 우리가 '위안부'라는 용어를 주저하면서 사용하는 것은 그것이 사실의 반쪽 면밖에 가리키고 있지 않기 때문이다. 오히려 하나뿐인 사실이 아니라 복수의 현실이 존재하고 있다고 생각하면 거기에는 일본군의 '위안부' 제도라는 현실과 피해 여성의 강간이라는 현실, 즉 두 개의 다른 현실이 살아 있다. 지금도 여전히 '위안부'와의 교류를 그리운 듯이 이야기하는 이전 일본 병사들과 전 '위안부' 사이에 '현실'의 차이가 이렇게 심각할 때, 이전 일본 병사들이 공유하고 있다고 착각했던 경험은 상상조차 하지 못했던 상이함으로 눈앞에 나타나 갈팡질팡할 수밖에 없는 것이다.

두 '현실' 사이의 차이가 아무리 크다고 해도 어느 한쪽이 옳고 어느 한쪽이 틀리다고는 할 수 없다. 단지 권력 관계가 불균형한 곳에서는 강자의 현실이 지배적인 현실이 되어 소수자에게 '상황의 정의'를 강제한다.[26] 그것을 거역하고 지배적인 현실을 뒤집어엎는 것과 같은 또 하나의 현실을 낳는 것은 약자에게는 그 자체가 투쟁이며 지배적인 현실에 의해 부인된 자신을 되찾는 실천인 것이다.

그렇다면 다음 문제는 피해자의 현실은 어떻게 만들어지는가가 될 것이다. 피해자의 현실은 피해자가 이야기함으로써 처음으로 구성된다. 역으로 말하면 이야기하는 것에 의해 이야기하는 사람은 '피해자' 주체로 형성된다고 해도 좋다. 피해자라는 용어는 여기에서는 적절하지 않을 것이다. 성폭력의 경우에서처럼 여기에서는 오히려 '서바이벌'이라고 부르는 게 타당할 것이다. 그들은 단순히 '피해자'가 아니라 고난을 뚫고 '살아 나온 사람'[27]으로서 현재의 삶을 확인하는 작업으로 이야기를 엮어가고 있기 때문이다.

이야기에 대한 물음은 언제나 이중성을 갖고 있다. 누가 이야기하는가라는 이야기하는 사람의 문제와 누구를 향해 이야기하는가라는 듣는 사람의 문제다. 피해자의 증언은 누가 듣는 것인가. 듣는 귀가 없으면 아무도 그것을 이야기하지 않는다. 누구를 향해 이야기하는가 하는 물음을 제기했을 때 이야기는 이야기하는 사람과 듣는 사람의 공동 작업이라는 것을 알 수 있다. 여기서 이야기하는 사람은 같은 이야기를 녹음기처럼 반복하는 토킹북talking book이 아니다.[28]

그렇기는커녕 지금까지의 구술사 연구를 보면 약자인 사람은 강자인 듣는 이가 듣고 싶어 하는 이야기를 하는 경향이 있음을 알 수 있다. 이야기 현장 또한 권력이 행사되는 임상 실험장이다. 약자의 이야기는 단 하나의 줄기로 구성되지 않는다. 종종 지배적인 이야기를 뒷받침하거나 보완하는 식의 이야기가 생겨나면 듣는 사람은 현실이 오로지 하나라고 착각한다. 또 하나의 현실은 약자의 이야기 안에 있는 주저와 모순, 비일관성의 한복판에서 갈기갈기 찢긴 단편으로 나타난다. 여성사에서 이런 구술사의 비일관성이야말로 '지배적인 현실'의 균열을 나타내는 결정적인 것이 된다. 그렇기 때문에 듣는 사람은 뒤섞여 얽힌 이야기 현장에서 민감해야 한다. 그리고 이야기가 일관성 있는 이야기로 짜였다면 듣는 사람 또한 임상적인 현장에서 상호작용하고 있는 셈이다.

그런 이야기의 임상 현장에서는 심지어 피해자 모델이 만들어지기도 한다. 듣는 사람이 듣고 싶어 하는 대로 이야기된 피해자 모델의 이야기란 다음과 같은 것이다. '아무것도 몰랐던 순결한 처녀가 어느 날 갑자기 예고도 없이 강제로 연행되어 끌려가 윤간당한 후 '위안부' 노동을 강제당해 탈출을 꾀했으나 저지당하고 참기 힘든 고통을 받으며 연명해왔다'와 같은 이야기 말이다. 하지만 '위안부'가 된 경로는 여러 가지로 나뉠 수 있다. 예를 들면 빈곤이나 부모에 의한 계약, 지방 유력자의 강제, 뚜쟁이의 유혹이나 사기와 같은 수법 등 경로를 일반화시키기는 어렵다.

선의의 권력이라 할 수 있는 지원 단체는 피해자의 순결을 강조함으로써 '순결한 피해자'상을 만드는 경향이 있다. 그런 이야기 방식이 어쩌면 그 틀에서 조금이라도 벗어난 사람들에게 생각과는 달리 침묵을 강요하고 있지는 않은가 의심해볼 필요가 있다. 이는 정확하게 성폭력 피해자의 '순결'을 강조하는 담론이 생각과는 달리 가부장제를 재생산하는 효과와 비슷하다.

전형적인 예를 들어보자. 한국계 미국인 다큐멘터리 작가 김깁슨은 '나눔의 집'[29]을 방문해 할머니들의 일상생활을 작품화하기 위한 작업을 했다.[30] 그녀는 할머니들의 이야기를 몇 차례 듣는 동안 이야기 도식이 상대에 따라 변하는 것을 알게 되었다. 한 여성은 '위안부'가 된 경위에 대해서 이야기한 최초 증언에서 부모의 강요에 의해 결혼한 남편에게 학대당하고 있었으며, 남편의 학대에서 벗어나기 위해 뚜쟁이의 감언을 믿고 결혼 생활로부터 도망쳤다고 이야기했다. 그러나 일본 대중매체에 응한 인터뷰나 공개 증언에서는 처음 결혼 생활에 대해서는 말하지 않게 되는 변화가 일어났다고 한다. 김깁슨이 든 예는 즉각 반대파 사람들에게 악용될 여지가 있을 것이다. 그러니까 증언은 믿을 만하지 못하다는 논거로 사용될 수 있는 예다. 하지만 같은 사례를 우리는 전혀 다른 방향에서 볼 수 있다. 듣는 사람들, 즉 일본의 대중매체 혹은 '선의'의 인터뷰어들은 자신이 듣고 싶은 이야기를 들을 수 있도록 이야기 도식을 변형시키는 권력을 그 청취 현장에서 행사하고 있다. 어떻게 해서 이야기에 의해 '피해자'의 '현실'이 만들어지는가 하는 물음에 대해서는 언뜻 보기에 중립을 가장한 실증 사학이나 선의의 지원 단체가 자신들도 모르는 사이에 가해자 측에 가담하고 있는지도 모른다.

지금도 이야기 현장 곳곳에서 권력 관계가 실천되고 있다. 이는 성폭력 피해자의 이야기나 법정에서 이루어지는 증언에 대해 알고 있는 사람들에게는 아주 익숙한 경험이다. 법정에서의 증언이란 가장 위압적이고 권위적인 자리에서 이야기를 강제하는 것이다. 약자는 듣는 사람이 이야기를 공유해줄 것이라는 안도감이나 신뢰감이 없는 곳에서는 결코 이야기하지 않는다. 우리는 그것을 여성사의 구술사 시도에서 배워왔다.

## 7. 반성사를 둘러싸고

지금까지 나는 글에서 '젠더사'와 '여성사'라는 용어를 나눠서 사용해 왔다. 젠더라는 개념은 언뜻 중립적으로 들리기 때문에 페미니즘이나 여성학이라는 용어의 당파성이나 전투성을 싫어하는 사람들이 자주 사용하는 경향이 있다. 하지만 스콧이 말하듯이 젠더 개념을 이해하고 나면 젠더를 사용하는 것의 정치성이나 전투성은 분명해질 것이다. 젠더를 페미니즘보다 온건하다고 생각하는 것은 오해 내지 몰이해에 지나지 않는다.

내가 젠더사라는 용어를 채용하는 것은 다음과 같은 이유에서다. 첫째, 일본에서는 젠더사가 성립되기 이전부터 여성사의 오랜 전통이 있기 때문이고, 둘째, 여성사가 여성 영역에 한정된 명칭인 데 반해 젠더사는 성별을 묻지 않고 모든 영역을 젠더를 변수로 해서 취급할 수 있는 가능성을 갖고 있기 때문이다.

첫 번째 이유에 대해 말하자면 일본에서 여성사는 페미니즘과 어느 정도 뒤틀린 관계를 맺고 있다고 할 수 있다. 그것은 일본 여성사가 제2차 페미니즘의 물결이 성립하기 이전부터 유물 사학의 영향 아래 이미 오랜 축적을 해왔기 때문인데, 여성사 연구자는 우먼 리브의 등장에 대해 곤혹 감과 적의를 노골화했다.[31] 일본 여성사 또한 1970~80년대에 걸쳐 여성 운동이 고양되는 과정에서 풀뿌리같이 존재하는 지방 여성사를 파헤치는 등 귀중한 성과를 쌓아왔지만, 다른 한편으로는 동시대적이며 학제적으로 전개되어온 다양한 페미니즘 이론의 세례를 받지 않았던 것이다.[32] 내가 본문에서 '여성사'라고 부를 때는 젠더 개념 도입 이전의 여성사를 가리키는 것이다.

두 번째 이유에 대해서 말하자면 여성사가 성립했을 때 그것은 정사가 보지 못한 여성 영역을 전문으로 연구하는 분야라고 생각했다고 해야겠다. 따라서 정사에 대한 보완사 혹은 '떨어진 이삭줍기'의 역사로 불려왔다. 하지만 곧이어 여성사 연구자들은 '여자도 그곳에 있었다Women were also there'고 하는 것만으로는 정사라는 이름의 남성사는 꿈쩍도 하지 않는다는 사실을 깨닫고 초조함만 깊어가게 된다.[33] 여성사는 젠더가 관여하는 사적 영역을 다루고 정사는 젠더와 관계없는gender-indifferent 공적 영역을 다룬다는 연구의 '성별 분업'에 대해, 공적 영역에도 젠더가 있다며 모든 젠더 중립적(이라고 간주되었던) 개념을 젠더화해간 것이 젠더사다. 따라서 정사 또한 남성사로서 젠더화된다. 예를 들면 정치나 경제 영역에 여성 행위자가 없었다면 그 여성 부재 현상을 젠더 관점에서 밝혀야만 한다. 따라서 이론상 젠더사에서 취급할 수 없는 영역은 없다. 언뜻 보기에 젠더와 관계없는 것처럼 구성되어 있는 영역의 젠더적인 효과를 보면, 허울상의 젠더 중립성이 갖는 숨겨진 남성 중심성이 명확해지기 때문이다. 그런 분석으로 인해 예를 들면 병사나 시민이 남성을 전형 모델로 해서 구성되었다는 사실이 명확해진다. 젠더 중립성이란 실제로는 남성의 독점과 여성의 배제를 의미하는 것이다.

젠더사의 패러다임 전환은 역사에서 여성의 주체성을 회복하는 방향으로 일어났다. 이것은 일반적으로 페미니즘 속에서 여성 주체의 회복이라는 움직임과 함께하고 있지만, 역사에서 여성 주체의 회복은 불가피하게 역사에 대한 여성의 책임을 묻는 움직임을 수반하게 되었다. 여성이 단지 역사의 수동적인 피해자가 아니라 능동적 주체였다는 견해는 역사에 대한 여성의 가해 책임 역시 묻는 것으로 연결되었던 것이다. 아이러니하게도 페미니스트 사학은 역사 속의 여성에게 지금까지 그랬던 것 이상으

로 준엄한 시선을 보내는 결과가 되었다.[34]

젠더사가 후기구조주의의 제반 조류와 함께 공통으로 갖고 있는 이런 자기언급성과 자기반성성을 가리켜 나는 반성사라고 명명했다. 반성의 의미는 내성적임과 동시에 자기언급적이며 자기비판적이라는 의미도 담고 있다. 이런 의미에서 반성사는 반성적 사회학이나 반성적 철학 등과 같은 의미를 내포하고 있다.[35]

반성적 여성사는 페미니즘의 영향 아래 여성을 역사의 수동적인 희생자로 간주하는 기존의 피해자 사관에서 여성을 능동적인 역사 주체로 받아들이는 사관으로의 전환 과정에서 성립했다. 그리고 일본에서는 근현대 여성사를 반성적으로 다시 보는 것이 바로 일본 제국주의 침략에 대한 여성의 주체적인 공범성·가해성을 묻는 가해자 사관으로 연결되었다.

하지만 '반성'이라고 했을 때 누가, 어떤 자격으로, 무엇을 반성하는 것인가 물을 수 있다. 일본이 특이한 국가이며 그것이 역사상 유례없는 가해를 불러온 것에 대한 반성인 것인가? 국제법상으로도 인도적으로도 용서할 수 없는 전쟁범죄에 대해 반성하는 것인가? 그렇지 않으면 침략전쟁이라는 전쟁 성격을 악으로 규정해 반성하는 것인가?

반성적 여성사가 여성의 전쟁 협력 고발로 향한 것은 일본에서만 일어난 일이 아니다. 독일, 이탈리아에서도 같은 시기에 마찬가지 상황이 생겨났다. 양쪽 모두 구 파시스트 국가라는 공통점을 갖고 있다. 하지만 반성적 여성사의 동향은 일본과 독일 사이에서도 현저하게 다르다. 일본에서 반성적 여성사는 '국내' 여성사 연구자들에 의해 이루어졌지만, 독일에서는 여성이 나치에 대해 협력한 것을 문제시하는 작업이 미국 국적의 역사학자 클라우디아 쿤츠에 의해 제기되었다.[36]

이 외부로부터의 기습에 독일 여성사 연구자들은 곤혹감과 분노를 나타냈다. 그것은 일본과 독일이 그 이전부터 전쟁 책임을 둘러싼 국민적 패러다임에 커다란 차이가 있었기 때문이다. 히로시마의 비극으로 상징되듯 일본에서는 젠더에 관계없이 전쟁 희생자라는 국민적 정체성이 성립되어 있는 가운데 '가해자로서의 여성'이라는 새로운 시각이 들어온 것인 데 반해, 독일에서는 유대인 학살이라는 변명의 여지가 없는 범죄의 가해자로서의 국민적 정체성이, 그것도 젠더에 관계없이 공유되고 있다. 그렇기 때문에 역으로 독일에서는 '가해자'를 젠더화하는 것이 억제되어왔다. 그곳에 젠더의 관점을 들여온 쿤츠는 독일 여성이 나치에 협력한 것을 '여성으로서의 협력'이라고 재구성했던 것이다.

다른 한편 냉전 이후에 통일 독일에서는 새로운 젠더 관점에서 점령하 해방군에 의한 독일 여성 강간이 문제시되고 있다.[37] 이는 쿤츠적인 견해에 대한 반발로 지금까지 금기시되어온 수난자로서의 독일 여성상을 구축한 것이다. 소련 점령지에서의 여성 강간 문제가 지금까지 논해지지 않았던 것은 아니다. 지금까지는 독일의 국민적 수난의 상징이었던 강간이 냉전 이후에 그리고 여성 운동의 배경 아래에서 남성의 여성에 대한 성범죄로 재구축된 것이다. 그 배후에는 러시아라는 야만에 의한 문명의 유린이라는 인종주의적인 담론도 슬그머니 섞여 있다. 그리고 희생자로서의 독일 여성을 구축하는 담론에는 민족적 정체성을 지향하는 욕망도 잠재되어 있다.[38]

일본과 마찬가지로 독일의 경우도 '반성'을 위한 재료는 부족하지 않은 듯하다. 하지만 양쪽 모두 젠더사가 일국사national history의 틀 속에 수렴되는 한 국가 범죄에 여성도 가담했다고 보는 구도를 벗어나지 못한다. 어디까지나 여성은 국가에 종속된다. 그리고 마루야마 마사오 식으로 이야기하자면 '이류 국민'인 여성은 전쟁범죄자로서도 '이류 범죄자'가 되는 것이다.

와카쿠와 미도리는 전시의 일본 여성을 "전쟁의 치어리더"라고 했다. 그렇다면 연합국인 미국이나 영국에서 마찬가지로 '전쟁의 치어리더'였던 여성들이 자신들의 전쟁 협력을 반성하는 일은 없는 것인가. 여성의 국민화는 어느 나라에서건 놀라울 만큼 비슷한 과정을 거쳤다. 반성사가 국민사를 초월하지 못하는 한 전승국의 전쟁 책임과 그에 대한 여성 협력을 문제시하는 물음은 생기지 않는다. 파시즘 국가는 전쟁에 대해 반성해야 하지만 자유와 민주주의를 위한 '정의'의 전쟁을 한 연합국은 반성할 필요가 없는 것일까? 패전국의 전쟁범죄는 재판되고, 전승국의 전쟁범죄는 끝내 재판되지 않으며 반성의 대상도 되지 않는 것일까?

전승국인 미국은 자유와 민주주의를 '자기편 미국인'에 의한 세계 지배 도구로 사용해 점령 정책을 위해 전쟁 책임자였던 천황을 면책했으며, 731부대의 생체 실험 결과를 독점하고 히로시마와 나가사키에 대한 원폭 투하를 정당화했다. 반성사는 젠더라는 영역 횡단적인 변수를 들고 와 비교사를 가능하게 한다. 만약 전승국의 전쟁범죄를 물을 수 없다면 반성사는 단지 매저키즘으로 끝나버리게 된다. 그렇지 않으면 국민에 종속되는 여성 시민은 각자의 남성의 등 뒤로 돌아가 '조국을 위해 서로 잘 싸웠다'고 – 노르망디 상륙 작전 50주년 기념식에서 미테랑 프랑스 대통령과 콜 독일 수상처럼 – 성원을 주고받게 되는 것일까.

누가 무엇을 반성 대상으로 할 것인가라는 범위 설정 방식에 따라 반성사의 한계가 정해진다. 반성사가 젠더를 변수로 내세운 것은 국민사를 초월하기 위한 것일 뿐이다.


## 8. 국민국가를 초월하여

방법의 문제에다 주체를 둘러싼 물음도 덧붙여두자.

역사라는 것을 누가 이야기하는가? 그것은 누구를 향해 이야기되는 가? 이야기하는 사람인 '나'와 '우리'란 누구인가? 역사에 책임이 따른다고 할 때 그 책임의 주체는 누구인가?

'새로운 역사 교과서를 만드는 모임'의 주장 중에 국민적 자존심의 회복, "자존심을 가질 수 있는 역사를"이라는 것이 있다. 정사를 갈구하는 욕망은 국민 사이에 집단적 정체성을 내세우고자 하는 욕망과 같은 것이다. 그곳에는 국민국가와 자기의 동일시, '국민의 한 사람으로서 나'와 '우리'라는 유혹과 강제가 있다. 여기에는 '가해 국민의 한 사람으로서의 나' 또한 포함된다. 하지만 그것 역시 국민국가와 자신의 동일시에 근거하고 있다. 그리고 국민국가와 개인 사이의 이런 동일시를 우리들은 내셔널리즘이라고 부른다.

네이션nation의 어원은 '태어남'을 의미하는 'natio'다. 내셔널리즘은 '민족주의'라고도 번역되고 '국가주의'라고도 번역된다. 또 하나 '국민주의'라고도 하지만 적어도 국민주권 정치체제 아래에서 국민주의와 국가주의의 거리는 멀지 않다. 국가가 성립하기 이전에 내셔널리즘은 '민족주의'로 번역되었고 국가가 성립한 이후 내셔널리즘은 '국가주의'로 번역되기 시작했는데, 유럽어로는 같은 말이다.

그 밖에 패트리어티즘patriotism이라는 말이 '애국심'이라든가 '애국주의'로 번역되고 있는데, 이는 잘못된 것으로 본래 이 말에 '국가주의'라는 뜻은 없다. 'patri'는 원래 '향토'나 '태어난 고향'이라는 뜻이며, 패트리어티즘은 '향토애'라는 의미에 불과하다.[39] 애국심이 향토애의 동심원적인 연장선에 있다고 여기는 것은 '향토'를 '국가'에 연속시키고자 하는 욕망-더욱 직접적으로 이야기하면 '음모'-의 결과일 뿐이다. 인위적으로 만들어진 '국가'-국가는 모두 인위적으로 만들어진 것이지만-와 '향토' 사이에는 단절이 있다. 예를 들면 이탈리아인의 패트리어티즘은 순전히 '지역애'이며 애국주의와는 아무런 관계도 없다. 그들에게 국민 의식이 있는지조차 의심스럽다. 그렇기 때문에 패트리어티즘의 회로를 내셔널리즘으로 연결시키기 위해 국가는 갖은 수단으로 기를 쓰고 있는 것이다.

같은 내셔널리즘인데도 민족주의는 올바르고 국가주의는 잘못된 것인가. 또는 국민주의라면 용서되는 것인가. 강자의 내셔널리즘은 악이지만 약자의 내셔널리즘은 정의인가. 제국주의 국가의 내셔널리즘은 억압적이지만 독립을 요구하는 민족 투쟁의 내셔널리즘은 올바른 것인가. 내셔널리즘은 국가가 건설되기까지는 해방적이지만 건국 후에는 억압적으로 변하는 것인가. 내셔널리즘은 어디까지가 건전하며 언제부터 악으로 전화하는가.

동서 독일의 통합에 즈음해 '우리는 하나의 민족이다Wir sind ein Volk'라는 구호가 국민 통합 기치로 강력한 역할을 했다. 민족과 국민을 어떻게 구별할 것인가는 어려운 문제다. 오히려 앤더슨이 말하는 것처럼 국민국가 그 자체가 '민족'이라는 '상상의 공동체'에 의거하고 있다.

국민국가는 서로 아주 비슷하다. 왜냐하면 국민국가는 그것이 구축되는 과정에서 동시대에 이미 존재하고 있는 다른 국민국가를 흉내 내 자기를 형성하기 때문이다.[40] 그렇다면 '약자의 내셔널리즘' 속에도 국민국가 형성을 향한 욕망이 숨어 있다. '민족 = 국민적 주체' 형성으로의, 집단적 동일성으로의 욕망이라고 바꿔 말해도 좋다.

가토 노리요加藤典洋와 다카하시 데쓰야高橋哲哉가 이른바 '역사 주체' 논쟁에서 다투고 있는 것도 같은 문제다. 가토는 『패전후론敗戰後論』에서 개인적인 주체와 국민적인 주체를 조심성 없이 동일시하지 않는다. 그는 집단적 주체와 개인적 주체 사이에 공공성이라는 다리를 걸쳐야 한다고 악전고투한다. 하지만 그가 '우리'라는 주어를, 그것도 조심성 없이 사용할 경우 '우리'란 누구인가? 기시다 히데岸田秀의 통속 프로이트 이론적인 '일본인론'을 차용해 가토가 "우리 '전후 일본인'의 인격 분열"[41]이라고 할 경우, 언제부터 '일본인'은 단일 인격을 상정할 수 있는 집단적 주체가 되었는가, 누가 어떤 자격으로 그것을 전제할 수 있는가 하는 의문을 억누를 수 없다.[42]

뒤엉킨 가토의 논의에 비하면 시민사회론자인 하시즈메 다이사부로橋爪大三郎의 계몽은 지나치게 명쾌하다. 그는 전쟁 책임 문제가 '대일본제국'과 '일본국'의 연속성 문제라고 한다. 일본국 헌법이 대일본제국 헌법을 개정하는 형태를 취한 이상 일본국에 법적 주체로서 연속성이 있는 것은 분명하다. 기업을 흡수 합병할 경우에도 그 이전의 기업 부채를 떠맡지 않으면 안 되는 것처럼 '일본국'은 대일본제국이 식민지를 잃은 후의 영토와 채무를 떠맡고 있다. 법리적으로 일본국은 대일본제국이 범한 범죄 책임을 지는 것이 올바르다. 나아가 주권자로서의 국민은 '국민으로서' 책임을 지는 것이 타당하다는 결론이 나온다.

하지만 같은 이론에서 다음과 같은 결론 또한 이끌어낼 수 있다.

나 또는 네가 쇼와(昭和, 1926~1988) 10년대 일본에 살고 있는데, 어느 날 징집되었다고 하자. 그것은 국가의 합법적인 절차에 따른 것으로 헌법이 정하는 국민의 의무이기도 하다. 그렇다면 징집에 응해 전장에 나가는 것은 결단코 올바른 것이다.[43]

가토의 일본의 300만 전사자에 대한 애도가 무의미한 전쟁임을 알면서도 여전히 전장으로 나간 병사들의 주체성에 대한 굴절된 공감에 근거하고 있다면, 하시메의 시민사회론은 논리 게임으로서 어떤 그늘도 없이 명쾌하다. 하지만 하시즈메는 여기에서 국민국가가 국민에 대해 죽음을 요구할 수 있을 정도로 배타적인 초월성을 지닌다는 것 - 그런 집단적 동일시에의 강제 - 에 대한 의심 또한 속 시원하게 씻어버리고 있다.

다카하시 데쓰야는 "일본인"으로서 "책임을 진다"고 한다.[44] 그가 말하는 "일본인"이 국민국가라는 정치 공동체에 속하는 일원이고, 그 일원으로서의 책임이라는 뜻이라면, 하시즈메의 시민사회론과 다카하시의 견해 사이에는 그다지 거리가 없는 셈이 된다. 하지만 다카하시의 발상은 하시즈메보다 훨씬 초월적인 윤리의 관점에서 비롯되었다. 설사 피해자가 존재하지 않는다 해도(또는 고발하지 않는다 해도) 범죄는 범죄라는 것이다. 그가 문제 삼고 있는 것은 제국주의 국가의 '원죄'다. 그런 생각에서 그는 제국주의자의 내셔널리즘과 피억압 민족의 내셔널리즘을 구별해 후자를 옹호한다고 밝혔다.

나는 피억압 민족의 내셔널리즘은 올바르다고 잘라 말하지 못하겠다. 예를 들면 독립 운동이 내포하는 반체제적인 테러리즘이나 영웅주의 또한 그 속에 있는 성차별 구조로 인해 페미니즘의 비판 대상이 되어왔다. 또는 민족 해방 투쟁 가운데 꽤 모범적이라고 여겨진 비폭력 불복종 운동을 이끌었던 마하트마 간디 역시 '여성다움'을 자원으로 교묘하게 동원하는 등의 성차별성 때문에 탈식민주의에서 비판의 대상이 되고 있다.[45] 우리는 민족주의 안에서 자신과 민족을 동일시해 '우리'와 '그들'을 만들어내고 있지만, 이 집단적 동일시는 강자의 민족주의이든 약자의 민족주의이든 우리를 함정으로 안내한다. 만약 '민족'이라는 개념 구축이 – 문화든 전통이든 마찬가지라고 할 수 있다 – 그 속에 여성이나 다른 소수자에 대한 억압을 포함하고 있다면 그것을 받아들일 수 없다. 이것은 운동론적인 우선순위의 문제가 아니다. 만약 그렇다면 우리는 이미 사회주의 부인 해방론에서 노동자 계급 해방이 여성 해방에 우선한다는 논리에 충분히 착취당해오지 않았는가? 그것이 '국가'나 '민족'으로 바뀐다고 해서 무엇이 다르겠는가.[46]

문제를 '위안부'로 바꿔보자.

김깁슨은 한국계 미국인으로서 '나눔의 집'을 방문해 할머니들에게 감정적으로 강하게 동일화한다. 김깁슨에 따르면 어떤 객관적이고 중립적인 다큐멘터리도, 따라서 역사도 있을 수 없다. 오히려 그녀가 역사학회장에 섰던 것은 정통적인 역사학자로서가 아니라 '나는 역사학자와 같은 이야기 방식을 그만두었다'고 선언하기 위해서였다. 그녀는 연설에서 "할머니들과 함께 나는 분노했으며, 울었다. 그것은 내 육체에 가해진 폭력이다"라고 감동적인 이야기를 했다. 하지만 여기서 구성되는 '우리'는 그녀의 경우 한국인이라는 에스니시티ethnicity의 특권화에 근거하고 있다. 한국계 미국인은 미국인이지 한국인이 아니다. 그럼에도 불구하고 그녀는 한국인으로서 할머니들과 동일시한다. 김깁슨의 이야기를 마주하며 가해 국민에 속하는 일본 여성인 나는 어떻게 반응해야 하는가. '나는 분노했으며, 울었다'라고 이야기하는 것을 막을 것인가. 또는 한국인도 일본인도 아닌, 예를 들면 미국 여성의 경우는 어떨까. 적어도 '위안부' 문제가 이렇게까지 국제적으로 번지게 된 것은 국적을 초월한 많은 여성들이 '이것은 나의 육체에 가해진 폭력'이라고 아픔을 공유했기 때문이 아닌가. 여기에는 '우리'라는 집단적 동일성collective identity은 어떻게 구성되는가 하는 문제가 있다.

1996년 12월에 후지오카 노부가쓰가 소속된 도쿄대학에서 교육학부 학생들을 중심으로 '위안부'의 '증언'을 듣는 행사가 열렸다. 그에 대한 보고 내용이 「'나눔의 집'으로부터 젊은이들에게―한국 '위안부'의 지금」이라는 팸플릿에 정리되어 있다. 여기에 20대 여성의 다음과 같은 감상이 적혀 있다.

> 예전에 우에노 지즈코가 "개인과 국가, 일본 정부를 혼동해서는 안 된다"고 말한 것에 매달려 나는 도망치고 있었다. 우에노는 "갑자기 일본 정부가, 젊은이가 일본 정부를 짊어지고 소리 내 울며 '위안부' 문제를 사죄하기 시작한 것은 무서운 내셔널리즘"이라고 말했다. 〔즉〕 일본 정부가 했던 일을 인식하고 자각하는 데 국가와 개인을 혼동하지 않도록 주의하라고 한 것이었다. (…) 나는 거기서 그렇구나, 묘하게 겸손한 태도를 지어도 어쩔 수 없는 일이구나 (…) 하고 정리해버렸다. 건드리고 싶지 않았다. 단지 도망치는 것이었다. 역사를 배우고 자기 나름대로 활동을 시작해야 한다는 것을 아프게 느꼈다.

이런 감상을 만나게 되면 개인과 국가를 동일시하지 말라는 주장이 가해 국민의 책임을 면죄하는 논리가 될 수 있다는 것을 증명한다고 생각하는 사람이 있을지 모르겠다.

20대 여성이 위의 감상에서 소개하고 있는 사례란 다음과 같은 것이다. 일본의 젊은이들이 한국을 방문해, 전시에 강제 연행된 남성 및 '위안부'를 강요당한 여성의 경험을 듣는 행사가 있었다. 나는 그 방송을 텔레비전으로 보았는데, 행사장에서 체격이 건장한 한 일본 젊은이가 갑자기 일어나 "그런 일이 있었는지 몰랐습니다. 용서해주십시오" 하더니 소리 내 울어버렸다. 분명히 '순수한 선의'에서 나온 것이 틀림없을 이 젊은이의 단순한 반응은 '감동적인 에피소드'일 수도 있다. 그러나 나는 국가와 자신을 이렇게까지 간단히 동일시하는 그의 단순함에서 공포를 느꼈다. 국가와 동일시하는 것 이외에 그가 느낀 아픔을 표현할 수 있는 다른 방법을 찾아낼 필요가 있다.

또 하나의 에피소드를 소개하겠다. 어떤 사회 교사가 '위안부' 문제를 학급 토론에 올렸을 때 반 전체 학생에게 같은 반 친구인 재일 한국인 여학생에 대해 '너희들 여기서 그녀에게 사과하라'고 요구했다고 한다. 그것을 당사자인 재일 한국인 여학생은 이것을 곤혹스러운 체험으로 이야기한다. '그런 문제가 아니라고 생각하는데.' 이것이 그녀의 솔직한 반응이다. 이 교사가 '양심적인 교사'임은 의심할 바 없다. 그렇지만 이것들은 개인과 국민국가를 동일시하는 데 존재하는 함정을 잘 보여주는 예시다.


## 9. 페미니즘은 민족주의를 초월할 수 있을까

1995년 베이징 여성회의에서 재일 한국인 여성인 김부자 등과 나는 '위안부' 문제를 둘러싼 워크숍을 조직했다.[47] 그곳에서 나는 '위안부' 문제가 한일 양국 간에 국익을 거래하는 도구로 이용되고 있는 것은 아닌가 하는 우려에서 한일 양국 페미니즘은 국경을 초월해야 한다고 발언했는데, 그에 대해 굉장히 강한 반발이 일어났다. 김부자의 문장을 인용해보자.

〔우에노의 연설에서 이야기된〕 페미니즘은 내셔널리즘을 초월할 수 있을 것인가를 둘러싸고 (…) 회의장에 있던 여성 가운데 한 한국계 미국인은 다음과 같이 반론했다. "우리 국경은 당신 나라 군대에 의해 침략당했다. 그렇게 간단하게 국경을 잊으라고 말할 수 없을 것이다. 페미니즘이 내셔널리즘과 관계가 없다고 하는 것은 구미 페미니즘이 갖고 있는 자민족 중심주의적인 사고방식과 같은 것이 아닌가. (…) 내셔널리즘은 아시아 페미니즘에서 중대한 문제다."[48]

여기서 김부자의 논점은 일본인 페미니스트가 침략당한 나라 여성들을 포함한 여성들에게 페미니즘이 국경을 초월할 것을 요구하는 것은 일본 및 일본인의 가해 사실을 무마해버리는 게 될 수 있다는 지적이다. 이 책의 제1부 1장에서 내가 논한 것처럼 일본 페미니즘에 국경을 초월했던 역사는 없다. 그것은 페미니즘이 필연적으로 국가를 초월할 수 없다는 논리로 귀결되는 것일까? 이 책에서 내가 제기한 물음, 그리고 답을 추구해온 물음이 바로 그것이다. 내가 이 책에서 논해온 것은 '이류, 삼류 국민'까지 동원하고자 한 국민화의 함정과 거기에서 도망치는 것의 어려움이었다. 하지만 젠더의 경우와 마찬가지로, '거기서 도망치는 것이 어렵다'는 사실과 '그것이 운명이다'라고 하는 것은 다르다.

만약 페미니즘이 근대의 산물이라고 한다면 페미니즘은 근대의 사정거리를 넘을 수 없으며, 따라서 근대와 운명을 함께하게 될 것이다. 국민국가론의 용어로 말하면 페미니즘은 국민국가의 틀 안에서 형성되어 기껏해야 국민국가 안에서 젠더와 관계없는 '분배 평등'을 요구하는 사상에 지나지 않는 것이 된다(일국 페미니즘!). 근대 페미니즘을 회고적으로 논하는 논조에는 근대 페미니즘을 사전에 시민사회적인 부르주아 페미니즘으로 축소시킨 다음 그 역사적 한계를 지적하는 식의 '눈 가리고 아웅'에 가까운 것도 보인다. 하지만 내가 이 책에서 증명하고자 한 것은 근대 페미니즘의 역설, 즉 페미니즘이 근대의 배리 그 자체이며, 따라서 근대를 물어 찢는 것 외에 활로를 찾아낼 수 없다는 필연이었다.

페미니즘은 국가를 초월한 적이 없었다는 역사에 근거해 페미니즘은 국가를 초월할 수 없다고 선언한다면 우리는 다시 한 번 각자의 국적 아래 분단되어버린다. 이제 더 이상 누구도 "자매 연대의 전지구화Sisterhood is global"[49]라는 낙천적 보편주의 관점에 서는 것이 불가능하지만, 젠더라는 변수를 역사로 들고 온 것은 그 아래에서 계급, 인종, 민족, 국적의 차이를 은폐하기 위해서가 아니라 모든 차이 - 게다가 너무도 자연화되어 있기 때문에 차이라고 인식되지 않는 차이, 말하자면 최종적이며 결정적인 차이 - 를 덧붙이기 위한 것이 아니었던가? 포스트모던 페미니즘에서는 젠더 말고도 인종이나 계급이라는 변수가 덧붙었다고 말하지만, 오히려 인종이나 계급이라는 변수가 젠더라는 변수를 은폐해온 것을 페미니즘은 고발해왔을 것이다.[50] 인종이나 계급이라는 변수는 새롭게 발견된 것이 아니라 젠더 변수를 계기로 더욱 복합적인 범주로서 '재발견'된 것이다.

페미니즘의 목적은 어떤 배타적인 범주를 다른 배타적인 범주로 바꾸는 것이 아니다. 여성이라는 본질주의적 공동성을 내세우는 것도 아니다.

'내'가 '여성'으로 환원되지 않는 것처럼 '나'는 '국민'으로 환원되지 않는다. 그런 범주의 상대화야말로 페미니즘이 의도하는 바다.

국민이라는 집단적 정체성의 배타성을 초월하기 위해 다른 한편으로 불러낸 것이 '세계시민'이나 '개인' 또는 '인간'이라는 추상적이고 보편적인 원리다. 모든 국적을 초월한 코스모폴리탄, 보편적인 세계시민이라는 개념 또한 위험한 유혹으로 가득 차 있다. 그것은 사람들에게 모든 귀속으로부터 자유로운 '개인'에 대한 환상을 갖게 해 마치 역사에서 부담해야 할 짐이 없는 것처럼 행동하게 한다. '국민'도 아니고 '개인'도 아니다. 나를 만들어내고 있는 것은 젠더나 국적, 직업, 지위, 인종, 문화, 에스니시티 등 각양각색으로 존재하는 관계성의 집합이다. 나는 그 어느 것도 피할 수 없지만 그 어느 하나만으로도 환원되지 않는다. 내가 거절하는 것은 단일 범주의 특권화나 본질화다. 그와 같은 '고유한 나' – 결코 보편성으로 환원된 '개인'이 아닌 – 에게 무슨 일이 있어도 받아들여질 수 없는 것이 대표/대변의 논리다.

페미니즘이 국경을 초월하는 방식에는 분명 김부자가 염려하는 것과 같은 제국 페미니즘이라는 보편주의의 강요도 있을지 모른다. 그 점은 충분히 경계할 가치가 있지만, 페미니즘은 국경 안에 머물러 있을 수 없다는 것 역시 진실이다. 페미니즘은 국경을 초월해야 하며 그럴 필요가 있다.

'위안부' 소송에서 개인 보상 논리는 그런 국경을 초월한다는 의미를 갖고 있다. '양국 간 조약으로 전후 보상이 끝났다'는 일본 정부의 주장에 항의해 개인이 국가를 상대로 그 책임을 묻는 것은 나의 이해가 국가에 의해서 대변되지 않으며, 나의 신체나 권리가 국가에 속하지 않는다는 것을 의미한다. '위안부'의 싸움, 즉 나의 존엄을 회복하고 싶다는 생각은 일본이라는 국가에 대치하는 것뿐 아니라 한국이라는 국가에 대해서도 권리의 대표/대변을 거부하는 성격을 띠고 있다.

만약 국가가 '나'를 범하고자 한다면? 나는 그것을 거부할 권리도 자격도 있다. 나의 책임이란 국가에 대한 대치와 상대화에서 생겨난다. 그것은 '국민으로서' 책임을 지는 것과는 다른 것이다.

'나'의 신체와 권리는 국가에 속하지 않는다. 그렇다, 여성은 – 그리고 남성도 – 말할 수 있다. '위안부' 문제가 여성의 인권 침해 담론으로 구성된다면 병사로서 국가를 위해 살인자가 된 것 또한 남성의 인권 침해라고 입론하는 것도 가능하다. 인권론은 거기까지 사정射程 범위를 갖고 있을 것이다. '위안부' 문제가 들이민 물음은 단지 전쟁범죄가 아니다. 전쟁이 범죄인 것이다.

국민국가를 초월하는 사상은 필연적으로 이런 결론으로 우리를 인도한다. 여성이라는 위치는 '여성 국민'이라는 배리를 나타냄으로써 국민국가의 균열을 노골화했지만, 그를 위해 '여성＝평화주의자'라는 본질주의적인 전제를 받아들일 필요는 없다. 국민국가도 여성도 함께 탈자연화·탈본질화하는 것. 그것이 국민국가를 젠더화한 다음 그것을 탈구축하는 젠더사의 도달점인 것이다.

# 초판 후기

　이 책은 언뜻 과거의 일을 다루고 있는 것처럼 보일지도 모른다. 하지만 나는 무엇보다도 실제적인(현재적인) 문제를 논했다고 생각한다. 왜냐하면 과거의 구축이란 언제나 현재의 문제이며, 포스트 냉전 시대인 오늘날만큼 역사의 재심이 문제가 되었던 시기는 없었기 때문이다.

　본문에서의 논점은 의도한 바를 모두 나타냈다고 생각하지만 그래도 여전히 비판이나 의문을 받을 것을 예상해 미리 답해두고 싶다. 그것은 현실 속에서 사죄와 보상을 요구하는 '위안부' 생존자들의 질문에 – 그뿐 아니라 산적한 전후 보상 문제에 대해 – 어떻게 답할 것인가에 관해서다. 무엇보다 이 책은 운동론을 논한 것이 아니다. 하지만 반대로 운동하는 사람들은 '위안부' 현실이 이러저러한 사변 대상이나 해석 도구가 되는 것에 대해 거부감을 보이고 있다. 오늘날 피해자 보상 움직임은 1995년 일본 정부가 창설한 '여성을 위한 아시아 평화 국민기금', 통칭 '국민기금'의 설립으로 암초에 부딪혀 그것을 대신할 수 있는 유효한 타개책을 발견하지 못하고 있다. 그런 상황을 포함해 나 자신의 견해를 표명해둘 필요가 있을 것이다.

첫째, 나는 현실에 존재하는 일본이라는 국민국가의 구성원으로서 정치적으로 '전후보상특별입법'을 제정할 필요가 있다고 생각한다. 이러 저러한 법 해석이나 전후 양국 간 평화조약 등의 제약을 넘어, 반세기 동 안 시종일관 전후 보상을 경시해온 과거에 대한 반성을 포함해 특별 입법 에 의한 규칙 변경을 추구하는 것은 가능하다. 거기에는 당연히 개인 보상 논리가 들어가야 한다. 이런 입장이 현재 정치적으로 소수파일지언정 그 런 목표를 내거는 것은 의미가 있다. 또한 일본인 가운데 전후에 태어난 사 람이 인구의 3분의 2를 차지하고 있는 오늘날에도, 아니 그렇기 때문에 더 욱 '일본은 사죄하고 보상해야 한다'는 생각을 가진 사람들이 한편에서 늘 어가고 있다. 전후에 태어난 사람들의 과제는 '세대를 이어 체험을 이야기 하는 것'에서 '과거를 어떻게 계속해서 재구성해갈 것인가'로 변하고 있다. 우리의 담론 투쟁은 그런 관점에 공감하는 사람들을 끌어모으기 위해 이 루어지고 있다. 그리고 우리는 현재 '위안부'를 둘러싼 패러다임에 전환이 일어났으며, 그 주역의 대부분이 한일 양국에서 전후에 태어난 사람들이 라는 것을 알고 있다.

하시즈메 다이사부로가 지적하듯이 전후 일본의 헌법은 대일본제국 헌법을 개정하는 형태로 제정되었다. 우리는 구 정권을 부정하면서, 혹은 타도한 혁명 정부 아래에서 살고 있는 것이 아니다. 그렇다면 국민국가라 는 법인격 동일성을 계승하는 일, 즉 대일본제국의 채권과 채무를 일본국 이 계승해 책임질 필요가 있다는 것은 자명하다. 이 점에서 나는 '근대 합 리주의자' 하시즈메의 의견에 전적으로 동의한다.

그런 정치적 선택은 대의제 민주주의에서 정책적으로 지지할 수 있는 정당이나 개인에 대해 선거장에서 '국민으로서' 투표권을 행사하면 끝나는 것일까? 하지만 문제는 여기서 끝나지 않는다.

둘째, '시민으로서' 책임이 있다. 국가와 국민은 서로 다르며 정부와 시민도 다르다. 정부가 '국가로서 사죄하고 보상한다'는 것을 '국민=투표자'로서 정책 결정자들에게 위탁하면 그것으로 끝나는 것인가. 여기에는 대의제 민주주의의 한계와 대표/대변의 논리가 있다. 이에 대해 직접 민주주의와 직접 행동의 논리를 대치시킨 것이 NGO였다. NGO는 'Non-governmental Organization', 즉 비정부기구다. NGO는 정부를 대변하는 조직도 아니며 정부에 의해 대변되는 일도 없다. 예를 들면 정부가 핵실험을 지지한다 해도 이에 반대하는 행동을 일으킬 수 있는 것이 NGO다. 또한 그렇게 하는 것이 시민의 의무이기도 하다. '위안부' 문제에 관해 소송을 지지하는 지원 단체가 즉각 생겨난 것, 그리고 많은 민간 시민 단체가 전 '위안부'의 증언을 듣고 각지에서 전후 보상을 생각하는 행사를 개최해온 것이 그런 일에 해당한다. 각지 현縣 의회나 시정촌市町村 의회가 일본군 '위안부'에 대한 기술을 역사 교과서에서 삭제하라고 요청하는 것에 대해 그것을 저지하거나 취소시킨 시민 활동도 그런 행동 가운데 하나다.

하지만 정책 결정에서의 대표 논리와 법적 투쟁에는 기존의 정치적 절차를 따라야만 하는 한계가 있다. 법적 투쟁은 의미 있는 투쟁이지만 동시에 한계가 있는 투쟁이기도 하다.

그런 시민적인 움직임의 하나로 생존자의 생활 지원을 위한 모금 운동을 생각할 수 있다. 하지만 국민기금은 이 문제에 풀리지 않는 매듭을 가져왔다. 국민기금은 NGO와는 전혀 다르다. 정부가 창설해 정부의 관리 아래 있는, 문자 그대로 국민의 기금이지 시민의 기금이 아니다. 일본 정부는 한편으로는 개인 보상을 할 수 없다는 주장을 되풀이하면서 다른 한편으로는 정부의 이름 아래 이루어지는 '속죄금' 등 이중의 논리를 사용해왔다. 이에 대해서는 이미 많은 비판이 있다.

첫째, 국민기금의 공적 성격이 애매하기 때문에 책임 주체가 명확하지 않다는 것. 둘째, 따라서 국민기금이 국가 보상을 하지 않기 위한 구실로 쓰일 우려가 크다는 것, 셋째, '국민 전체의 책임'이라는 말에서 다시 한번 '1억 인 총참회'라는 무책임 체제가 재생산되는 것 등이다. 무엇보다도 국민기금은 생존자와 지원 단체의 반대를 무릅쓰고 출발했다. 많은 생존자가 "도리에 어긋나는 돈은 받을 수 없다" "요구하는 것은 돈이 아니다"라고 표명하고 있음에도 불구하고 당사자의 동의도 없이 발족했다.[1] 게다가 그들의 염려는 국민기금이 출발하자마자 바로 현실의 문제로 나타났다. 하나는 반대파에게 '돈을 탐낸 운동'이라는 비난의 구실을 제공한 것, 또 다른 하나는 수급 시비를 둘러싸고 생존자들 사이에서 그리고 지원자들 사이에서도 분열이 생겨난 것이다. 국민기금은 후미에(개정증보판 서문의 각주 참조) 역할을 해 그 분열은 깊은 트라우마를 만들고 당사자들의 관계를 손상시키기에 이르렀다.

1997년 봄에 국민기금에서 '속죄금'을 받은 생존자는 7명이며, 그 후 1998년 초에는 50명이 받았다고 보고되었다. 수급이 비밀리에 이루어져 생존자들과 지원자들 사이에 생겨난 균열에 국민기금 제창자나 이사들까지 우려를 표명했다. 하지만 처음부터 단추를 잘못 끼우는 원인을 만든 것은 국민기금 측이었다. 국민기금이 발족한 지 벌써 2년 반이다. 정치가 의도의 논리가 아니라 결과의 논리로 판가름된다면, 비록 어떤 선의에서 출발했을지라도 제창자와 국민기금의 이사들은 오늘날의 정치적 교착 상황과 일본 정부에 대한 불신을 심화시킨 것에 대해 책임이 있다. 미키 무츠코三木睦子는 잠간 제창자라는 위치에 있었으나 국민기금에 대해 비판하며 사임했다. 국민기금은 출발 시점에서는 예측할 수 없었던 정치적 곤란을 불러일으켰다. 이에 대해 책임을 지고 이사를 사임하는 사람들이 생겨도 전혀 이상하지 않을 것이다.

불가사의하게도 국민기금을 적극적으로 지지하는 사람들 속에는 전후 자유주의 지식인들의 이름이 끼어 있다. 그들이 지지하게 된 동기는 첫째, 현재 정치 상황에서는 '위안부'의 개인 보상 요구는 백 퍼센트 불가능하다는 정치적 현실주의, 둘째, 희생자에 대한 – 분명히 '순수한' – 동정과 성의다. 모금이 왜 나쁘냐고 하는 소리는 많이 들린다. 하지만 그들은 왜 정부 제창에 응하는 대신 시민의 이름으로 NGO 모금 활동을 시작하려 하지 않는 것일까?

사실 나 자신도 모금 자체가 나쁘다고 생각하지는 않는다. 문제는 그것이 NGO가 아닌 정부의 손으로 이루어지고 있는 점이다. 국민기금이 발족하기에 앞서 나는 수년 전부터 뜻을 같이하는 몇 사람들과 협의해 은밀히 생존자들의 생활을 지원하기 위한 모금 활동을 NGO로서 조직하는 준비를 진행했다. 너무도 많은 곤란과 장애 때문에 이 아이디어는 끝내 실현되지 못했는데, 그를 위한 준비와 국민기금 발표가 우연히 시기가 겹쳤기 때문에 일부 사람들로부터 내가 '정부 뜻을 체현하려는 것'이라는 심각한 오해를 받기도 했다.

하지만 모금 운동 아이디어 자체는 지원 운동 초기부터 있었다. 현재도 국민기금에 대항해 가와다 후미코를 대표로 하는 NGO인 '전후 보상 실현 시민기금'이 있다. 한국 내에서는 정대협이 독자적으로 모금 활동을 하고 있으며 한국 정부도 생존자의 생활 지원금을 지급하고 있다. 모금 운동이 운동의 중심 과제가 되지 않았던 이유 중에는 모금 운동이 그에 응하는 일본 시민들에게 돈으로 속죄하는 면죄부 역할을 하지는 않을까 하는 염려가 있었을 것이다. '돈만 내면' 된다는 국내 풍조를 조장해 국가의 보상을 요구하는 운동에 찬물을 끼얹는 것은 아닐까 하는 우려에서 모금은 운동 속에서 사용해서는 안 되는 금기가 되는 경향이 있다. 한국 지원 단체 쪽에서도 생활 지원은 자신들 손으로 해야 한다는 의향이었다. 그 대신 국가 보상을 요구하는 정치 과제가 어디까지나 중심이 되었다.

　NGO 모금은 생활 지원을 위한 것일 뿐 사죄나 보상의 성격을 띠지 않는다. 시민은 국가가 저지른 범죄에 대한 사죄나 보상의 책임 주체가 될 수 없기 때문이다. 국가의 책임은 국가가 질 수밖에 없다. 그렇기 때문에 시민에게는 시민으로서 연대와 공감을 표현하는 방식이 있다. 우리는 그렇게 생각했다. 국민기금에 반대하는 견해를 이야기하는 것은 좋다. 하지만 그것을 대체할 만한 시민운동을 유효하게 조직하지 못하는 것은 우리가 무력하다는 증거다. '위안부'였던 사람들을 위해 무엇인가 하고 싶다, 하지만 방법을 찾을 수 없다는 생각이 시민들 사이에 쌓여가는 것을 나는 피부로 느끼고 있지만, 국민기금은 그런 사람들의 생각에 대해서조차 출구를 막아버렸다.

　셋째, 고유한 '나의' 책임이 있다. 나에게 젠더 이론은 직업이며 사명이다. '위안부' 문제는 나 자신의 젠더 이론이 시험되는 가장 절실한 전장 중 하나가 되었다. 바꿔 말하면 나는 전 '위안부' 생존자들이 던진 물음을 나 자신의 위치에 대한 물음으로 받아들였다. 친구인 재일 한국인 여성은 다음과 같이 잘라 말한다. "'위안부' 문제는 일본인 문제니까 일본인이 생각하게 하라." 나는 이에 전적으로 동의한다. 1991년 김학순 씨가 나서서 '위안부' 문제를 고발했을 때 나는 독일에 머물고 있었다. 전후 처리를 둘러싸고 독일과 일본 사이의 차이에 대한 심각한 물음을 품은 지 7년. 이 책은 부족하지만 나 자신이 그 물음에 답하고자 시도한 결과다.

제1부 1장과 2장은 과학연구비 종합 프로젝트 '전시 동원과 구조 변동'(대표 야마노우치 야스시)의 제2회 국제 심포지엄인 '전시 동원 체제와 여성'(1996년 7월 19일, 도쿄외국어대학)에서 한 구두 발표를 기초로 가필 수정한 것이다. 당일 심포지엄을 조직한 야마노우치, 나리타 류이치, 나카노 도시오中野敏男에게 감사한다. 당일 발표자는 나와 우테 후레베르트, 토론을 맡아준 이는 니시카와 유코西川祐子, 히메오카 도시코 등이다.

3장은 1997년 4월 29일 아시아여성회의네트워크에서 주최한 '젠더 관점에서 본 일본의 현재'(분쿄 구文京區 여성센터)에서 한 강연을 토대로 가필 수정했다. 미국에서 귀국한 직후였던 나에게 귀중한 발언 기회를 주신 후나하시 쿠니코舟橋邦子, 다테 가오루에게 감사한다. 토론자로서 동석해준 이는 김부자, 한명숙이다. 일본 전쟁 책임 자료 센터에서 주최한 심포지엄 "내셔널리즘과 '종군 위안부' 문제"(같은 해 9월 28일, 스루가다이 회관)는 한층 더 논점을 검토할 기회를 제공해주었다. 사무국의 요시무라 마리코吉村眞理子가 온힘을 다해준 것에 감사한다. 토론자로서 동석해준 이는 요시미 요시아키, 서경식, 다카하시 데쓰야이고, 진행 책임자로 수고해준 이는 김부자, 니시노 루미코다.

도쿄대학 사회과학연구소가 주최한 심포지엄에서는 국민기금 제창자의 한 사람인 와다 하루키和田春樹, 독일 여성학 연구자 일제 렌츠Ilse Lenz가 발표의 토론을 맡았다. 진행 책임자를 맡아준 이는 오사와 마리大澤眞理였다.

내가 제기한 역사학 방법론에 대해 질문을 받고 역사학자들과 몇 차례 대화를 가졌다. 리츠메이칸대학立命館大 국제언어문화연구소가 주최한 '역사는 어떻게 이야기되는가'에서 나와 함께 나리타 류이치, 가사다 교시笠田恭史가 발표를 했으며 이와사키 이노루岩崎稔, 와타나베 고조渡辺公三가 토론을 맡았다. 심포지엄을 조직한 니시카와 나가오에게 감사한다. 종합여성사연구회는 교토대학 회관에서 '여성사 방법론을 둘러싸고'라는 연구회를 개최해 나를 발표자로 불러주었다. 기획을 맡아주고 당일 사회까지 담당해준 이는 니시카와 유코다. 와키타 하루코脇田晴子, 나카야 후미中谷文美, 후루쿠보 사쿠라는 토론자로서 신선한 발언을 해주었다.

1997년 3월 14일에 시카고에서 개최된 아시아학회에서 '내셔널리즘과 여성'이라는 토론회를 갖게 되어 미국 연구자의 반응을 접할 수 있게 되었다. 나와 함께 토론을 책임 진행하고, 당일 사회를 담당한 사람은 이케다 게이코池田啓子다. 니시카와 유코, 오기노 미호荻野美穗, 베스 카초프는 이를 위해 일본에서 일부러 참가해 발표를 맡아주었다. 클라우디아 쿤츠는 자극적인 토론자 역할을 해주었다. 쿤츠를 토론자로 초청하는 일을 중개해주고 그가 아시아학회에 참가할 수 있도록 음으로 양으로 애써주신 분은 아시아학회 현 회장 캐롤 그래크다.

같은 해 3월 24일에 컬럼비아대학 동아시아학부에서 같은 발표자를 초청해 심포지엄을 열었다. 그때 자극적인 토론자로서 기대에 어긋나지 않는 논의를 펴준 이는 아티나 그로스맨Atina Grossmann이다.

또한 다음 분들은 공개 강연 형태로 관련 내용을 발표할 수 있는 기회를 주었거나 함께 논의에 참가해주었다. 미요시 마사오, 후지타니 다카시, 요네아마 리사, 문승숙, 리차드 나카다, 돈 로뎅, 드로시 코, 보니 스미스, 최경희에게 지면을 통해 감사드린다.

첫 논문 게재지인《현대사상》편집부의 이케카미 요시히코池上善彦 및 《임팩션》편집부의 후카다 다카시深田卓에게도 발표할 기회를 준 데 감사한다. 특히《현대사상》편집부는 140매에 달하는 원고를 한꺼번에 게재하는 과감한 결단을 내려주었다.

논문이 처음 발표된 후 많은 분들로부터 찬반양론 등 여러 가지 반향이 있었는데, 그런 반응은 본문에 넣었다. 그 과정에서 특히 다음 분들과의 토론에서 나는 많은 부분 힘입었다. 컬럼비아대학 버나드칼리지 1996년도 가을 학기에 내가 담당한 과목인 '일본의 페미니즘 사상'의 수강생들, 1997년도 도쿄대학 문학부 우에노 세미나 및 학부 특강 '내셔널리즘과 여성' 코스의 수강생들에게 감사한다.

세이도샤의 쓰다 신고津田新吾는 논문이 처음 나왔을 때부터 단행본으로 내는 작업에 열의를 보여준 데다 최초의 독자로서 타협하지 않고 적절한 충고를 덧붙여주었을 뿐 아니라 끈기 있게 나의 작업을 재촉해주었다. 그의 뜨거운 종용과 진력이 없었더라면 이 책은 세상에 나올 수 없었을 것이다. 작년에 나올 예정이었던 이 책이 해를 넘긴 것은 오로지 나의 책임이다. 마음 깊은 곳에서 사죄와 감사의 말씀을 올리고 싶다.

1998년 1월
우에노 지즈코

제2부

# 전쟁의 기억과 망각

# 1장  국가를 버리다

올해(2004년) 8월 31일자*《조선일보》는 한국의 일본군 '위안부' 피해자를 포함한 전쟁 피해자 300여 명이 "한국 정부의 무관심과 무책임에 항의하여" 국적자가 지니는 모든 권리를 포기한다면서 국적 포기서를 제출한다고 전했다. 이 사람들은 어떤 의미에서 국가로부터 버림받은 사람들이다. 그런 사람들이 이번에는 국가를 버리는 되갚음을 한다. 아, 이런 싸움을 할 수도 있구나! 나는 마음속 깊이 놀랐다.

"한국 정부의 무관심과 무책임에 항의하여"의 배후에는 물론 더욱 질 나쁜 "일본 정부의 무관심과 무책임"이 가로놓여 있다. 일본 정부는 줄곧 "전후 보상은 1965년 한일조약으로 끝났다"라고 주장해왔으며, 한국 정부

---

★    '2003년 8월 1일자'의 오기인 듯싶다.

는 그런 일본 정부의 주장을 따라왔다. '위안부' 소송의 개인 배상 청구는 국가가 나의 권리를 대표하지 않는다는 논리에 근거하고 있다. 국적을 갖지 않는다면 국가와 국가 사이의 약속 같은 건 나와는 상관없는 일이기에 "한일조약으로 해결되었다"는 핑계는 통용되지 않게 된다. 만약 이 사람들이 "한국 정부의 무관심과 무책임에 항의하여" 국적을 포기한다면, 우리 일본 국민 중에서 "일본 정부의 무관심과 무책임"에 항의해, 또는 그런 일본 국민이라는 사실이 부끄러워 국적을 포기하는 이가 나타나도 이상하지 않을 것이다. 이 물음은 내 안에 파문을 불러일으켰다. 국적을 갖는 대가로 우리는 무엇을 얻고 무엇을 잃게 될 것인가?

한국에서는 이전부터 일부 젊은이 중에 징병을 거부하기 위해 국적 포기서를 제출하는 움직임이 있었다고 한다. 그렇군! 병역 같은 고맙지 않은 의무를 반납하는 대신에 국적은 없는 편이 나을지도 모르겠다. 실제로 베트남전쟁 때 탈주병들은 간신히 목숨을 부지해 국외로 탈주한 바 있다.

이번에 국적 포기서를 제출한 태평양전쟁 피해자 중에는 고령자가 많다. 국적을 포기하면 저절로 연금권도 포기하는 것이 되기 때문에 여기에는 상당한 희생이 따른다. 일본군 '위안부'였던 사람들은 정부에서 생활 지원금이 나오지만 그것도 국민이 받는 것이기 때문에 끊길지도 모른다. 이들은 무엇 때문에 그런 희생을 감수하면서 국적 포기를 결의한 것일까?

현실적으로 법률은 무국적자를 인정하지 않기 때문에 국적 포기는 이중국적자에게만 가능하다. 그들이 국적 포기서를 제출해도 법적으로는 받아들여지지 않기 때문에, 이 싸움은 상징적인 것이 될 듯하다. 그런 사실을 알면서도 이들에게 '한국인임을 부정하는' 결의를 하게 한 것이 무엇인지 알고 싶었다.

어느 맑은 가을날 서울에서 자동차로 1시간 반 정도 거리의 교외에 있는 '나눔의 집'을 방문할 기회가 있었다. '나눔의 집'은 일본군 '위안부' 피해자 할머니들이 공동으로 생활하고 있는 복지시설이다. 그곳에 계신 분 중 한 분이 국적 포기서를 제출한 할머니였다. 돌봐드리고 있는 담당자에게 대략의 이야기를 들었지만, 어떻게 해서든 본인에게 직접 어떤 생각으로 그런 결심을 했는지 들어보고 싶었다. 그런데 "평상시에는 별로 증언하지 않지만"이라고 하면서 할머니가 먼저 자신의 이야기를 들어달라고 말했다.

할머니는 "요시코(가명)입니다"라고 하며 이야기를 시작했다. 한글을 일본어로 읽은 이름으로 소개해서 가슴이 뭉클했다.

어떻게 그런 중대한 결심을 하게 되었느냐는 나의 질문에 할머니의 어린 시절부터 길고 긴 생애에 대한 이야기가 시작되었다. 일찍이 고아가 되어 헤아릴 수 없이 고생한 이야기, 의붓아버지에게 속아서 군인에게 끌려간 위안소 생활, 말로 다 할 수 없는 고난과 종전 후의 방랑, 연인의 자살과 아이와의 사별, 과거를 감추고 남의 집에서 가정부 일을 하면서 살아온 긴 세월, 병과 수술.

"나는 고생을 많이 해왔습니다. 이제 남은 것은 죽는 일뿐입니다. 지금까지 일곱 번이나 자살을 하려고 했습니다. 지원이 끊기면 청와대 앞에서 죽으면 그만입니다."

할머니는 가톨릭 신자였다. 그전에는 빠지지 않고 열심히 절에 다녔던 불교 신자였고, 그다음에 다른 신흥종교에 들어갔다가 개종하고 세례를 받아 가톨릭 신자가 되었다. 할머니의 강인함의 배경에는 종교의 힘이 있는 것이 아닐까 하는 생각을 하지 않을 수 없었다. 기독교는 신자들에게 천국의 주인이 될 것이라고 약속하고 있다. 그리고 그것이 그들의 순교를 지탱한다. 어느 나라에서든 억압적인 국가 체제에 가장 잘 저항할 수 있었던 것은 '국가 안의 국가'를 만들어낸 기독교도와 교회였다는 사실을 나는 과거의 역사에서 배웠다. 그 점에서 호국 종교가 되어버린 불교는 그다지 자랑스러운 과거를 갖지 못했다.

"할머니가 한국인이든 아니든 천국의 주인이 될 수 있지요"라고 말하는 나에게 할머니는 "조만간 천국에 가니까요" 하고 답했다. 성당의 신부는 "당신은 한국인이 아니어도 천국에 가지요"라고 빈정거렸다고 한다. 아마도 신부는 민족주의자일 것이다.

자신의 생애를 담담하게 이야기하는 할머니는 온화했고 흔들림이 없었다. 이 세상의 지옥을 겪고 인간의 바닥을 보아온 할머니는 마음을 정한 사람이 지니게 마련인 고요함을 갖고 있었다. "할머니는 어떻게 그렇게 강할 수 있나요?"라고 불현듯 묻는 나에게 다음과 같은 대답이 돌아왔다.

"나는 혼자이고 가족도 없습니다. 잃을 것이 아무것도 없습니다."

"가족이 없는 사람은 많이 있어요. 저도 혼자입니다. 하지만 그렇다고 해서 누구나 할머니처럼 강하지는 못합니다"라고 물고 늘어지는 나에게 할머니는 이렇게 대답했다.

"열네 살 때부터 남의 집에서 남의 눈치를 보며 살아왔어요. 강해지지 않으면 살 수 없었지요."

솔직히 말하면 나는 속으로 '종교의 힘이겠지요'라는 답변을 기대하고 있었다. 하지만 원인과 결과가 달랐다는 사실을 깨달았다. 종교가 있었기 때문에 강해진 것이 아니다. 여기까지 살아내는 힘이 할머니에게 있었기 때문에 종교를 선택한 것이다. 이렇게 생각하면 할머니는 하느님이나 부처님조차도 자신의 의지로 재차 선택해온 사람이다. 할머니는 자신의 뜻과 맞지 않는 신들을 버리면서 살아왔던 것이다.

좀 더 정확하게 이야기하자면 신들에게도 버림받은 것과 다를 바 없는 삶에서 할머니는 자신을 버린 신을 버렸다. 할머니는 단호하고 능동적인 삶을 살아왔다. 신을 버린 사람이 나라를 버리는 일에 두려움을 느끼는 일이 있을까. 가톨릭 신자가 된 '지금은 마음이 편하다'고 하는 할머니는 아무래도 하느님은 믿어도 신부는 믿지 않는 것 같다. 할머니는 신부와도, 그 누구와도 의논하지 않고 혼자서 중대한 결심을 했다고 한다.

'나눔의 집'은 국가로부터 지원을 받고 있다. 할머니 자신도 국가의 생활 지원금을 받고 있다. 할머니는 큰 병을 앓고 있으며, 병원비를 내지 못하게 되어 동사무소와 상담한 결과 '나눔의 집'을 소개받았다고 한다. 간신히 이곳에 정착해 평온한 생활을 보내고 있다.

"설마 그런 일을 이곳 사람들이 하지는 않으리라고 생각하지만, 만에 하나 국적이 없어져서 여기서 나가야 하는 일이 생겨도(확인한 사실을 이야기해두자면 '나눔의 집' 관계자는 그럴 가능성을 단호하게 부정했다) 역시 국적을 포기하시겠습니까?"

"네, 나가게 되어도 상관없습니다. 죽으면 그만이니까요"라고 할머니는 한 번 더 말했다. 나는 '당신의 하느님은 자살을 금지하고 있지 않습니까'라고 말할 마음이 사라졌다.

일본이라는 국가와 대치하고 있는 것은 이런 사람이다. 한 명의 개인이 국가를 상대로 우뚝 서 있다. 이 나라는 이 할머니의 강인함에 걸맞은 값어치를 지니고 있는 것일까?

# 2장 지금도 끊이지 않는
## 군대와 성범죄 문제

일본군 '위안부'를 영어로 'sexual slaves(성 노예)'라고 부르는 것을 듣고
갑자기 깨닫는 바가 있었다. 그녀들이 놓였던 상황은 '위안'이라는 예사로
운 일이 아니다. 감금되어 노예 상황에서 병사에게 지속적으로 강간을 당
한 여성을 일본어로는 '종군 위안부從軍慰安婦'라고 부른다. 이런 여성으로
부터 '위안'을 받을 수 있는 남자란 도대체 어떤 사람일까.

작년(1992년) 말 연구를 위해 오키나와를 방문해 121곳에 이르는 오
키나와 위안소 맵을 만든 '오키나와 여성사를 생각하는 모임沖縄女性史を考
える会' 회원들과 교류할 기회를 얻었다. 그리고 일본군 '위안부' 중에는 한
국 여성과 오키나와 여성이 있었으며, 그들이 상대해야 하는 이들이 병사
와 장교로 나뉘어 그 사이에 차별이 존재했다는 것, 오키나와에 일본 병사
를 위한 위안소를 두었던 것은 오키나와를 외지에 준하는 곳으로 취급했
기 때문이라는 것, 오키나와 사람들이 내지의 병사들로부터 혹독한 차별

과 피해를 받으면서 한편으로 한국인을 차별하고 있었던 것 등 복잡하게 뒤얽힌 사정에 대해 들었다.

오키나와에는 당시 '위안부' 경험을 한 사람들이 있지만, 이들은 강제 연행된 한국 여성과 달리 사소한 보수라도 받았기 때문에 자신을 밝히고 나오기 어렵다고 한다.

한국 여성의 일본군 '위안부' 소송의 배경에는 한국 내 내셔널리즘의 고양과 일본과 근접해진 경제력이 있다. 여기서 한 국가가 타국민에게 저지른 범죄를 고발하는 자세를 엿볼 수 있다. 그렇다면 국적의 유무만으로 또는 사소한 보수의 유무만으로 오키나와 여성은 고발의 자격을 잃게 되는 것인가.

일본군 '위안부'는 국가만의 범죄가 아니다. 그것은 남자에 의한 성범죄이기도 하다. 이 시각을 확립하지 않으면 한국 여성 일본군 '위안부'와 오키나와 여성 일본군 '위안부' 사이에 다시금 국적이라는 깊은 골이 생겨난다. 그리고 이런 견해야말로 일본군 '위안부' 문제가 전후 46년이나 지난 '지금에서야'가 아니라 '지금이기 때문에' 나온 이유다.

1992년 《사상의 과학思想の科学》 12월호 특집 「기억의 정치학」에서 에바라 유미코는 "(제소에 이르기까지) 왜 46년이나 걸렸는가?"라는 물음에 대해 "성폭력이나 강간 피해를 당한 여성에게 강요되는 피해 사실을 자신의 치욕으로 여겨야 한다는 통념과 문화는 그 자체가 용서할 수 없는 성폭력"이라는 여성주의적 인식이 확립된 후에야 제소가 가능했기 때문이라고 답한다.

일본에 의해 국적을 박탈당한 구 식민지인에 대한 전후 보상 문제는 타이완인 병사의 군인 은급*과 유족연금 청구로 반복적으로 문제가 되어왔다. 하지만 일본군 '위안부' 문제를 국적 문제나 국가 배상 문제로 환원하면 이 '46년'이 갖는 문제의 현재적 의미를 잃게 된다.

피해를 피해자 측의 책임이나 부끄러움으로 돌려 침묵하게 하는 성범죄의 역학이 작동했기 때문에 일본군 '위안부' 피해자는 침묵해왔다. 작년에 성희롱 소송을 벌이면서 "나는 어떤 잘못도 하지 않았습니다"라며 실명 보도를 하도록 한 여성이 등장했는데, 그녀의 용기 있는 한 걸음이 사건이 되기까지 46년이 걸린 것이다.

일본군 '위안부' 문제가 국가가 저지른 범죄라는 사실에 덧붙여 남성이 저지른 성범죄라는 관점이 확립되면 국경의 벽을 넘어서 기지촌 여성들과 연결되는 길이 트인다. 유엔평화유지활동PKO 부대가 파견된 아시아 지역의 부대 주변에는 급조한 술집, 바들이 생겨난다. '바-UNTAC(캄보디아 과도행정기구)'이 있다는 웃지 못할 이야기도 들었다. 급기야 UNTAC의 아카이시 야스시明石康 대표가 위안소 설치를 지지하는 듯한 실언을 했다고 현지 신문이 보도하고 있다. 노골적인 폭력에 의한 강제이건 화폐에 의한 유도이건 군대와 성범죄 문제는 '과거의 망령'에 그치지 않고 오늘날에도 여전히 계속되고 있다.

---

\*　일제 강점기에 정부 기관에서 일정한 연한(年限)을 일하고 퇴직한 사람에게 주던 연금.

# 3장　오키나와 여성사의 가능성

　　1980년대 이후 여성사에 패러다임의 전환이 새롭게 일어났다.

　　먼저 여성을 역사의 수동적 피해자가 아니라 능동적 가담자로 보는 것, 즉 여성의 역사적 주체성을 회복하고자 하는 움직임이다. 여성사에서 여성의 역사적 주체성을 강조하는 것은 아이러니한 결과를 낳았다. 여성은 단지 역사에 농락당하기만 한 것이 아니라 다양한 생존 전략을 구사하며 살아왔으며, 경우에 따라서는 가부장제의 공범자로 활약하기도 했다는 발견이 그것이다. 일본에서는 그런 패러다임의 전환이 피해자 사관에서 가해자 사관으로, 침략전쟁의 공범자로서의 여성을 발견하는 형태를 띠며 전개되었다. 반성적 여성사라고 불리는 새로운 동향이 바로 그것이다.

　　또 하나는 젠더라는 개념의 도입이다. 젠더란 생물학적 성차를 의미하는 섹스와 구별해 사회적·문화적으로 만들어지는 성차를 의미한다. 여성사가 학계에서 시민권을 획득한 후에도 여성사는 정사에 대한 보완 역할을 하는 역사라는 위치에 머무른 채였다. 여성사는 '이삭줍기 역사'라든 가 '덧붙이기 역사'라는 별명으로 불리며 아무리 연구 성과를 쌓아도 남성 역사가들의 발밑을 뒤흔드는 데에는 이르지 못했다. 그런 불만에서 젠더 라는 변수로 역사를 다시 쓰는 젠더사로의 전환이 일어났다.

젠더사로의 전환이 일어나기까지 여성사는 정사에 '여성'이라는 국지 적 영역을 덧붙이는 것에 지나지 않았다. 하지만 젠더사는 젠더라는 변수 를 이용해 역사의 모든 영역을 횡단적으로 분석한다. 여성의 '지정석'은 사 적 영역이라고 생각해왔다. 그리고 그 때문에 여성사는 남성사가 놓쳐온 사생활이나 성, 신체와 같은 영역을 주요 주제로 삼아왔다. 그런데 젠더사 는 역으로 마치 젠더 중립적인 듯 보이는 공적 영역의 중립성, 객관성을 탈 신화화한다. 만약 정치와 경제의 영역이 '남성 전용'으로 간주되었다면 그 곳에 왜 여성이 부재하는지 그 자체를 설명할 필요가 있다. 젠더 분석은 구 조적인 여성 배제에 따른 공적 영역의 남성 중심성을 밝혀왔다.

1980년대 후반 이후, 포스트 냉전 시대가 시작되면서 세계 각지에서 역사의 재심이 일어났다. 여성사 또한 페미니스트에 의해 역사적 재심의 대상이 되었다. 역사가 단지 사실에 근거해 기록되는 것이라면 일단 하나 의 사건에 대한 결정판 격의 역사가 쓰이면 그 이후의 역사 연구는 필요 없 게 된다. 하지만 역사는 결코 그런 방식으로 존재하지 않는다. 역사는 몇 번이고 다시 기록되며 다양한 관점에서 고쳐 쓰인다. 역사란 현재에서 과 거를 끊임없이 재구성하기 때문이다.

새로운 여성사는 두 가지 방향으로 나아갔다. 하나는 이미 알려진 역 사를 젠더 관점에서 다시 읽는 것이다. 또 하나는 아직 알려지지 않은 다양 한 여성의 현실을 파헤치는 것이다. 이는 생활사, 지역 여성사, 구술사, 자서전 분야로 축적되었다. 전자는 역사의 재심, 후자는 역사의 창조라고 말할 수 있을 것이다. 그 속에서 가해자로서 일본 여성, 즉 전시에 벌어진 여성의 전쟁 협력이 주제로 떠올랐다.

그중에서도 가장 결정적인 영향을 미친 것은 1991년 김학순 씨 등 이전 일본군 '위안부'였던 한국인 여성이 일본 정부에 대해 정식 사죄와 개인 배상을 요구하는 소송을 제기한 일이다. 전 '위안부' 여성의 증언은 과거를 재정의해 역사를 다시 쓸 것을 요구한다. 일본군 '위안부' 문제는 그 후 일본판 역사 수정주의의 태풍의 눈이 되었다.

내가 1998년에 쓴 『내셔널리즘과 젠더』는 젠더 중립적으로 보이는 국민국가라는 영역을 젠더적 관점으로 분석해 국민국가에 내재하는 모순을 밝히고자 한 젠더사다. 총동원 체제 아래에서는 여성이라는 '이류 국민' 또한 국가에 공헌할 것을 요청받는다. 여성의 국민화는 오키나와, 아이누족, 피차별 부락민과 식민지 출신자 등 소수자 집단의 국민 통합과 상당히 유사한 점을 지니고 있다.

오키나와에서도 여성사가 편찬된다고 한다. 게다가 지금까지 대부분의 지역 여성사가 대상을 '여성'으로 한정하고 있는 것과 달리 오키나와 역사 일반을 포함해 통합적으로 서술한다고 한다. 젠더사를 실천할 절호의 기회가 아닐까. 여성은 어느 시대, 어느 영역에나 있었다. 전쟁도 패전도 점령도 복귀도 세골洗骨이나 도토메(선조 위패의 남계 계승 습속) 같은 오키나와 고유의 습속도 젠더에 따라 다른 의미를 갖기에 해명될 필요가 있다.

오키나와 역사는 일본사 속의 현사縣史 중 하나, 국사 속의 여러 지역사 중 하나가 아니다. 오키나와라는 '주변', 여자라는 '이류 국민'의 시점은 일국사 그리고 남성사의 한계를 타파하는 도전이 될 것이다.

# 4장  전쟁의 기억과 망각

1991년 4월부터 1992년 3월까지 1년 동안 독일에 머무를 기회가 있었다. 본 대학 일본학과 학생들을 가르치기 위해서였다.

머무르는 동안 무엇보다 강한 인상을 받은 것은 독일인이 지닌 전쟁 책임에 대한 민감함이었다. 나도 전후에 태어났지만 나보다 스무 살이나 어린 독일인 학생들이 전쟁 책임에 대해서 일일이 보여주는 예민한 반응을 보며 그들과 같은 세대 일본인 학생들의 얼굴이 떠올라 내심 부끄러운 생각이 들었다.

한 학생은 영국에서 유학할 때 누군가가 '네가 히틀러의 후손이냐'면서 뚫어져라 얼굴을 쳐다봤다고 말했다. 마치 괴이한 짐승이라도 보는 듯했다고 낙망하면서도 그런 태도를 보이는 것도 이해가 간다며 말을 삼켰다. 그런 일들을 담담하게 이야기하는 그들을 바라보면서 아시아 각지를 여행하며 마찬가지로 괴물 취급을 당하고 있는지도 모르는 자신들의 추악

한 자화상을 알아채지 못하는 일본인의 구제불능을 생각한다.

　전쟁을 경험하지 않은 젊은이들이 전쟁의 기억에 이처럼 민감한 것은 물론 교육 덕분이다. 나는 독일 대학에 있으면서 역사 교육에 관심과 흥미가 있어 김나지움에서 사용하는 역사 교과서를 몇 권 입수했다. 독일은 초·중·고교에서 통사를 세 차례에 걸쳐 반복해 가르친다. 일본처럼 1년간 석기시대부터 현대까지 숨 가쁘게 달려나가는 것과는 다르다. 근현대만도 교과서 한 권으로 마지막 학년 1년 동안 배운다. 그중 나치의 제3제국 성립부터 붕괴까지는 하나의 장章, 40쪽이 온전히 배당된다. 동아시아 정세에 대한 배려도 잊지 않고 전시 일본의 동향에 대해서도 상세하게 설명하고 있다. 제2차 세계대전 중의 전사자 수는 (비전투원 포함) 일본 200만, 독일 600만이다. 그에 비해 독일이 침공했던 구소련에서는 2000만, 중국 본토에서는 1300만, 그 밖에 강제수용소 '죽음의 공장'에서 학살당한 유대인은 600만이다. 나는 이와 같은 수치를 독일 교과서를 통해 알게 되었다. 그뿐 아니라 일본의 남방전선 확대 상황, 각지의 전사자 수도 독일어를 통해서 처음으로 알게 되었다. 부끄럽지만 사실이다. 독일의 교과서에는 그 정도로 극명한 정보가 실려 있다.

　학교 교육만이 아니다. 대중매체와 정치도 반복적으로 전쟁의 기억을 되새기듯 국민에게 호소한다. 매주 한 번은 텔레비전에서 나치 시대의 다큐멘터리를 볼 수 있다. '이제 그만'이라고 외치고 싶은 독일인들의 기분을 알 것 같았다.

　조사하는 동안 의외의 사실을 알게 되었다. 1960년대까지는 교육도 대중매체도 전쟁 문제를 '잊고 싶은 기억'으로 봉인해왔다고 한다. 그것을 폭로한 것은 1960년대 말 학생들의 힘이었다. "구제불능 독일"(한스 엔첸스

베르거)을 만든 부모 세대에 대해 책임을 묻는 세대 간 대립이었던 것이다. 그 후 이 학생 세대는 대중매체, 교육 현장 등 사회 각층으로 스며들어 전쟁에 대한 책임을 파헤쳤다. 일본의 같은 세대는 〈전쟁을 모르는 아이들〉*이라는 달콤한 포크송을 만든 것 외에는 부모 세대의 전쟁 책임에 대해서 도대체 무엇을 한 것일까?

독일에서도 요즘에는 '이제 반성은 질색'이라는 정서가 퍼지고 있다. 이번 2월에 정부는 늘 잠재해온 전쟁에 대한 책임 회피와 혐오감에 대항해 히틀러가 측근들과 유대인 말살을 결정한 역사적인 반제Wannsee 회의 개최지인 호반의 산뜻한 저택을 기념관으로 보존하는 결정을 내렸다.

과거의 기억은 노력하지 않으면 사라져버린다. 독일의 역사 교육, 민간 단체와 피해국이 공동으로 교과서를 검정하는 것, 지금까지 계속되는 거액의 전쟁 배상 등에 대해 깊은 인상을 받은 나는 귀국 후 몇 번 초청 강연을 했다. 그중 하나가 1992년 6월 13일 와세다대학에서 개최된 일본여성학회의 심포지엄이었는데, 나는 '전쟁의 기억 방식 ─ 독일의 경우'라는 주제로 발표를 했다. 그다음으로 이어진 발표가 재일 한국인 2세 정혜영의 '전쟁의 망각 방식 ─ 일본의 경우'여서 좋은 대조를 이루었다.

패전 후 구 식민지인들의 일본 국적을 박탈하고 배상 책임을 모른 체하고 정부 간 결착을 방패로 피해자에게 무엇 하나 책임지지 않아온 일본.

---

\* 1971년 2월 5일 '지로즈'라는 남성 듀엣이 발표한 일본의 대표적인 반전곡. 베트남 전쟁이 한창이었던 당시, 일본은 평화헌법의 제약을 받으면서도 미국에 기지를 제공하는 형태로 전쟁에 참가했다. 일본의 문화계와 학생들을 중심으로 반전 평화 운동이 일어났다.

정부만의 문제가 아니다. 그것을 묵인해온 국민도 같은 죄를 짓고 있는 것이다. 그런 일본이 PKO에서 '평화'를 위한 '국제 협력'을 한다고 한다. 이 현실에 대해 정혜영은 "구역질이 난다"고 말한다.

정부는 최근(1992)에야 간신히 일본군 '위안부' 관련 자료를 공개하고 정식으로 사죄했다. 그것도 한국인들의 집단 소송과 외압에 밀려서 한 일이다. 중국에서도 타이완에서도 인도네시아에서도 연이어 보고가 나오고 있다. 강제 징용을 포함하면 전쟁에 대한 책임의 범위가 어디까지 번져나갈지 모른다.

전쟁의 대가는 아주 비싸다는 것을 일본인은 배워야 한다. 전쟁의 부채는 47년이 지나도 사라지지 않는다. 오히려 불신감이라는 이자가 점점 불어난다. 그리고 아시아 사람들에게는 우리의 얼굴이 살인귀의 화신으로 보일지도 모른다는 사실을, 아무 생각 없이 아시아 각지를 여행하는 일본의 젊은이들 또한 알아야 한다.

# 5장  과거 청산
## - 독일의 경우

베를린을 처음 방문한 것은 동·서독 통일 후 1년이 지난 1991년이 었다.

그로부터 15년이 지났다. 이번 여행은 특별했다. '무거운 짐을 진 과거와 어떻게 마주할 것인가'라는 주제로 프리드리히 에베르트 재단이 주최한 회의에 초대받았다. 출석자들의 국적 중 아시아는 캄보디아, 버마, 인도네시아, 동티모르, 스리랑카, 그리고 한국과 일본이었다. 이들 나라 모두가 침략과 내전, 군사독재를 경험하고 학살, 강간, 고문 등의 아픈 과거를 가지고 있다. 경우에 따라서는 피해자와 가해자가 같은 사회에서 살아가지 않으면 안 된다. 과거를 청산하고 화해의 길을 걸어가며, 어떻게 상처받은 커뮤니티를 재건해갈 것인가는 절실한 주제다.

이 주제를 다루는 데에 독일 측 주최자는 아시아에서 참가한 사람들을 위해 특별한 프로그램을 준비했다. 그것은 과거사 청산, 즉 독일의 경우를 배우는 연구 답사였다. 베를린 교외의 나치 강제수용소 유적지인 작센 하우젠과 새롭게 베를린 도심에 생겨난 홀로코스트(유대인 대학살) 위령비 외에 15년 전에는 생각할 수 없었던 새로운 방문지가 더해졌다. 구 동독의 악명 높은 국가안전보장 경찰(통칭 비밀경찰) 유적지가 그것이다.

'20세기에 독일은 두 개의 독재 사회를 경험했다. 하나는 나치이고 다른 하나는 동독이다'라고 그들은 말한다. 동독은 비밀경찰과 밀고자로 성립된 전체주의 국가였다. 비밀경찰의 문서관에는 대상이 된 개인들의 파일이 보관되어 있으며, 전부 180킬로미터에 달한다. 신청하면 개인 정보를 열람할 수 있다. 광대한 부지를 점하고 있는 본부는 '007'에 버금가는 첩보 도구를 전시하는 기념관이 되었으며, 감옥에서는 그곳에 7년간 구금되었던 적이 있는 지금은 은퇴한 심리학자가 투어 해설 봉사를 해주었다. 육체적인 고문은 없었지만 끔찍할 정도로 세련된 심리적 고문이 행해졌고, 그 때문에 그는 훗날 심리학을 연구하게 되었다고 한다. 이런 사회가 불과 1990년까지 계속되었던 것이다.

국민 70~80명 중 한 명이 비밀경찰원이었다고 할 정도의 끔찍한 감시국가. 그 유적을 그들은 지금도 수백 명 규모로 직원을 유지하며 공개하고 있다. 독일은 이렇게 열정을 쏟고 비용을 부담한다. '흘려보내고 잊자'고 하지 않고 화해를 위해서야말로 진상 규명이 필요하다고 말한다.

모든 사회는 떠올리기 싫은 과거를 가지고 있다. 독일도 패전 후 '구린 것은 뚜껑을 덮어 감추는' 식으로 처신했던 시기가 있었다. 역사에서 과거는 선택적 기억이고 곤란한 일은 망각되기 쉽지만, 피해자는 그것을 잊지 않는다. 화해는 피해자의 탄식과 분노를 받아들여 그것과 마주해야만 이루어진다.

전후 독일의 과거 청산도 우여곡절을 겪었으며 현재도 좌우 두 집단의 대립은 계속되고 있다. 구 동독과의 관계에서도 여러 가지 문제가 있으며 공산당에 향수를 느끼는 사람도 많다. 하지만 과거와 마주하는 이 철저함만큼은 배울 점이다. 구 동독의 전체주의 기념관을 '마지막 분단국가' 한국에서 온 참가자가 빨려들 듯이 집중해 관람하는 모습이 인상적이었다. 그리고 나는 무거운 짐을 짊어지고 있는 나라에서 온 사람이라는 사실을 통감해야만 했다.

# 6장 전후 세대의 재심에 희망을 걸다

전후에 태어난 사람들이 3분의 2가 넘게 된 일본에서 '청산되지 않은 과거'가 좀비처럼 반복적으로 나타난다. 일본군 '위안부' 문제를 둘러싸고 기억의 내전이 진행되는 가운데 고바야시 요시노리의 『전쟁론戰爭論』(1998) 이 20쇄를 찍으며 54만 부 넘게 판매된 베스트셀러가 되었다. 출판 불황이 계속되는 상황에서 흔치 않은 좋은 소식이다.

전쟁을 경험한 적이 없는 세대가 과거의 기억을 날조하고, 일부 젊은 이가 그것에 공감을 표한다. 전후 반세기 이상 지나 전쟁 체험이 잊히면서, 기억을 계승할 필요성을 절박하게 제기하는 사람들이 적지 않다. 문제는 이미 '체험을 어떻게 이어갈 것인가'가 아니라 '체험하지 않은 사람들 사이 에서 과거를 어떻게 다시 구성할 것인가'로 넘어가고 있다.

어느 젊은 국회의원처럼 "내가 태어나기 전에 일어난 일에 대해서 책 임을 느낄 필요는 없다고 생각한다"고 말하는 자도 있다. 역사적 건망증이 심각한 일본인들 사이에서는 반세기도 더 전의 일을 이제 와서 파헤치는 것은 좀 그렇지 않은가 하는 정서가 먼저 생겨난다. '구린 상황에는 뚜껑을 덮어버린다'는 전후의 역사 교육이 단단히 한몫해, 무지하고 나이브한 젊은이들을 키워냈다. 미일 개전 기념일이라고 듣고 '아, 일본이 미국과 전쟁했습니까? 그래서 어느 쪽이 이겼나요?'라고 순진무구하게 반문하는 웃지 못할 이야기도 있다.

포스트 냉전 시대, 즉 '전후' 이후 독일의 역사가 사이에 벌어진 논쟁을 시작으로 역사의 재심을 둘러싼 움직임이 세계 각지에서 동시에 일어나고 있다. 일본에서도 자유주의 사관을 주창하는 일파에 의해서 일본판 역사 수정주의 논쟁이 일었다. 자유주의 사관의 실체가 구태의연한 태평양전쟁 긍정 사관이 새로운 옷으로 갈아입은 것에 지나지 않는다는 점은 명백해졌지만, 옛이야기를 새로운 목소리로 이야기하는 세대가 등장했다는 사실은 놀라웠다. 하지만 보수의 언설은 역사를 들먹이지 않으면 보수로서 살아남을 수 없다는 위기감의 표현이다.

'위안부' 재판의 원고 김학순의 최초 증언으로부터 7년이 흘렀다. 보수파가 이 문제에서 일본의 행위를 정당화해야 한다고 강박적으로 생각한 덕분에 아이러니하게도 '위안부' 문제에 대한 일본인의 관심은 확대되었다. 만약 1990년대 전반에 '위안부' 문제를 둘러싸고 '일본 정부가 공식 사죄와 개인 보상을 해야 한다고 생각합니까?'라는 국민투표를 했다면 아마도 무지와 당혹감 때문에 국민의 과반수가 '아니오'라고 답했을 것이다.

하지만 고바야시의 『전쟁론』을 읽은 젊은이들은 그에 대한 반론에도 귀를 기울였을 것이다. '고바야시의 책도 읽었지만'이라고 전제하면서도 '일본은 역시 사죄해야 한다고 생각한다'고 말하는 젊은이들이 확실히 늘고 있다. 지금 국민투표를 해본다면, 이전보다는 낫지 않을까 하는 느낌이 든다.

김학순 할머니는 이미 돌아가셨다. 강덕경 할머니도 일본을 용서하지 않은 채로 돌아가셨다. 일본 정부의 '성의' 표시로 출발한 국민기금도 벌써 3년째를 맞이했다. 문제를 뒤틀리게 만들고 피해자 사이에 불행한 대립을 불러일으킨 국민기금 관계자는 비록 '선의에서 출발'했을지라도 결과에 대한 정치적 책임을 져야 할 것이다.

과거의 역사에 대한 담판은 한 번 지으면 끝나는 것이 아니다. 오랫동안 '과거는 물에 흘려보낸다'고 했던 중국도 장쩌민 주석의 방일에 맞춰 일본 측 담화에 침략전쟁에 대한 사죄가 없는 것에 불쾌감을 나타냈다. 한국의 김대중 대통령도 국민기금을 백지로 돌릴 가능성을 시사했다.

그러는 동안에도 국민의 심판을 거치지 않은 자·자·공 연합정권*에서 자위대 해외 파병을 둘러싸고 해석 개헌이 강제적으로 행해질 가능성이 생겨났다.

하지만 다른 한편 전후에 태어난 의원들을 중심으로 전후보상특별법의 입법 움직임이 일어난 것을 보면 역시 '위안부' 문제에 절실하게 관심을 지닌 사람들은 전후에 태어난 세대이며 나는 이런 사실에서 희망을 본다. 독일에서도 '한시라도 빨리 잊고 싶은 과거'와 직면하도록 촉구한 것은 전후에 태어난 나치 시대 체험이 없는 세대였다. 일본에서도 노다 마사아키 野田正彰의 『전쟁과 죄책』(1998), 오노 에이지 小野英二의 『일본인과 경계 日本人

---

\* 자민당, 자유당, 공명당 연합정권.

と境界』(1998)와 같이 전후에 태어난 이들에 의해 식민지 지배와 침략전쟁의 가해 책임을 묻는 탁월한 작업이 연이어 나오고 있다.

'사죄'와 '돌변'이 쌍둥이처럼 반복되는 것을 가토 노리요의 『패전후론』(1997)처럼 동일한 인격 안에서 일어나는 분열로 볼 필요는 없다. 처음부터 그런 하나의 덩어리로 된 인격 같은 것이 국민에게 있었던 적은 전혀 없기 때문이다.

과거에 대한 재정의는 현재 내가 어떤 사람인가로 연결되는 물음이다. '단 하나의 나'를 세우는 대신 '다양한 우리'를 승인해가는 일은 다양한 우리가 살아갈 수 있는 사회를 가능하게 하는 일로 연결된다.

이렇게 말하면 즉각 '그렇다면 자유주의 사관의 존재도 인정하는 것인가'라고 술렁이는 사람들도 있지만, 우선 인정의 여부와 상관없이 역사는 반동적인 담론이 생겨나는 것을 저지할 수 있었던 적이 한 번도 없다는 것을 증명하고 있다. 그리고 '절대'를 추구하는 담론도 다양한 선택 중 하나로 만들어가는 데 다원주의의 미래가 있다.

제3부

# 그 후의 일본군
# '위안부' 문제

# 1장 기억을 다시 이야기하는 방식[1]

## 1. 시작하며

캐롤린 헤일브런Carolyn Heilbrun은 1973년을 '여성 자서전의 분수령', '여성 자서전의 전환점'이라고 부른다.[2] 그 이유는 이 해에 메이 사튼May Sarton이 출판한 『혼자 산다는 것』에서 그녀가 1968년에 출판했던 『꿈을 깊게 심고』에서는 드러내지 않던 분노의 감정을 다시 썼기 때문이다. 그리고 헤일브런은 "분노의 감정만큼 여성에게 금지된 감정은 없었다"고 말한다.

자서전은 다른 문맥에서 다른 방식으로 몇 번이고 다시 쓰인다. 경험은 고정되는 일이 없다. 1980년대 페미니즘 문학비평은 여성이 어떻게 글쓰는 주체가 되는가에 대해 이론적으로 공헌했다. 그 영향은 다른 분야에서도 무시할 수 없으며 역사학도 예외가 아니다.

만약 공공의 기억이 정통성을 갖게 된 집단의 기억의 다른 이름에 지나지 않고, 집단의 기억이 개인의 기억의 집합에 지나지 않는다면, 한 사람

한 사람의 기억이 다른 방식으로 다시 이야기되듯이 공공의 기억도 다시 이야기될 수 있다.

## 2. 페미니즘 문학비평이 불러온 것

페미니즘 문학비평은 언어학적 전회 이후의 후기구조주의에 많은 신세를 지고 있다. 후기구조주의의 이론적 공헌은 다음의 네 가지로 정리할 수 있다.

첫 번째는 '에이전시agency' 개념의 도입이다. 에이전시는 주체subject와 구별하기 위해서 가져왔다. 에이전시는 이야기하기의 이전에도, 바깥에도 존재하지 않는다. 그것은 오히려 이야기의 과정을 통해서 구축되는 것이다. 이 개념에 '행위 주체'라는 번역어를 대입한 것은 다케무라 가즈코 竹村和子다.[3] 구조주의 언어학이 가르쳐주듯이 '주체가 언어를 말하는' 것이 아니라 '주체를 통해서 언어가 말한다'는 것이다. '행위 주체'라는 번역어는 원인으로서의 주체에서 과정으로서의 주체 개념으로의 전환을 잘 드러내 보여준다.

두 번째는 '독자'의 발견이다. 주체가 이야기 과정의 산물이라고 한다면, 이야기 수행은 독자의 관여에 의해서 완성된다. 그렇다면 특권적인 작가상은 해체된다. 독자가 오독의 권리를 포함해서 이야기 수행의 완성에 적극적으로 관여하는 존재라고 한다면 누가 읽는지, 어떻게 읽는지는 텍스트의 생산과 재생산에서 중요한 조건이 된다.

세 번째로, 페미니즘 문학비평은 문학이라는 장르 자체를 해체하기에 이르렀다. 만약 문학작품이 출판 시장에 상품으로 나와 있는 텍스트만을 가리킨다면 직업적인 명성을 확립한 여성 작가는 손가락으로 꼽을 만큼밖에 없다. 페미니즘 예술비평 분야에서 린다 노클린Linda Nocklin이 "왜 위대한 예술가 중에 여성은 없는가" 하는 문제를 제기했을 때,[4] 그 문제에 답하기 위해서 페미니즘 비평가는 문학이라는 정전화된 장르 그 자체를 해체할 수밖에 없었다. 수신인이 한정되어 있다고 해도 여성은 편지, 일기, 자서전, 인터뷰, 구전의 전승자였으며, 만약 이런 텍스트를 문학에 포함시킨다면 여성문학은 결코 빈곤하다고 할 수 없다.

네 번째는 정신분석학적 페미니스트에 의한 다시 읽기다. 프로이트의 도라 사례 분석을 재해석함으로써 페미니스트 비평은 프로이트가 놓쳤다기보다는 일단 인정한 후 망각하고자 한 여성의 트라우마 경험 – 여기서는 유년기의 성적 학대 – 을 문자 그대로 재발견했다. 더 정확하게 이야기한다면 프로이트와 그의 시대는 아직 가부장제가 만들어낸 잘못인 여성의 희생을 인정할 준비가 되어 있지 않았다고 할 수 있다. 페미니즘은 강간과 성희롱, 가정 내 폭력, 어린이에 대한 성적 학대 등의 성범죄에 대한 패러다임 변화를 불러왔다. 이들 경험은 무엇보다도 우선 피해자에게 트라우마적 경험이며, 게다가 사회로부터 오욕으로 여겨진다. 따라서 여성은 이중의 의미에서 침묵을 강요당해왔다. 페미니즘에 의한 패러다임 변화는 여성들의 경험을 재정의할 수 있는 범주상의 자원이 되었다. 그리고 경험은 과거로 거슬러 올라가서도 재정의할 수 있다. 또한 이런 경험의 재정의 덕분에 여성은 피해를 자기 탓으로 돌리는 일을 그만두고 가해자를 고발할 수 있게 되었다. 자신이 희생자임을 인정하는 일은 결코 자신의 약함을 증명하는 것이 아니다. 그것은 오히려 '나쁜 건 내가 아니야'라고 선언하는 강인함을 보여주는 증거다.

이런 사정은 트라우마적이며 오욕화된 기억의 경우에 더욱 잘 들어맞는다. 이야기하는 사람은 기억을 회고하는 과정에서 과거로 거슬러 올라가 자신의 경험을 재정의하고 그것을 좀 더 받아들이기 쉬운 이야기 방식 안으로 통합할 수 있게 된다.


### 3. 희생자성의 구축

이상에서 서술했던 페미니즘 문학비평이 이룬 네 가지 공헌은 일본군 '위안부' 문제를 푸는 데 유효한 시사점을 제공해준다. '위안부' 제도란 오늘날에는 일본군 성 노예제로 널리 알려져 있다. 김학순을 필두로 한 3명의 한국 여성이 1991년 최초로 강제 성 노동 피해자라고 이름을 밝혔을 때 그 일은 이중으로 충격을 안겨주었다. 하나는 이들의 경험 자체가 살아서 지옥을 겪은 것처럼 잔혹했기 때문이었다. 또 하나는 반세기에 걸쳐 강요당한 침묵에 대한 것이다. 트라우마적인 경험은 오욕화되어, 즉 낙인이 되어 이중으로 그녀들을 억압하고 침묵하게 했다.[5]

기이하게도, 사실이 새로이 '발견'된 것은 아니었다. 많은 병사들이 일기와 회상록에서 '위안부'와의 접촉을 조금도 부끄럽다는 의식 없이 기술하고 있기 때문이다. 패러다임이 바뀐 덕분에 그녀들의 경험을 보는 시각은 군대 매춘에서 성 노예제로, 즉 군대에 의해서 조직적으로 지속된 강간으로 바뀌었다. 희생자성의 구축은 여기서 결코 그녀들이 약자라는 것을 의미하지 않는다. 그보다는 오히려 그녀들에게 권능을 부여하는 것이었다. 이렇게 말하는 것은 이로써 희생자의 치욕이 가해자의 범죄로 전환될 수 있었기 때문이다. 말할 수 없었던 과거에 대해 이야기하면서 그녀들이 역사의 행위자임을 회복할 수 있었다.

이 패러다임의 변화에서 듣는 이의 존재가 중요한 역할을 하고 있다. 한국 여성 운동이 고양되는 과정에서 성범죄에 대한 패러다임 변화가 일본군 '위안부' 피해자들의 증언보다 먼저 성립했기 때문이다. 최초의 증언자 김학순은 윤정옥을 필두로 한 한국 여성 단체의 호소에 응해 이름을 밝혔던 것이지 그 반대의 순서는 아니었다. 생존자의 증언은 여성의 집합적인 프로젝트의 공동 산물이라고 말할 수 있다. 증언 전에 이미 귀 기울여 들을 준비가 된 청중이 존재하고 있었던 것이다. 그녀들의 증언은 아픈 과거를 자신의 인생 속으로 통합하고자 하는 개인적인 노력 이상의 것이었다. 그것은 남성 중심적인 역사를 다시 쓰고자 하는 집합적 노력의 산물이었다.

일본군 '위안부' 피해자가 말문을 열면서 비로소 처음으로 한국의 식민지 경험이 젠더화되었다고 말해도 좋다. 식민지 경험은 남성과 여성의 차이에 따라 다른 효과를 가져왔기 때문이다. 그러나 그와 동시에 그녀들의 고통스러운 경험을 '민족의 수난'으로 간주해 일본군 '위안부' 피해자의 증언을 영유하고자 하는 민족주의 담론 또한 계속되고 있다. 여성의 경험을 탈젠더화함으로써 일본군 '위안부' 피해자들은 이번에는 민족적 영웅으로 칭송받게 된다. 그것도 일찍이 그녀들에게 '매춘부'라는 낙인을 찍은 같은 사회에 의해서 말이다. 그렇다고 해도 일본 정부에 대해 이들이 요구하는 공식 사죄와 개인 보상은 국가를 넘어서고 있는 듯하다. 이들이 자신들의 이익이 국익으로 환원되지 않는다고 주장하고 있기 때문이다. 자신의 인생에 존엄을 회복시키고자 하는 이들의 노력이 내게는 '나의 신체와 나 자신은 국가에 속하지 않는다'는 선언처럼 보인다.

## 4. 역사와 기억

여성의 행위 주체를 역사 속에서 회복하는 과정에서 일본의 여성사 또한 피해자 사관에서 가해자 사관으로 패러다임이 전환되었다. 전후 여성사는 오랫동안 여성을 역사의 수동적 피해자로 간주해왔지만, 1980년 대의 반성적 여성사는 엘리트이건 그렇지 않건 여성의 적극적 전쟁 협력에 대한 책임을 다시 물었다. 전쟁 전 여성은 국민으로서의 시민권조차 인정받지 못했지만, 여성 또한 자진해서 일본의 초국가주의에 휘말려들었기 때문이다. 일본의 역사는 그 지점에서 처음으로 젠더화되었다. 클라우디아 쿤츠가 독일의 경우에 대해서 명확히 했던 것같이 스즈키 유코, 가노 미키요, 니시카와 유코와 같은 여성사 연구자들은 여성이 총력전의 전시 동원에 '여성다운 역할로' 참가했다고 밝혔다.[6] '여성다운'이라는 말은 여성의 전쟁 책임에 대한 변명이 될 수 없다.

'위안부'였던 한국인 생존자가 일본 정부를 고발했을 때 일본 여성은 자신들의 책임을 묻는 타자와 직면했다. 이론은 현실을 뒤쫓는다. 미국에서 여성의 집합적 정체성에 대한 후기구조주의적 해체를 불러온 것은 미국의 흑인과 그 외 소수자 여성들이었다. 일본에서 타자의 목소리는 외부에서 왔다고 할 수 있다. 이는 일본의 페미니즘이 최초의 증언이 등장하기까지 일본군 '위안부'에 대해서 문제 삼지 못한 한계를 보여준다. 여성이라는 범주는 더 이상 하나의 덩어리라고 할 수 없다. 이는 그녀들이 '난 당신과 이해를 공유하지 않는다'고 했기 때문이다.

돌이켜 보면, 전시 일본 여성의 위치는 당시 판도를 키워가던 대일본 제국을 고려할 때 더 잘 이해된다. '성의 이중 기준'은 여성을 '어머니와 창부'로 나누는데, 일본 여성과 한국 여성은 각각 제국에 봉사하는 다른 임무를 부여받았다. 황군 병사의 아내 또는 엄마로서 일본 여성의 정조는 지켜질 필요가 있었지만 식민지 여성은 황군 병사가 위안을 받는 대상인 '창부'로서 성적 봉사를 요구받았다. 모든 경우에 여성의 섹슈얼리티는 국가에 의해서 영유되고 있다. 이는 강요당한 성적 착취만이 아니라 강요당한 정조 또한 가부장적 억압의 또 다른 측면이기 때문이다.

그렇다고는 해도 민족 차별은 분명하다. 일본 여성이 이급 국민으로 위치지어지는 한편 한국 여성은 이급 국민 중에서도 이류 존재로서 민족과 젠더의 계층 질서, 그에 더해 계급 차별 속에서 이중, 삼중의 억압을 받았기 때문이다. '어머니'와 '창부'의 경계는 역사적 문맥에 따라서 변한다. 일본이 패전을 맞았을 때 일본 여성은 당장 점령군의 '위안'을 위해 동원되었다. 성의 이중 기준이 지닌 교활함은 피억압자 집단을 서로 갈등상태로 두고 분할 통치하는 데 있다. 억압당한 사람들은 억압이 행해지고 전달되는 과정에서 억압자가 되기도 한다. 이와 마찬가지인 메커니즘이 1958년 매춘방지법 제정 당시에도 작동했다.[7]

## 5. 탈식민주의 역사학

전후 사학은 오랫동안 전후 일본의 지정학적인 영토 경계 내부에 머물렀지만 1990년대의 탈식민주의 역사학은 일국사를 넘어서고 있다. 최근에 이르러 전쟁 전의 식민지였던 한국과 만주에서 살았던 일본인의 경험의 기억에 대한 연구가 계속해서 등장하고 있다. 그것은 탈식민주의 연구가 일본인이 과거에 무엇을 했는가보다는 그들이 과거를 어떻게 기억하는가에 초점을 맞추고 있기 때문이다.

그중 한 사람인 다바타 가야는 한반도에서 여학교 시절을 보낸 일본인 여성 동창생 집단을 인터뷰했다.[8] 인터뷰 당시 60대였던 그녀들은 거의 예외 없이 과거 식민지에서의 생활을 그리워했으며 좋은 추억으로 여기고 있었다. 이는 그녀들이 식민 지배자의 딸로서 특권적인 삶을 보낸 것, 그리고 그녀들이 인터뷰를 받아들인 이유가 당시에 상대적으로 생활이 괜찮은 편이었기 때문이었음을 고려하면 이해할 수 있다. 이렇게 말하는 것은 기억은 현재를 도달점으로 한 목적론적인 구성을 취하는 경향이 있으며, 따라서 긍정적인 현재는 회고하는 와중에 긍정적인 과거로 설명되기 때문이다. 그녀들 가운데 어느 누구도 식민지주의의 부정적 측면을 언급하지 않았다.

마찬가지로 사카베 아키코는 만주 출신 동창회 집단에 대해서 흥미로운 연구를 하고 있다.[9] 그들 사이에서 과거 반세기에 걸쳐 간행된 잡지에서 과거에 대한 이야기가 어떻게 변화했는가를 분석했다. 사카베는 전후를 세 시기로 구분했다. 제1기는 패전 직후다. 그 시기 잡지의 투고자들은 분노와 실망, 배신당한 감정을 표명하고 있다. 그 이유는 식민자로서 그들의 위치가 패전으로 정통성을 잃기 때문인데, 달리 말하면 그들을 '프론티어'로 이주시킨 '이상주의'가 공적인 것에서 사적인 것으로 변화해버린 까닭이다. 제2기인 1960년대가 되면 이들의 회상은 단편적이며 향수 어린 것이 된다. 이때는 아카시아나 라일락 등 자연과 다롄大連 거리의 아름다움 등 틀에 박힌 표현이 주로 나온다. 1980년대 이후 제3기에 이르면 그들은 단편적인 기억을 늙어가는 자신의 인생살이에 통합하고자 한다. 그러나 이들의 개인적인 이야기는 훌륭하게 공적 기억의 거대 서사를 보완하는 결과가 된다고 사카베는 주장한다. 이는 기억을 개인화하는 것은 과거를 탈정치화하는 것으로 연결되기 때문이다.

사카베의 분석에는 젠더의 관점은 담겨 있지 않은데, 식민지 기억의 분석에 젠더를 도입한 것은 후루쿠보 사쿠라다.[10] 패전 직전 소련군이 국경을 넘어 참전했을 때 만주에는 군대의 방위도 없이 100만 명 이상의 일본인이 남겨져 있었으며 대부분은 여자와 아이였다. 회상록의 대부분은 귀국 과정에서 겪은 고통에 대해서 이야기하고 있지만 거의 모든 회상록은 왜 그들이 그곳 만주 땅에 있었는가에 대해서 말하지 않는다. 자신을 피해자로 받아들이는 경향이 강해서 마치 식민주의의 대가를 충분히 치렀다는 듯하다.

그런 고통스러운 대가 중에 여성을 강간한 경험이 있다. 여기서는 젠더가 경험을 좌우한다. 소련 병사에 의한 강간에 대한 증언은 남녀를 묻지 않고 종종 제3자에 의해 이뤄지고 있는데, 당사자의 이야기가 전혀 없다고 할 만큼 존재하지 않는 것은 놀랍다고 후루쿠보는 밝히고 있다. 그 여성들은 공동체가 연명하기 위해 희생된 후에 공동체로부터 추방되었던 것이다. 그녀들은 잊히고 침묵을 강요당하는 운명에 처했다. 더욱 나쁜 것은 동포 남성, 여기서는 일본인 남성에 의한 강간은 이런 상황에서 분명히 종종 일어났을 텐데도 기록에도 회상에도 거의 등장하지 않는다는 것이다. 자국민 남성에 의한 피해는 더욱 문제 삼기 어려웠던 것이다. 여기에 젠더가 정말로 관여하고 있는지조차 의심스럽다. 여성의 피해는 우선 일본인 전체의 수난 경험으로 국민화된 후에 오욕화되어 집합적인 기억에서 말살되었기 때문이다.

## 6. 증언의 도전

페미니즘 문학비평으로부터 배운 이론적 함의 가운데 아직 손도 못 대고 남아 있는 것이 하나 있다. 그것은 장르의 해체다. 역사에 대해서도 마찬가지라고 할 수 있다. 여기서도 '위안부' 문제는 적합한 예가 될 것이다. 생존자 여성이 개인적인 경험을 이야기하기 시작했을 때 그녀들의 증언은 진위를 증명하라는 의혹의 눈빛에 노출되었다. 하지만 그 진위를 판정할 수 있는 사람들은 누구인가? 누구에게 그런 자격이 있는 것인가? 증거를 제출할 책임은 누구에게 있는 것일까?

말로 전해지는 사료는 언제나 문서 사료나 물적 증거와 비교할 때 사료로서 가치가 떨어진다고 간주되었다. 인간의 기억은 믿을 만하지 못하기 때문이다. 마찬가지로 보수적인 역사가들은 일본군 '위안부' 생존자의 증언에 대해서 역사 실증주의라는 이름으로 의문시해왔다. 양심적인 역사가들조차 구두 증언은 그것이 어떤 가치를 지니고 있다고 해도 다른 사료의 빈 자리를 보충하는 부분적인 증거로 다루었다. 여기서 역사가란 객관적 판정을 내릴 수 있는 특권적 제3자의 위치를 점하고 정통 역사를 서술하는 이의 다른 이름이다.

이전 일본군 '위안부' 여성들이 개인사를 다시 이야기하기 시작했을 때 그녀들의 증언은 증언 이상의 의미가 있었다. 그것은 과거를 다시 이야기함으로써 과거를 재정의해 자신의 존엄을 회복하는 행위였다. 증언을 수행적인 이야기로 간주하는 것은 증언이 '사실'을 증명하는 수단 이상의 무엇이라고 보는 것이다. 그녀들은 이야기를 통해 남성 지배적인 거대 서사에 대한 대항적 역사를 내민 것이다. 그녀들의 이야기는 공공의 기억에 단순히 보완물이 되기를 거부한다. 많은 병사들은 지금도 인생의 위기 순간에 일본군 '위안부' 여성들과 나누었던 경험을 그리운 듯 회고하고 있다. 하지만 남자들이 '나누었다'고 생각하는 경험에 대해서 다른 한쪽 당사자는 조금도 그것을 나누어 가졌다고 생각하지 않는다. 그리고 그들은 상상을 초월할 만큼 완전히 다른 모습의 현실과 직면하고 곤혹스러워진다. 여성이 자신의 이야기를 시작할 때는 다음과 같이 말하는 것이다. '나의 역사는 당신 역사의 일부분이 아니다'라고.

그러나 비록 여성이 이야기하는 자로서의 행위 주체를 회복했다고 해도 사용하는 언어는 주어져 있는 것이며 정의는 남성 중심적이다. 선택할 수 있는 것은 한정된 범주뿐이다. 군대 매춘에서 성 노예제로의 패러다임 변화는 그녀들에게 새로운 이야기 방식을 가져왔다. 그것이 없었다면 그녀들의 메시지는 전달되지도 않고 이해받지도 못했을 것이다. 그것은 범주라는 자원을 낳는 집합적 실천의 성과이며 거기에는 집합적 정체성이 커다란 역할을 한다. 여기서 위치성이 문제가 된다. 어떤 집합적 정체성에 접속할 것인가? 젠더인가, 민족인가, 국적인가, 계급인가, 아니면……? 사정은 단순하지 않다. 왜냐하면 범주는 단 하나로 환원되지 않기 때문이다.


## 7. 역사의 자기언급성

장르 해체는 역사학에서도 피할 수 없다. 그것은 역사가만이 정통성을 부여받은 역사의 서술자라는 특권성을 빼앗는 것으로 이어질 것이다. 문학비평의 경우와 마찬가지로 여성사학자가 여성의 과거를 탐구하고자 할 때 그녀들은 역사 속에 여성의 서술이 없는 현실에 직면해야만 했다. 역사의 거대 서사 속에 여성은 부재했다. 바꿔 말해, 여성에게 역사는 없었다. 여성은 일기나 회상록을 남겼지만 그것들은 정통 역사로 집계되지 않았다. 여성사학자는 여성에게 목소리를 부여함으로써 역사 기술 그 자체를 창조할 수밖에 없었다. 지역 여성사에서 구술사나 개인사는 여성사를 창조하는 중요한 실천이 되었다. 그 일에 종사했던 여성들은 직업적인 역사가가 아니라 독학을 했던 풀뿌리 민간 사학자들이었다. 강단 사학의 견해에서 보면 구술사의 실천이 엄밀한 사료 비판을 거친 후 이차적 사료로서 정통 역사학에 무언가 도움이 되길 기대했지만 텍스트 실천 자체가 초점이 되는 일은 없었다.

여성사에서 수행적 텍스트의 예는 다카무레 이쓰에에게서 볼 수 있다. 그녀는 일본 여성사의 어머니로 간주되어온 인물로 전 생애를 통해서 물의를 일으켰다. 전쟁 전에 여성은 대학에 진학할 수 없었다. 대학은 학문과 지식의 제도적인 재생산 장치이기 때문에 강단 역사학자 중에 여성은 없었다. 다카무레는 시인이자 저널리스트로 출발해 페미니즘과 아나키즘에 참여하고 열광적인 초국가주의자로 변모한 인물이다. 그녀는 일본의 제1차 페미니즘 물결에는 늦게 등장한 인물이지만 제1차 페미니즘 물결의 중심인물인 히라쓰카 라이초의 사상적 적자를 자인했으며 나중에는 라이초 자신도 그것을 인정했다. 47세에 다카무레는 정치적인 활동을 떠나 은거하면서 고대 모계제 연구에 몰두한다. 연구 성과는 상당한 분량의 『모계제 연구』(1966)와 『초서혼 연구招婿婚の研究』(1953)로 발표되었다. 그 사이에도 그녀는 '모성'이라는 이름으로 쉬지 않고 열렬히 전쟁을 찬미했다. 패전 직후인 1948년에 그녀는 『여성의 역사』 상·하권(1948)을 간행한다. 이것은 전쟁 중에 썼던 『대일본여성사大日本女性史』를 전후의 해방 사관에 맞게 다시 쓴 것이다.

나의 관심은 다카무레가 무엇을 했는가보다는 다카무레의 업적이 전후의 맥락에서 어떻게 받아들여졌는가에 있다. 제2차 페미니즘 물결이 일본에서 성립하는 1970년대까지 다카무레의 책은 몇 안 되는 여성사 교과서 중 하나로 풀뿌리 여성 독자에게 널리 읽혔다. 다카무레의 사후, 1965~1967년에 리룬샤理論社에서 『다카무레 이쓰에 전집』전 10권이 간행되었다. 그런데 그녀의 남편이자 전집의 편집자였던 하시모토 겐조는 그녀 경력의 오점이라고 생각해 그녀가 전시에 한 국가주의적 발언을 전집에서 의도적으로 제외했다.[11] 1970년대 들어 페미니즘의 영향 아래 새로이 여성사가 시작되기까지 다카무레의 파시스트로서의 과거는 전후 독자들에게는 오랫동안 은밀하게 감춰져 있었다. 그 후 다카무레의 불명예스러운 과거가 철저하게 폭로되면서 그녀의 전쟁 책임이 밝혀졌다. 이것이 보여주는 역사적 교훈 중 하나는 모성이 반드시 평화주의로 연결되지는 않는다는 사실이다. 그러나 그런 재검토들도 독학을 한 역사학자인 다카무레의 학문적 업적을 평가하는 데까지는 나아가지 못했다.

1990년대가 되어 구리하라 히로무가 극명한 재검토를 통해 다카무레가 자신의 고대 모계제의 이론 도식에 맞도록 역사 사료를 일부러 고쳐 실었다는 사실을 밝혔다.[12] 다카무레의 업적에 대한 학문적 평가는 흔들리게 되었지만 구리하라는 다카무레를 구해내기 위해서 다음과 같이 말했다. "그녀는 2천 년에 걸쳐 일본 여성을 억압한 가부장제에 대한 한을 자신의 여성사 속에서 풀고자 했던 것이다."[13]

다카무레의 모계제 이론의 논리 구조는 공인된 황국 사관을 여성의 관점에서 다시 읽어낸 것이다. 다카무레의 작업은 당시 여성의 전시 동원을 정당화하는 이론을 필사적으로 구하고 있던 여성 독자들의 요구에 답했던 것이었다. 흥미로운 것은 다카무레가 금욕적 연구 생활을 하며 은거하고 있을 때 저명한 여성 지도자들 사이에서 그녀를 지원하는 집단이 곧장 조직되었다는 점이다. 그중에는 히라쓰카 라이초, 이치카와 후사에 등 서로 잘 지내고 있다고 하기는 어려운 사람들이 포함되어 있었다. 다카무레의 의도는 명확했다. 그녀는 여성을 격려하고자 했다. 그리고 이는 여성을 격려해 전쟁에 협력하도록 하는 것을 의미했다.[14] 안타깝게도 그녀들의 시야는 다른 아시아 민족의 희생을 대가로 국경 안에 머물러 있었다.

여기서 의문들이 생겨난다. 선의였다면 참혹한 결과를 불러와도 괜찮은 것일까? 페미니즘의 목적을 위해서는 역사의 개찬도 허용되는 것일까? 이 특이한 예로부터 우리가 배울 수 있는 것은 다카무레의 역사학이 다름 아닌 그녀가 산 시대의 산물이라는 사실이다. 역사학은 그것을 낳은 시대를 초월하지 않는다.


## 8. 결론

역사가는 자신이 살고 있는 시대 바깥에 설 수 없다. 역사학은 자기언급적인 성격을 피할 수 없기 때문에 어떤 역사 기술도 그 시대의 민족지의 일부가 된다. 전후 역사학에 대한 페미니스트의 개입은 역사가로부터 특권적인 서술자의 자격을 빼앗는 대신에 개개의 여성에게 기억을 다시 쓰게 하는 서술자로서의 행위 주체를 가져다주었다. 역사가에게서 특권성을 박탈하는 것이 그들의 명예를 빼앗는 것은 아니다. 오히려 역사가의 수행적인 언설은 특별히 정치화되어야 한다. 조앤 스콧을 따라서 "역사는 지금까지 한 번도 중립적이거나 객관적이었던 적이 없다"고 해도 좋다. 그렇기 때문에 역사가만이 아니라 우리 개개인들도 역사의 새로운 이야기 방식을 만드는 데 공헌할 수 있다.

# 2장 민족인가 젠더인가
## - 강요당한 대립

### 1. 탈식민지화라는 과제

일본의 전쟁책임자료센터가 주최한 심포지엄[1]를 정리한 책인 『내셔널리즘과 '위안부' 문제』(1998)가 간행된 후 서평을 포함한 다양한 형태로 나의 발언에 대한 의문과 비판이 제기되었다. 그중에는 오해와 곡해에 근거한 것이 많아서 반론의 필요를 별로 느끼지 못했는데, 이번에 잡지 《미스즈みすず》에 하나자키 고헤이花崎皋平가 이 책에 대한 장문의 논평을 실었고,[2] 그 글에서 언급된 서경식이 바로 반론을 게재하는 일이 있었다.[3] 나 또한 하나자키의 글에서 서경식보다 적지 않게 언급되고 비판받았다. 그리고 서경식과 마찬가지로 나도 지금까지 하나자키의 작업에 경의를 표해왔고 그의 발언에도 귀 기울여왔다. 그의 응답을 얻고 보니 나도 간신히 발언할 마음이 생겨났다. 비판도 반론도 그렇게 할 만한 가치가 있다고 생각되는 상대에게 행해지는 것이기 때문이다.

『내셔널리즘과 '위안부' 문제』에는 심포지엄 당일의 기록뿐 아니라 '논쟁 이후'도 수록되어 있다. 일부에서 '우에노 포위망'이라고 수군거릴 정도였던 심포지엄에서 오고 간 내용뿐 아니라, '논쟁 이후'에서도 당일 발표자에 더해서 플로어의 참가자들의 발언은 나에게 비판의 초점이 집중된 감이 있다. 그중에서도 중심적인 것이 '책임 주체' 문제다. 하나자키의 문제 제기도 그 점을 둘러싸고 행해졌다. 하나자키의 이야기에 따르면 문제를 다음과 같이 볼 수 있다.

> 민족주의의 논리로 돌아오지 않고 타자로부터의 민족적 책임을 묻는 소리에 응답할 수 있는 주체를 세우는 것이 가능한가, 혹은 세워야 하는가. 그 점을 물어야만 한다.[4]

발표자들 사이에서 이 문제는 거의 합의되어 있었다고 생각한다. 참가자 중에서 가장 민족주의적으로 보이는 서경식 또한 여러 곳에서 자신은 본질주의적 민족주의자가 아니라는 사실을 조심스럽게 반복해왔기 때문이다. 이 문제의 앞문단과 뒷문단의 접합이 가지는 곤란함은 차치하고 이 곤란에 맞서는 과제 그 자체는 나를 포함해 모두가 공유하고 있었을 것이다.

다시 한 번 하나자키가 도미야마 이치로冨山一郎의 논의에 의거하면서 표현하고 있는 말을 빌리면,

> "책임론에서는 어떤 종류의 상당히 엄격한 책임 주체"를 등장시켜야 한다. 그런 주체와 탈식민주의의 이론이 논의하고 있는 열린, 어떤 의미에서

는 애매한 주체를 어떻게 마주하도록 해야 하는가 하는 '상당히 곤란한 문제'와 부딪혔다.[5]

그리고,

도미야마가 말하는 '엄격한 책임 주체'로서의 자각을 일본인으로서의 '민족적 책임'의 자각이라는 방향으로 이끌지 않고 국민, 민족의 경계를 넘어가는 '국경을 넘나드는 민주주의transborder democracy'를 추진하는 방식, 그가 말하는 '보다 열린 주체'로 연결하는 것, 또는 전개하는 것, 그것이 나(우리)의 과제다.[6]

이렇게 정식화한 한도 내에서 하나자키의 과제를 나 또한 '나(우리)의 과제'로 공유해, 게다가 할 수 있는 최대한의 힘을 내서, 답하고자 했던 것이 나의 저작 『내셔널리즘과 젠더』〔이 책의 제1부〕였다. 내 안에서 심포지엄에서의 발언과 『내셔널리즘과 젠더』는 일련의 작업으로 연결되어 있었는데, 물론 그 장소에서 발언하지 않은 점을 독자에게 이해해달라고 요구할수는 없다. 하지만 하나자키가 내 생각을 다음과 같이 요약했을 때, 그 또한 본질에서 벗어나 사안을 단순하게 연관시킨 오해라고 생각하지 않을수 없었다. 하나자키는 "이 문제야말로 (…) 우에노 지즈코와 그녀의 비판자들 사이의 대립과 관계있다"고 하면서 이렇게 말했다.

우에노 지즈코도 탈식민지화 관점이 명확하다고 할 수 없다. 그 때문에 그녀는 다카하시 데쓰야, 재일 조선인 몇 분과의 논쟁에서 '일본인으로서'

라는 담론과 '민족' 담론을 역사 인식의 맥락에 적절하게 위치시켜 이해하는 회로를 닫아버리고, 결과적으로 본질에서 벗어나 단순하게 그들이 내셔널리즘에 구속당하고 있다고 거부해버리고 있다.[7]

그랬던가, 하나자키에게도 그렇게밖에 보이지 않았던 것인가 하는 무력감과 함께 심포지엄에서 나의 언설 전략이 실패했다는 것, 나의 표현력이 부족했다는 것을 알게 되었다.[8]

하나자키가 "우에노 지즈코도 탈식민지화 관점이 명확하다고 할 수 없다"고 지적한 '탈식민지화'란 식민지 측의 해방과 독립에 합당한 '구 종주국의 탈식민지화'를 말한다. 하나자키가 미타니 다이이치로의 말을 인용해 거듭 확실시한 바에 따르면 이는 "일본이 일찍이 '제국'을 청산하고, 일본국이 제국으로부터 이탈하는", "일본이 주체가 되어 착수해야 하는 과제"를 말한다.[9] 같은 것을 민중의 맥락에서 바꿔 말하면 일본군 '위안부' 문제를 시금석으로 "일본의 민중운동이 주체적으로 착수해야 할 문제인데도 지금까지 그럴 수 없었던 것은 왜인가 하는 심각한 의문을 던져야 한다".[10] 여기에는 당연히 일본의 여성 운동도 포함되어 있다.

전후 일관되게 일본군 '위안부'의 존재는 알려져 있었으며 1970년대에 논픽션 책이 출판되고 1980년대에는 성폭력 피해자 운동이 일어났다. 그럼에도 불구하고 일본군 '위안부' 문제는 1991년에 피해 당사자의 충격적인 증언이 등장하기까지 일본 국내의 여성 운동이 전무하다고 할 정도로 이 문제에 착수하지 않았다는 것은 반성할 일이다. 그것은 단지 일본 여성 운동의 사회적 무력함의 증거일 뿐 아니라 하나자키가 지적하는 대로 "그 원인은 자국의 식민지 지배로부터 생겨난 고유한 과제에 대한 인식이 결여된 데에서 유래하는 것이 분명"할 것이다. 하나자키가 1980년대까지의 자신에 대해 "전후 자신의 시야가 일본 내부에 갇혀 있었다는 것을 알게 해주었다"고 하는 점에서, 사정은 나도 마찬가지였으며 충격은 '밖으로부터' 온 것이다. 그 점에서 각성의 기회를 준 일본군 '위안부' 피해 증언자들에게 아무리 감사해도 모자라다.

현재 내가 탈식민지화 관점이 명확하지도 충분하지도 않다는 비판은 달게 받아들이겠다. 하지만 그렇다고 해도 내가 '일본의 국민으로서의 책임을 인정하지 않는다'거나 '민족의 관점이 결여되어 있다'고 하는 것은 오해다.

"50년이나 지난 지금 '위안부' 피해자들이 사죄를 요구하고 있다는 사실에 대해서도, 일본이라는 국가의 정책을 허용해온 당사자로서의 책임에 응하는 문제에 대해서도" 내가 아래 인용과 같이 답하는 것이 아니냐고 하나자키는 상정하고 있다. '상정'이 '사실'로 유통되어버리는 일이 없기를 바란다. 예단과 편견만으로 "우에노라면 얼마든지 그렇게 이야기할 것 같다"고 하는 언설이 근거도 없이 유통되어 나는 전거典據를 확인할 수도 그것을 부정할 수도 없는 상황에 자주 고뇌해왔다.

"그렇게 나에게 묻지 말아주세요. 그것은 나의 책임이 아닙니다. 나는 일본이라는 국가를 대표할 생각이 없습니다. 일본국이 해야 할 일을 하지 않기 때문에 내가 짊어지지 않아도 될 책임이 있는 것 같은 이야기를 듣는 것도 불편합니다. 나는 고유한 나 자신에게만 책임을 집니다. 일본군 '위안부' 문제는 나와 일본군 '위안부' 피해자 사이의 개인적인 관계로 위치시키면 되는 일입니다"[11]라고 답하게 되지 않을까라고 하나자키는 상정한다. "이 상정이 그녀의 진의를 왜곡하는 것이라면 정정해야만 하겠지만"이라

고 하나자키는 친절하게 적고 있다. 정정해주셨으면 한다. 그것은 나의 진의에서 벗어나기 때문이다.[12]


## 2. 죄책과 책임

다카하시 데쓰야는 '책임 주체'에 대해서 누구보다도 전투적이고 엄밀한 논의를 해오고 있는데 '광의의 책임responsibility'과 '죄 또는 범죄crime를 저질렀던 죄책guilt'을 구별한다.[13] 거기에 더해 '전후에 태어난 일본인에게 전후 책임은 죄책이 아니다'라고 하는데, 엄밀하게는 '전쟁 책임은 죄책이 아니다'라고 해야 할 것이다. 침략전쟁을 일으킨 책임은 과거에 속하지만 전후 보상을 게을리해온 좁은 의미의 '전후 책임'은 전후에 태어나 전후 일본의 사회체제를 유지해온 사람들이 나누어 져야 한다. 내가 일본군 '위안부' 문제를 천착해온 것도 이것이 과거의 문제가 아니라 현재의 문제라고 생각했기 때문이다. 그녀들에게 반세기에 걸쳐 침묵을 강요해온 현재진행형의 가해에 나 또한 책임이 있다고 생각했기 때문이다.

다카하시는 나아가 '책임'을 "원리적으로 국경 밖의 경계 없는 응답가능성responsibility", 즉 아마도 그가 말하는 '도의적 책임'과 일본국의 주권자이기 때문에 생기는 '법적·정치적 책임'으로 나눈다. 전자는 무한책임일 수 있지만 후자는 유한책임이다. 나의 요약이 다카하시의 진의를 반영하고 있을지 내가 직면한 소통의 어려움 앞에서 마음이 놓이지 않는다. 하지만 그는 1999년 8월호와 9월호 《세계世界》의 지면에서 서경식과 나눈 대담을 통해 오해의 여지가 없는 명석한 언어로 책임론에 대해 이야기하고 있다. 대담에서 다카하시가 "일본국은 법적 책임을 다하라고 호출되고 있으며 일본 국민은 일본 정부가 법적 책임을 다하도록 정치적 책임을 다하라는 부름을 받고 있다"[14]고 말한 데 백 퍼센트 동의한다. '자신이 속한 정치 공동체'에 '참정권자'로서 속해 있을 때 국민의 한 사람으로 책임을 나누어지는 것은 당연하며, 정부가 내 뜻에 반하는 태도를 취하고 있을 때 그것을 바꿀 수 없는 자신의 무력감과 무념, 그런 사태가 계속되고 있다는 점에 대해 부끄러워하는 것 또한 당연하다. 나는 『내셔널리즘과 젠더』 초판 후기에서 그와 같은 태도를 명확히 표명했으며, 국민기금에 반대한다는 견해도 밝히고 있다. 또한 부족하지만 이를 실현하기 위한 실천 운동과 작업에도 참여하고 있다. 나는 저서에서 이미 밝힌 것을 반복할 필요가 없다고 생각했지만 그 자리에서 공개적인 발언으로 태도를 표명하지 않았기 때문에 질책을 받는 것일까.

나는 오히려 그 이상의 것을 이야기했다고 생각했다. 그 이상의 것을 말하는 것이 그 이전의 것을 없었던 것으로 하고 있다거나 부정하고 있다고 받아들이는 것은 맥락을 도외시한 것이 아닐까. 내가 다카하시에게 그의 논의가 하시즈메 다이사부로의 시민사회론과 어떻게 다른가라고 던진 질문은 다른 점을 명확히 해 시민사회론을 넘어서기를 바라는 기대를 담은 것이었다. 다카하시가 말하는 책임이 "일본국이라는 정치 공동체의 일원으로서의 법적·정치적 책임"만을 의미한다면 하시즈메의 시민사회론과 차이가 없다(다카하시의 의도와 달리 그렇게 들린다).

나는 전후 사회운동을 지탱해온 시민사회론에 대해 심각한 의문과 염려 그리고 위구심을 지니고 있다. 시민사회론은 첫째, 권리와 자원이 평등하게 배분된 참가자를 상정한다는 점에서, 그리고 대의제 민주주의를 옹호한다는 점에서 사회적 소수자 운동과 대립한다. 또한 중립적이고 공정한 절차라는 환상 아래서 집단의 의사결정이 만드는 억압도 정당화해버린다. 소수자 운동은 이와는 대조적으로 직접민주주의와 시민적 불복종을 내세워왔을 것이다. 예를 들면 다수자가 결정해도 나는 그에 따를 권리를 유보한다고 말이다.

다카하시가 "일본국이라는 정치 공동체의 일원으로서 법적·정치적 책임"을 다하고자 하는 행위의 내용은 참정권을 행사하거나 운동 단체에 참가하거나 심포지엄이나 성명에 참가하는 등 나를 포함한 여러 사람의 경우와 크게 다르지 않을 것이다. 하지만 한 가지, 다카하시는 "원리적으로 국경, 그리고 그 밖의 경계 없는 응답 가능성responsibility"이라는 '도의적 책임'을 받아들이고자 하는데, 이 점이 그를 다른 연구자들과 현저하게 다른 위치에 서 있게 한다. 최근 몇 년에 걸쳐 발표된 그의 글은 이전 일본군 '위안부'의 호소에 대한 나름대로의 응답이며, 그는 자신이 가장 잘 싸울 수 있는 전장에서 이를 행하고 있을 것이다. 그리고 나도 다카하시와 같이 내 위치에서 싸우려 하고 있으며, 그 싸움은 '고유한 나'라는 장에서의 것으로 그 무엇으로도 대체할 수 없다. 그리고 그것이야말로 내가 전 일본군 '위안부'들의 호소에 '나'로서 응답한 것이 되는 것이 아닐까? 못 박아두기 위해서 반복하자면, 그것은 일본 국민으로서의 책임을 다할 의무를 방기하는 것이 아니다. 언제 내가 그럴 필요가 없다는 식으로 말한 적이 있는가. 내 생각과는 달리 주장이 잘 전달되지 않은 것 같다.

물론 그 이전의 책임조차 다하지 못한 당신(들)이 그 이상의 것을 말할 자격이 없다고 질책하는 소리가 바로 따라올 것만 같다. 예를 들면 하나자키는 "나는 일관적으로 뭉뚱그려 말하는 '일본인'이라는 것을 일단 받아들여야 한다고 생각한다"고 했다.[15] 나도 그것을 거부할 생각은 없다. '일본인이라는 사실'—여기서 국적과 민족의 동일화에 대해서는 유보하고—은 부정할 수 없는 나의 일부이기 때문이다. 하지만 그다음에 '나는 배타적인 범주로서의 국적이나 민족으로 환원되지 않는다'고 하는 것은 부당하고 불가능한 것일까. 다카하시 자신도 "정치 공동체로의 귀속이 그것에의 융합, 동일화와 같은 말이 아니다"라고 했다.

> 나는 개인으로서의 존재, 젠더에의 귀속, 그리고 보편성에의 지평 등 그런 다양한 차원 중 하나의 차원으로서 국가와 민족이라는 정치적 공동체로의 귀속이 있다고 생각합니다. (…) 역사의 주체라는 것은 그런 중층적, 다원적 주체이며, 복수의 지평을 향해 열려 있습니다. 일본인이 전쟁 책임을 지고자 할 때 일본이라는 정치 공동체로의 귀속을 회피할 수는 없지만 그것이 결코 일본이라는 국민국가로의 동일화를 의미하는 것은 아닙니다.[16]

그가 이렇게 말했을 때 나는 그와 한없이 가까운 곳에 있다고 생각했는데…….

서경식이 인상적인 일화를 들어 이야기한 대로 일찍이 한국 병사가 유린한 나라인 베트남에서 온 아비뇽의 베트남 요리점 주인은 서경식을 '그 한국인'과 동일시해 달려들지도 모른다. 나도 중국이나 한국을 방문하면 그런 동일시의 시선을 비껴갈 수 없을지도 모른다. 그때 나는 '일본인'의 대표로서 맞고 공격당할지도 모르지만, 그 와중에 '그래도 이것은 부조리하다'고 생각하면 안 되는 걸까. 서경식은 내가 "한국에 간 일본의 젊은 이가 과거 일본의 지배를 알고 놀라서 울면서 사죄한 것"에 대해 쓴 글을 종종 거론하면서, "일본인이 그런 반응을 나타낸다고 해서 싸잡아 국가와의 동일시라며 그 행동을 부정할 수는 없다"며 그 지점에서 나를 향한 비판을 이끌어내고 있다. "우에노는 (…) 아시아의 피해자 앞에 섰을 때 일본인이라는 사실이 불편하고 부끄럽고 슬프다는 감정을 품는 것 자체가 잘못되었다는 식으로 논의를 전개하고 있는 것 같은 생각이 든다"[17]고 했다.

그런 "생각이 든다"는 것은 서경식이 받아들이는 방식일 것이다. 나는 해당 부분에서 이 청년이 느꼈을 아픔의 표현은 "국가와 동일시하는 것 이외의 방법을 찾아낼 필요가 있다"고 분명히 적고 있기 때문이다. 나는 이 청년이 느낀 '아픔의 감각'을 조금도 부정하지 않았다. 그것이 국가와 동일시하는 표현을 취하고 있는 것에 놀라고 있을 뿐이다. 그것을 서경식이 "불편하고 부끄럽고 슬프다는 감정을 품는 것 자체가 잘못되었다"고 이해하는 것은 어느새 서경식 안에서 내가 '사죄하려고 하지 않는 일본인'의 대표처럼 간주되고 있기 때문일 것이다.

물론 서경식의 논리는 '먼저 때린 것은 너희 일본인'이라는 것이다. 『내셔널리즘과 일본군 '위안부' 문제』에 수록된 오카 마리岡眞理의 「우리가 스스로 자신의 이름을 말할 수 있는 것은 어째서인가」라는 힘찬 글이 있다. 오카는 '일본인으로' 지명되는 것은 타자에 의해서이며, 스스로 이름을 말할 수 있는 것은 특권적인 위치에 있기 때문이라고 지적했는데, 이 점은 잘 이해된다. 한반도 출신자에 대해서 '너는 조선인'이라고 민족을 표식화한 것은 말하는 이가 지배 민족인 일본인이기 때문에 조선인은 민족을 선택한 것이 아니라 선택당한 것이라는 뜻이리라. 하지만 반격의 칼날을 '우리는 피지배 민족으로 오욕화되었으니 이번에는 당신들이 지배 민족으로 가해 책임을 져라'라고 들이대면 자타를 '상상의 공동체'와 동일시하라고 강제하는 것이 되지 않을까. '민족'이란 국민국가를 자연스럽게 하는 장치이기 때문이다.

물론 서경식의 피로감은 이해한다. 전후 일본인은 '공허한 주체'이기만 했지 '책임 주체'였던 적이 한 번도 없지 않은가, 우선 가해 책임을 받아들이는 책임 주체가 되는 것이 선결 과제이지 않은가 하고 그는 말하지 않을까. 같은 피로감이 하나자키에게도 향하고 있다. 「당신은 어디에 앉아 있는가」[18]에서 서경식은 일본인인 당신은 "공생의 방법"을 말할 자격이 없다고 이야기하는 듯이 보인다. 서경식은 하나자키 자신이 어떤 과정을 거쳐 그곳에 있는지, "일본인으로서의 책임"을 다하기 위해서 다양한 활동을 하고, "알려고도 하지 않는" 다른 일본인 주류를 설득하기 위해 해온 노력을 불문에 부친다. 또한 글 속에서 식민지 지배가 만들어낸 분단선이 강요하는 '당신은 누구인가'라는 질문을 회피하는 것이 아니라고 그토록 상세하게 설명하고 있는데도 그 부분은 무시된다.

이런 나의 옹호가 하나자키에게는 오히려 불편할지도 모르겠다. 하지만 나에게 쏟아지는 비판 중 하나, 즉 일본군 '위안부'를 둘러싼 한국 내의 민족 담론을 비판한 것에 대한 비난도 '일본인인 당신에게 그것을 비판할 자격은 없다'고 하는 것처럼 들린다. 탈식민지화의 과제는 시간적인 순서를 따라서 이루어진다고 할 수는 없다. 그 이상으로 1990년대 일본의 탈식민지화 과제를 어렵게 만들고 있는 것은, 다시 하나자키의 말을 빌리면 "엄격한 책임 주체"의 자각을 "열린 주체"로 연결하는 "곤란한 문제"가 안고 있는 이중성이며, 이것은 동시에 대응해야만 할 것이다.

한편에서 히노마루와 기미가요가 추진되며 "자랑스러운 일본"이 수행적으로 실현되려 할 때, '나(의 전부)는 국가에 속하지 않는다'라는 논리

구축은 시급한 요청이다. 일본군 '위안부' 피해자들의 개인 보상 요구를 숨죽이고 바라보고 있는 것도 그것이 민족과 국가로 환원되지 않는 투쟁 논리이기 때문이다. 국가를 탈자연화한 가운데 오카가 인용하는 정혜영의 물음, 즉 "당신들 개개인이 어떤 사람이든 당신들은 일본국 주권자다. 일본국 주권자인 당신들은 어떻게 할 것인가"라는 물음에 답할 책임은 오로지 일본국 주권자인 우리에게 있다.

### 3. 민족인가 젠더인가

위의 서경식과 나의 논쟁은 페미니즘이 민족 문제를 그냥 지나치는 예로 종종 인용되는데 오카의 글에서도 인용되고 있다. 오카가 인용한 나의 발언을 여기서 정확하게 재현해보자.

서경식 씨의 발표를 들으면서 당사자 발언의 무게를 심각하게 받아들이지만 그래도 두 가지 점에서 의문이 남습니다. 하나는 식민지 지배 자체가 강제라는 것은 말씀하시는 그대로입니다. 일본군 '위안부' 제도는 식민지 지배가 지닌 악의 귀결 중 하나라고 하신 부분도 말씀하신 그대로입니다. 그러나 만약 일본군 '위안부' 제도를 식민지 지배의 틀에서 다루게 되면 그것은 식민지 여성이 짊어진 피해가 되며 일본인 일본군 '위안부'는 남녀 모두 보국을 위해 정신한 것 중 하나가 되어버립니다. 우리는 일본인 일본군 '위안부' 문제를 문제화할 수 없게 됩니다.

나는 서경식 씨를 비판하고 있는 것이 아닙니다. 이것은 재일 한국인 서경식 씨의 싸움이며 서경식 씨의 싸움의 논리라고 생각합니다. 그것이 풀 수 있는 문제가 있고 그럴 필요를 느끼지 않는 문제가 있습니다. 나는 성폭력 피해자로서의 여성 문제를 서경식 씨에게 풀어달라고 할 생각은 없습니다. 그것은 서경식 씨의 싸움이 아니고 우리가 짊어지고 있는 싸움입니다. 서경식 씨가 생각하시는 논리와 다른 논리를 구축하지 않는 한 국경을 넘어 여성의 성폭력 피해에 대한 물음을 구성할 수 없다고 생각합니다.[19]

많은 사람으로부터 비판의 초점이 된 이 부분의 발언에 대해서 나는 표현의 어려움을 곱씹고 있다. 무언가를 이야기한 것은 이야기하지 않은 것을 부정한 것이 되고, 말하지 않은 것은 결코 이해되지 않는 현실에 직면하고 있다. 김부자는 나의 발언에 대해 "식민지라는 특징적인 시점의 위약함과 당사자 의식의 희박함"[20]을 비판하면서 다음과 같이 이야기했다.

심포지엄에서 "식민지 지배 그 자체가 강제"라고 말한 서경식에 대해서 우에노가 "그것은 재일 한국인 서경식의 싸움이며, 그의 싸움의 논리라고 생각합니다. 풀 수 있는 문제와 풀 필요를 느끼지 않는 문제가 있습니다"라고 반론한 것처럼 "풀 필요를 느끼지 않는다"는 말인가?[21]

좀 더 정확하게 읽어주시기 바란다. 앞의 단락에서 나는 서경식의 지적을 전면적으로 받아들이고 있다. 그 위에 내가 들고 나온 것은 "일본인 일본군 '위안부'"의 문제이며, 뒤 단락의 발언은 그와 같은 문맥에서 행하고 있다. 오카도 "우에노는 당사자가 아닌가"[22]라고 묻고 있는데, 식민지 지배에 대해서는 반복해 말하듯이 '일본 국민'으로서 당사자가 맞다. 김부자가 "나는 일본국의 주권자가 아니기 때문에 일본 정부를 바꿀 책임 주체가 되지 못합니다"[23]라고 말한 대로 "일본 정부를 바꿀" 당사자 책임은 김부자가 아닌 나에게 있다. 오카의 인용은 부정확하다. 나의 발언 중 두 개의 문장을 이어서 "그것이"가 빠진 채 인용하고 있는데, 문맥에서 보면 "그것(서경식의 싸움의 논리)이 풀 수 있는 문제와 풀 필요를 느끼지 않는 문제가 있다"로 연결되고 있다. 직후에 오는 문장과의 연결에서 보면 여기는 '서경식의 싸움의 논리가 성폭력 피해자로서의 여성의 문제를 풀 필요를 느끼지 않는다(라고 해도 나는 그것을 탓할 생각이 없다)'라고 읽는 것이 자연스러울 것이다. 그렇다고는 해도 서경식 자신은 "일본인 여성이기 때문에 자동적으로 일본인으로서의 집단 책임이 해제되는 것은 아니다. (…) 물론 되돌려 말하면 (…) 조선인이라는 것만으로 내가 지닌 남성 중심 사회의 특권자로서의 남성이 지니는 책임이 해제되지 않는 것과 마찬가지"[24]라고 지적하고 있다.

　나는 여기서 '식민지 피해자'인가 '성폭력 피해자'인가 하는 민족과 젠더 사이 '희생의 피라미드'를 만들고자 하는 것이 아니다. 그런 것은 무의미하다. 하지만 하나를 지적했다고 해서 다른 하나를 무시한 일이 되는 것일까. 하나를 전제하고서 다른 하나를 덧붙이고자 하는 것은 '이것인가 저것인가'의 양자택일의 함정에 빠져버리고 마는 것일까. 자신의 발언을 해제하는 데 따르는 피로감을 억누르고 설명하자면, '일본인' '여자'라는 동일성 아래에서 나는 일본인 일본군 '위안부' 문제를 심각한 문제로 받아들이고 있다. 그리고 니시노 루미코도 이를 "심포지엄이 제기한 문제"로 지적하고 있는 것을 볼 때 니시노도 이 문제를 "자기 자신의 문제"로 받아들이고 있는 것 같다. 그런데 나와 니시노가 당사자라고 느끼는 문제가 그것이 서경식의 문제가 되지 않는다고 해도 방법은 없다. 그 문제를 풀 책임은 우리 '일본인' '여자'에게 있으며 서경식에게는 없다. 서경식이 '식민지 지배'를 문제 삼는 것은 너무도 당연하지만 '식민지'라는 틀만으로는 일본인 일본군 '위안부' 문제를 푸는 데 충분하지 않다. 이렇게까지 말하면 알아줄까. 또는 여기까지 말하지 않으면 알아주지 않는 것일까.

답은 안타깝게도 후자 같다. 내 발언은 문맥을 벗어나 홀로 떨어져 "당신의 문제는 당신의 문제, 나와는 관계없다"로 해석되어버렸다. "재일조선인 서경식 씨에게는 서경식 씨의 싸움이 여자인 자신에게는 페미니스트로서의 싸움이 있다는 논리를 나는 받아들일 수 없다"[25]는 오카의 발언은 그것이 내 발언을 곡해한 것이라는 점을 제외하면 나도 동의할 수 있는 의견이다. 그렇다기보다는, 우리는 그 양쪽과 동시에 싸워야만 하는 곤란한 싸움의 장에 서 있다. 설마 서경식이 '민족의 문제가 젠더에 우선한다'고는 말하지 않을 것이다. 이 일은 우선순위의 문제가 아니다. 무언가에 밀려 뒷전이 되기 쉬운 젠더 관점의 우선순위를 폄하하는 것을 단호하게 거부한다는 의미에서 나는 분명 '페미니스트로서의 싸움'을 해왔다. 그것을 '젠더가 최우선'이라는 주장으로 잘못 읽는 것은 그렇게 읽는 사람들의 문제일 것이다.

하야오 다카노리早尾貴紀[26]도 같은 오독을 하고 있다. "두 분(요시미 요시아키와 스즈키 유코) 모두 이 문제(일본군 '위안부' 문제)의 배경에 성차별과 민족 차별 그리고 계급 차별이라는 삼중의 차별이 있다고 지적했는데, 이 점은 주목할 만한 가치가 있다. 그에 대해서 성차별이라는 관점에 비중을 두고 있는 것이 우에노 지즈코와 오코시 아이코다". 나에 대해서 가장 가치 없는 비판을 하고 있는 오코시가 이처럼 나와 같다고 간주되면 분개할 것이다. "일본군 '위안소' 제도가 국가 범죄라고 한다면 오히려 근대국가 그 자체를, 그리고 일본의 근대 그 자체를 물어야 할 것이다"라고 한 그의 지적에 대해 나는 '여성의 국민화'를 키워드로 답했는데, 하야오는 정말 내 책을 읽은 것일까.

나는 일본군 '위안부' 문제를 민족 차별과 성차별의 이중 범죄 - 그리고 물론 국가의 범죄 - 로 보는 것에 대해 참가자 사이에서는 합의가 되어 있었다고 이해했다. 그 위에 김부자가 말하는 "일본인의 모임에서는 민족을, 한국인의 모임에서는 젠더를 강조한다"는 전략은 엉뚱한 결과를 낳게 되었다. 나는 다른 발표자들이 지적하지 않았던 점을 보충하는 의미에서 일본인 일본군 '위안부'와 전승국의 전쟁 책임에 대해서 언급했는데 그조차도 "일본인의 책임"을 면죄하는 듯한 문맥으로 받아들여진 것 같다.

나는 오카의 비판으로부터 많은 것을 배웠지만 그래도 나를 비판할 목적으로 쓴 글 구석구석에서 무언가를 위한 오독으로밖에 볼 수 없는 해석이 있어서 난감했다. 예를 들면 오카는 글 후반의 많은 부분을 할애해 내가 "페미니즘이 역사적으로 내셔널리즘을 초월한 적이 없다"고 말했다고 해석하고, 이에 대해서 세계 각지 여성 운동의 실례를 들어서 반론하고 있다. 정확하게 나는 "일본의 페미니즘은 역사적으로 내셔널리즘을 초월한 적이 없다"고 했으며 다른 지역의 페미니즘은 언급하고 있지 않다. 이는 과녁을 벗어난 비난으로 오카의 지나친 의욕으로 인한 실수로 보인다. 김부자가 "일찍이 나는 일본의 페미니즘이 내셔널리즘을 초월하는 역사를 지니지 못했다고 논한 적이 있다"[27]고 했던 발언을 받아서 나 스스로 직접 검증한 후 『내셔널리즘과 젠더』에서 그것을 인정했던 것이다.

"페미니즘은 내셔널리즘을 초월할 수 있을까"라는 내 질의는 많은 오해와 비판을 낳았다. 나는 이것을 질의 형태로 발신했으며 안이하게 '그렇다'라고 하지도 않았다. 그런데도 질의 자체가 금기라도 되는 듯이 일거에 반발을 샀다. 이 질의에 대한 페미니스트의 답은 양의적이다. 김부자는 자신이 "일본의 페미니즘이 내셔널리즘을 초월한 역사를 지니지 못했다"라고 한 것은 "앞으로 미래에도 영원히 '초월하지 못한다'라는 의미가 아니다. 오히려 초월해주길 바라며, 방식에 따라서 초월할 수 있다고 기대하고 있다"[28]고 했다. 오카 또한 예를 들어가며 세계 다른 지역에서 "페미니즘이 내셔널리즘을 초월한" 실천을 해왔음을 증명했다.

　　나의 답은 "일본의 페미니즘이 역사적으로 내셔널리즘을 초월한 적이 없는 것은 안타까운 사실이지만, 그렇다고 해서 앞으로도 초월할 수 없다는 것을 의미하지는 않는다. 페미니즘은 내셔널리즘을 초월할 필요가 있으며, 초월할 수 있다"는 것이다. 그것은 담론적인 몸부림일 뿐이며, 그렇다면 초월해보라고 하는 소리가 즉각적으로 들려올 것 같다. 그렇기 때문에 나는 『내셔널리즘과 젠더』에서 일본 페미니즘의 과거 역사를 검증했다. 그 과정에서 이끌어낸 – '혼신의 힘으로'라고 애써 말하고 싶다. 이론이란 중노동이기 때문이다 – 것은 페미니즘은 내셔널리즘과 양립할 수 없다는 점이다. 따라서 여성의 국민화 속에 페미니즘의 해답은 없다는 분명한 결론이었다. 그리고 그것은 통합형 젠더 평등에 대해 제동을 거는 실천적인 귀결로 이어질 것이다. 그리고 "페미니즘이 내셔널리즘을 초월한다"는 것은 국적을 이탈할 수 없는 우리들이 나날의 실천 속에서 어떤 선택을 쌓아가는 것으로밖에 표현할 수 없다. 그리고 그 과제는 나만의 것이 아니라 오카 자신의 것이기도 한 것이 아닐까? 오카가 '제3세계 페미니즘' 연구자로 자신을 명명할 때 그녀는 무엇을 하고 있는 것이 될까. 그녀가 반복적으로 선진국 페미니스트에게 던지는 비판이나 경고는 경청할 만하지만 그렇다고 해서 그녀 자신이 '내셔널리즘을 초월한' 실천을 보여주고 있는 것은 아니다. 나의 질의는 그 과제를 공유하고 싶다는 호소이기도 하다.


### 4. 여성의 국민화?

『내셔널리즘과 젠더』 이후 나의 탐구는 여성의 군대 참가 문제로 확장되었다. 통합형 젠더 평등의 도달점은 남성과 대등한 '일급 국민'으로서 여성의 권리의 평등이며 그 평등이란 사고실험상으로는 폭력을 포함한 국가 권력의 '분배 공정'을 의미하기 때문이다. 아니 사고실험만이 아니다. 여성의 군대 참가는 더 이상 황당무계한 몽상도 악몽도 아닌 현실이 되고 있다. 그리고 이라크 전쟁부터 코소보 공중폭격에 이르는 하이테크 전쟁 경험은 여성도 남성과 완전히 대등하게 실전에 참가할 수 있음을 증명하고 있다. 그리고 수전 손택Susan Sontag 같은 지식인이 코소보 공중폭격을 '정의의 전쟁'으로 정당화할 때 '여성=평화주의자'라는 본질주의에 의거하지 않는 비무장 논리의 구축은 페미니즘에서 긴급한 과제가 되었다. 그리고 그와 같은 남성이 만든 권력 개념을 해체하고 그것에 '참가'하라는 요구를 멈추게 하기 위해서이기도 하다.

이런 문맥에서 볼 때 신경 쓰이는 글을 보게 되었다. 오코시 아이코가 스즈키 유코가 1998년 와다쓰미회* 세미나에서 한 발언을 인용하고 있다.[29]

---

\* 　일본전몰학생기념회, 통칭 와다쓰미(わだつみ)회. 1950년 4월 "전쟁으로 인해 흘린

사태는 정말 우려할 만합니다. 여성학이나 페미니즘에서도 당연히 반영해왔다고 생각합니다. 예를 들면 최근 여성학이나 페미니즘 일각에서 소위 여성 병사론이 나오고 있는 것은 주목할 만하다고 생각합니다. 여성 병사론을 아주 간단하게 정리하면 여성이 병사가 되면 왜 안 되는가 하는 것입니다. 이런 지금까지와 완전히 다른 우리들이 예상하지 못했던 주장이 페미니즘의 갑옷을 걸치고, 지금은 일부이지만, 나오고 있습니다.

나를 포함한 '군대와 여성'론[30]의 최근 흐름에 대해서는 가노 미키요가 요령 있게 정리한 글[31]이 있기 때문에 그것을 참조해주면 좋겠지만 스즈키의 이 '소개'는 일본 페미니즘의 현상을 볼 때 공평하다고 할 수 없다. "여성학이나 페미니즘의 일각"에서 여성의 군대 참가설이 있는 것은 사실이지만 그 이상으로 큰 비중을 차지하는 것은 그에 대한 비판적인 언설이다. 균형감 있게 현상을 파악하지 못하는 것만으로도 '여성학·페미니즘'에 대한 편견을 조장하는 효과를 갖게 된다. 내가 이상하게 생각하는 것은 스즈키 본인이 자신을 '여성학·페미니즘'의 당사자로 생각하지 않는 듯한 발언이다. 반대로 그녀 안에서 '여성학·페미니즘'이라는 말로 대표/대변되는 것은 도대체 누구인가.

스즈키의 비판은 출전을 밝히지 않았기 때문에 근거를 확인할 수도 반론을 펼 수도 없다. 스즈키를 비판한 것에 대해 나는 많은 사람으로부터

피는 다시는 그런 피를 흘리지 않게 하는 것 이외의 방법으로는 속죄할 수 없다"는 신념에 따라 설립되었다. 죽은 자가 남긴 염원을 사유하고 발언하며 행동하는 반전 평화 단체다.

반론과 비난을 받았는데 정작 스즈키 본인에게서는 비판을 받은 적이 없다. 나의 비판 같은 것은 상대하기조차 시간이 아깝다고 생각했던 것일까. 그것은 그 나름의 대처 방법 중 하나일 것이다. 실제 강연록에서 '어떤 페미니스트'라고 이름을 거론하지 않고 언급되는 것 같지만 이름도 출전도 밝히지 않는 비판은 스즈키 자신이 말하듯 "반론권을 빼앗는" 것이 아닐까. 다른 한편, 같은 강연에서 나의 실명을 거론하는 부분이 있는데 그것은 나와 직접 관계없는 일에 대한 근거 없는 중상이다. 이에 대해 여기서 분명하게 반론해두겠다. 그것은 다름 아닌 내가 국민기금의 추진자라는, 사실과 전혀 다른 비방이다. 스즈키가 강연장 등에서 공개적으로 그런 취지의 발언을 하고 있다는 것은 알고 있었으며 거기서 시작되어 유통된 소문에 나는 상당히 고민했다. 하지만 발언 장소에 있었던 것도 아니고 문서 형태로 확인할 수 있는 정보도 아니었기에, 나는 반론을 펴려고 해도 펼 수가 없었다. 그러던 차에 간신히 스즈키가 실명으로 내 이름을 거론해 언급한 간행물을 입수했다. 그것은 1998년 한국정신대문제대책협의회(정대협)가 펴낸 『제5회 일본군 '위안부' 문제 아시아연대회의 보고서』에 실린 스즈키의 발언 기록이다. 스즈키는 다음과 같이 이야기하고 있다.

> 1994년 5~6월 일본군 '위안부' 피해자들에 대한 생활 지원을 위한 민간 기금의 구상이 드러나기 시작했다. 발기인은 스즈키 스미코(鈴木澄子, 현 사회민주당인 당시 일본 사회당 참의원 의원), 우에노 지즈코(도쿄대학 교수) 등 8명의 여성이었다. 최근 저서 『내셔널리즘과 젠더』에서 우에노는 "나는 몇 명의 동료와 이야기해 조용히 생존자의 생활 지원을 위한 모금 활동을 NGO로서 조직하고자 준비해왔다. 너무나 많은 곤란과 장애로 인해 아

이디어는 결국 실현되지 못했다"(같은 책 224쪽. 방점은 인용자)라고 서술하고 있는데(스즈키의 본문에는 방점이 빠져 있다 – 인용자), 이 자체가 피해 여성을 구제를 위한 모금 운동의 대상으로 비하하고 국가범죄 고발자로서 그녀들의 존재를 축소하는 언동이라고 하지 않을 수 없다. 시미즈, 우에노 두 여성이 결과적으로 국가의 성폭력이자 조직적 성폭력, 전쟁범죄인 일본군 '위안부' 문제의 본질을 은폐하고 금전 문제로 왜곡하기 위해서 만들어진 국민기금의 선도 역할을 한 것은 일본 여성으로서 안타까울 따름이다.[32]

1999년의 강연록에서도 마찬가지 의미를 약간 다른 표현으로 반복하고 있다. "아시는 바대로 민간기금 구상이 구체화되어 (⋯) 국민기금이라는 것이 발족된 것"[33]이라고 했는데, 이는 사실관계가 잘못되었을 뿐 아니라 엄연히 다른 민간기금과 국민기금이 스즈키의 머릿속에서 동일한 것이게 되어버렸음을 보여준다. 이렇게 되면 NGO인 시민 단체가 '시민기금'을 생각해내는 것조차 어렵게 되어버린다.

『내셔널리즘과 젠더』의 초판 후기에서 생각했던 바를 모두 털어놓았던 설명이 완전히 무시되고 같은 비판이 반복되는 것을 보고 아연실색하지 않을 수 없다. 첫째, 생활 지원을 위한 모금 운동이라면 정대협뿐 아니라 다른 지원 단체도 해왔는데, 그것만으로 어떻게 "피해 여성을 구제를 위한 모금 운동의 대상으로 비하하고 국가 범죄 고발자로서 그녀들의 존재를 축소"한다고 본질을 무시한 채로 연결시킬 수 있는 것일까. 둘째, '생활 지원'이라는 말을 주의 깊게 사용한 것은 정부도 국민 대표도 아닌 NGO의 시민이 '사죄'나 '보상'을 할 수 있는 위치가 아닌 것은 자명하기 때문에, 시민으로서 연대의 뜻을 표명하기 위한 것이었다. 셋째, 그런

NGO의 아이디어를 횡령한 것은 정부이며, 시민 단체와 언뜻 보기에 비슷하지만 전혀 다른 정부가 출자한 아시아 여성기금을 만든 것은 오로지 정부의 책임이지 NGO 활동가의 책임은 아니다. 넷째로 모금 운동 중에는 내가 관여했던 활동뿐 아니라 그 밖에 다양한 활동이 있었다. 그런 아이디어를 품었던 것만으로 "시미즈, 우에노 두 여성이 결과적으로 아시아 여성기금의 선도 역할을 한 것이다" – 표현은 주의 깊게도 '결과적으로'이지만 – 라고 재단하는 것은 역사가로서 공정하다고 할 수 없지 않을까.[34]

나는 스즈키의 역사관을 "사후적인 심판에 근거한 고발 사관"이라고 불렀다. 너무도 많은 전쟁 전의 페미니스트들이 걸었던 잘못된 길을, 나만은 피할 수 있다는 보장이 없기 때문이다. 서경식은 아시아의 여러 민족에게 일본의 전쟁은 침략전쟁이라는 것이 분명했으며, 일본 내에서도 당시부터 그 전쟁을 악으로 판단했던 사람들이 있었다고 한다. 분명 그럴 것이다. 하지만 자신이 잘못되지 않은 쪽에 선다는 보장은 없다. 나는 잘못하지 않는 페미니즘보다 잘못될 가능성이 있는 페미니즘 쪽에 서고 싶다고 생각한다. 페미니즘이란 질문을 던지면 자동적으로 '정답'을 낳는 자동판매기 같은 사상이 아니기 때문이다. 나 자신이 앞으로 틀리지 않으리란 보장은 없다. 그런 점에서 김부자의 발언은 위로가 된다.

'잘못하지 말라'는 것보다는 '잘못을 알게 되었을 때 어떻게 대응할 것인가'라는 문제가 더욱 중요하다고 생각합니다.[35]

그런 점에서 일본 여성 운동의 전후 책임을 묻는 일은 앞으로도 계속되어야 할 것이다.

## 5. 다원성을 향하여

논쟁의 초점에는 '책임 주체'와 함께 '역사학 방법론'이 포함되어 있다. 책에는 역사가 요시미 요시아키의 반론이 실려 있으며 내용이 당일 발언보다도 훨씬 호되다. 이것을 읽고 나는 내가 요시미의 심한 분노를 샀다는 것을 알게 되었다. 나의 역사관에 대해서는 다른 역사가들로부터 다양한 반론과 시사를 받았다. 나의 역사학에 대한 이해가 천박하며, 역사가는 좀 더 괜찮은 일을 하고 있다는 것, 실증 사학이 문서 사료 지상주의와 같은 것이 아니라는 것, 실증 사학이라고 해도 패러다임에 따라서 '다양한 역사'를 그려왔다는 것 등의 가르침을 받았다. 그 점에서 나의 역사학 비판은 "지푸라기 인형을 때리는" 식이었음을 사죄하고 싶다.

그런데 일본군 '위안부' 문제가 젠더사에 들이밀었다고 생각하는 과제, 그러나 다른 역사가가 별로 공유하고 있다고 생각되지 않는 점에 대해서 다시 한 번 반복적으로 이야기하고자 한다. 요시미는 '사실史實'이라는 단어를 사용해 역사가의 과제를 담론(여기서는 일본군 '위안부'의 증언)의 진위 검증에 두고 있다. 사회학은 진위보다 담론의 문맥에 따른 타당성을 기준으로 삼는다. '사회학적'이라는 것은 '이류 사회과학'의 대명사로 자주 야유당하지만 사회학은 오히려 지식의 신뢰성의 구조를 철저하게 의심하는 학문이고자 해왔다. 일본군 '위안부' 담론에 따라 이야기하면, 50년 전에 일본군 '위안부' 피해자 여성이 "나는 일본군의 성노예였다"라고 증언했어도 당시의 문맥에서는 '부적절'할 뿐 아니라 그 문맥에서의 효과는 당사자에게 침묵을 강요하는 것이었을 것이다. 반세기 후의 증언이 수행했던 것은 담론에 의해 문맥을 다시 만드는 것이다 – 이것을 나는 패러다임의 전환이라고 부른다. 어떤 것이 선행했다기보다 담론과 그것이 타당성을 갖는 문맥의 전환이 동시에 일어났다고 해도 좋다. 그때 역사의 '재심'이 일어난다. 거기에는 '사실'의 진위를 넘어서는 이론적 수준이 있다는 점에서 역사가는 충분히 자각적이었다고 말할 수는 없지 않을까.

덧붙여서라고 하기는 그렇지만, 얻기 힘든 기회를 통해서 도쓰카 에쓰로戶塚悦郎의 성의 있는 비판[36]에 대해서도 대답하고자 한다. 유엔에 대한 나의 냉소는 물론 국가에 대한 냉소에서 연유한다. 국제연합이란 어차피 국가연합의 다른 이름이기 때문이다. 하지만 소수자 투쟁에서 **비록 유엔이지만** 그것이 유용하다고 생각하고 행동하는 사람들에 대해서 내가 냉소에 가득 찬 시선을 던질 이유는 없다. 그리고 소수자와 여성 운동이 유엔에 접근하기 위한 자원을 가지지 못한 것도 도쓰카가 지적하는 바 그대로다. 유엔에 대한 로비 활동은 법정 투쟁이 그렇듯이 **한계가 있지만 무력하지는 않다**는 것도 정말 옳다고 생각한다. 법률가가 자신이 가장 잘 싸울 수 있는 전장을 선택하듯이, 나는 나의 한정된 시간과 에너지를 내가 가장 잘 싸울 수 있는 전장, 즉 연구라는 영역에서 사용하고 싶다. 그런 의미에서 나는 그의 활동에 깊은 경의를 표하고 응원도 하고 있지만 같은 활동을 할 생각도 능력도 없다. 그렇게 받아들여주시면 행복하겠다.

그 외에도 다양한 사람들의 비판과 반응을 받았지만 그에 대해 전부 답하기에는 지면이 모자란다. 내가 답변하고 있는 지금은 이미 논쟁이 끝나버린 후로, 사후약방문 같은 측면이 많을 것이다. 하지만 지금 그때와 같은 심포지엄에서 발표한다면 나의 발언은 좀 더 배려 있는 것이 될 것 같다는 점에서 여러 가지를 배웠음이 분명하다.

그래도……. '민족'이라고 하면 젠더를 무시한 것이 되고, '젠더'라고 하면 민족을 잊은 것이 된다는 '강요당한 대립'에서 어떻게 하면 벗어날 수 있을까. 나는 그렇게 말한 기억이 없지만 말이다. 페미니즘을 "젠더를 최우선하는 사상"이라고 해석하고 싶어 하는 사람들의 오해를 어떻게 피할 수 있을까. 현실에서 다원성을 요구하듯이 나는 조심스럽게 방법론에서도 다원성을 요구한다.

"오늘날 모든 분야에서 젠더만으로 대상을 분석하는 것은 불가능하지만, 동시에 젠더 없이 분석하는 것도 불가능하게 되었다."[37]

# 3장 국민기금의 역사적 평가를 위하여

## 1. 국민기금의 해산을 맞으며

'무라야마村山 기금'이라고도 불리는 '여성을 위한 아시아 평화 국민기금'(국민기금의 정식 명칭)이 설립 10주년을 맞아 2007년 해산을 앞두고 있다. 나는 설립 당시부터 기금에 대해 비판적인 관점을 취하고 있었지만, 정치적 사업은 10년이 경과하면 평가의 대상이 되어야 한다고 생각한다. 어떤 행위라도 의도의 논리와 결과의 논리가 있지만 정치적 행위에는 반드시 결과에 대한 책임이 따른다. 결과에는 의도했던 결과도 있지만 의도하지 않은 결과도 있다. 일본군 '위안부' 문제의 해결을 위해서 무라야마 정권이 정치적으로 선택했던 국민기금이 정치적 과제를 다했는가, 아니면 그렇지 못했는가. 그것을 평가하기 위한 역사적 총괄을 해야 할 시기가 곧 다가올 것이다.

사실 페미니스트 사이에서는 국민기금에 대해서 논하는 것 자체가 금기시되는 상황이 계속되고 있다. 그렇게 된 것은 국민기금의 평가를 둘러 싸고 찬성파와 반대파로 절반씩 갈려 기금 측과 관계를 가졌는지 아닌지 가 '후미에'가 되는 상황이 생겨났기 때문이다. 국민기금에 대해 비판적인 사람들은 기금의 담당자와 동석하는 자리조차도 기피하는 경향이 있으며 양자 사이에 대화의 장마저 사라져버렸다.

기금 관계자는 해산을 눈앞에 두고 스스로 역사적 평가를 위한 사업 에 착수했다. 2005년 1월에는 국제적인 전문가에 의한 비공개 워크숍을, 같은 해 7월에는 국제 심포지엄을 공개적으로 개최했다.[1] 비공개로 진행했 던 것은 주최자가 내부 사정을 포함해 기탄없는 토론을 하고 싶다고 생각 했기 때문일 것이다. 나는 양쪽 자리에 모두 초청을 받았으며 숙고 끝에 기 금의 초대를 수락했다. 출석하는 것만으로도 기금에 비판적인 사람들에게 국민기금 측 사람으로 간주된다는 것을 잘 알면서도 한 선택이었다. 사실 기금을 비판하는 사람 중에는 초대를 받고 응하지 않은 사람과 일단 초대 를 수락했다가 직전에 참가를 취소한 사람도 있었다. 국민기금에 대해 비 판적인 세력에게는 국민기금이 주최하는 회의에 출석하는 것은 '불 속에 서 밤을 줍는' 것 같은 선택을 의미했다. 내가 기금 측의 초대를 받아들인 것은 다음과 같은 세 가지 이유 때문이었다.

첫째, 설립으로부터 10년이 지났기 때문에 국민기금이 해온 역할을 역사적으로 평가할 만큼의 시간이 경과했다고 느꼈다.

둘째, 내가 국민기금에 대해서 공공연하게 비판적인 태도를 보이고 있는 것을 잘 알면서도 초대를 했기 때문이다. 나는 국민기금 비판파로부 터도 오해에 근거한 비판을 받고 있지만 그 사람들로부터 대화의 장에 초 대를 받은 바가 없다. 그 점에서 국민기금 주최자 측의 배포가 크다고 하지 않을 수 없다. 나는 비판이라는 것은 당사자의 귀에 도달해야 한다고 생각한다.

셋째, 기금에 대해 비판하기는 했지만 나는 기금을 10년 동안 유지해온 와다 하루키를 비롯한 이사들에 대해서 항상 경의를 품고 있기 때문이다. 그들은 전후 일본 최고의 지성이라고 할 만한 이들이며, 평온했을 노년의 10년 동안 말로 다 형언할 수 없는 고생과 심적 고뇌를 겪으면서 대가없이 일을 해왔다. 나의 의문은 이들의 선의와 양심으로 지탱되었을 국민기금이 지금 왜 이렇게 뒤틀린 결과를 낳았는가 하는 점이다.[2]


## 2. 국민기금의 경위

총괄적으로 평가하기에 앞서 국민기금의 역사를 간략하게 돌아보고자 한다.

일본에서 일본군 '위안부' 문제가 시작된 것은 1991년 12월 6일 김학순을 시작으로 3명의 일본군 '위안부' 피해자가 전후 보상 청구를 제소하면서였다. 역사적으로 감춰져 있던 사실을 폭로한다기보다 누구나 알고 있으면서 그것을 '문제'로조차 느끼지 못했던 과거의 죄, 나아가 피해자에게 반세기에 걸쳐 침묵을 강요해온, 현재에도 진행 중인 죄 때문에 나는 커다란 충격을 받았다.

일본 정부는 고발을 당하고서야 전후 최초로 사실관계 조사에 나섰으며, 1993년 8월 4일에는 미야자와宮澤 정권 아래에서 일본 정부의 관여를 인정하는 유명한 고노 관방장관 담화가 발표되었다. 이 담화에서 정부는 "위안소는 당시 군 당국의 요청으로 설치되었으며 위안소의 설치와 관리 및 위안부 이송에 대해서 구 일본군이 직접 또는 간접적으로 관여했다"고 정부 관여를 공식적으로 인정한 데다 "정부는 이번 기회에 새롭게 출신지를 묻지 않고 일본군 '위안부'로서 셀 수 없을 만큼 많은 고통을 경험하고 몸과 마음에 치유하기 어려운 상처를 입으신 모든 분들에게 마음으로부터 사과와 반성의 기분을 전합니다"라고 사죄했다. 이에 근거해 역사 교과서에 일본군 '위안부'에 관한 내용이 처음으로 등장하게 되었지만 그 후 반격을 받고 후퇴를 강요당한 것은 잘 알려진 사실이다.

1993년에 일본신당을 중심으로 한 비非자민 연합내각이 성립되고, 호소가와 모리히로細川護熙 수상이 종전기념일 담화에서 그때까지 '대륙 진출'이라고만 표현했던 것을 전후 처음으로 '침략'으로 인정했다. 호소가와 정권이 단명하고 1994년에 하타 쓰토무羽田孜 정권이 탄생했으나 역시 단명했다. 같은 해 자민당과 사회당, 신당 사키가케의 연합정권(이하 '자·사·사 연합정권')이 성립해 사회당 당수였던 무라야마 도미이치가 내각 총리대신으로 취임했다. 무라야마 내각은 전후 50주년을 맞은 1995년 8월 15일에 내각 총리대신 담화를 발표해 "우리나라는 과거 국책을 잘못하여 전쟁의 길을 걸어 국민의 존망을 위기에 빠뜨리고 식민지 지배와 침략으로 많은 나라, 특히 아시아 각국의 사람들에게 대대적인 손해와 고통을 주었다"는 점을 인정하고 "이 역사적 사실을 겸허하게 받아들여, 새롭게 통절한 반성의 뜻을 나타내고 마음으로부터 사과의 마음을 표명"하기에 이르렀다. '무라야마 담화'는 그 후 자민당 정권으로 이어지고 2005년 현재까지 고이즈미小泉 내각 총리대신의 국회에서의 공식 답변, 즉 "기본적인 인식은 지금까지의 내각과 다르지 않다"로 이어지고 있다.

무라야마 정권에서 1995년 7월 19일 여성을 위한 아시아 평화 국민기금이 설립되었다. 국민기금은 재단법인의 형태를 띠고 약 5억 엔의 관리경비는 국고에서 지출되었지만, 일본군 '위안부' 피해자에게 지급하는 보상금은 모두 국민 모금으로 충당해 정부에 의한 국가 보상의 형식을 피해갔다. 정부 지출금은 국민으로부터 널리 모금을 하는 신문광고와 사무국 경비 등으로 사용되었다. 재단법인이라는 민간단체의 형태를 취하고 있는데도 국민기금은 외무성 관리 아래 있으며 외무 관료의 통제에 따르고 있다. 또한 피해자에게 보상금을 보내면서 총리대신이 서명한 사과 편지를 함께 보내기로 했다. 그러나 재단이사도 이사장도 아닌 자가 내각 공직명으로 '편지'를 보내는 것은 조리에 맞지 않으며, 사과와 보상이 국가 행위인지 국민 행위인지, 다른 말로 하면 관영 사업인지 민간 사업인지가 처음부터 쟁점이 되었다. 이처럼 관도 민도 아닌 성격은 반대파로부터 '비단벌레 날개 빛'처럼 어느 쪽으로든 해석이 가능하다고 비판받았는데 이는 정책적으로 의도된 것이었다고 할 수 있다. 국민기금을 설계한 사람들에게는 국가 보상을 피하면서 '국민'에 의한 사죄를 한다는 의도가 있었으며, 국가와 국민 사이의 의도적인 혼동은 제도 설계에 이미 들어가 있었기 때문이다. 그리고 바로 이 '비단벌레 날개 빛' 같은 애매한 성격이 국가에 의한 사죄와 보상을 요구하는 사람들로부터 비판의 초점이 되었다.

### 3. 국민기금의 정치적 책임

이 설립에 관여한 사람들에게는 어떤 정치적 책임이 있는 것일까? 국민기금에는 의도한 결과, 의도하지 않은 결과, 의도를 뛰어넘는 결과가 있다. 하지만 앞서 말했듯이 모든 정치적 행위는 의도가 아니라 결과로 판단되어야 하기 때문에 다음과 같은 판정이 가능할 것이다.

우선, 기금 설립 당시의 정치적 판단에 대해서. 무라야마 정권이 들어선 후 일본은 아시아 침략과 가해를 인정하고 사죄했다. 즉 '무라야마 담화'가 발표된 전후 50년에 이르러서 기금은 출발했다. 기금은 설립 당시부터 관도 아니고 민도 아닌 애매한 성격으로 출발했기 때문에 많은 사람들로부터 국가 보상을 피하기 위한 투명 망토라는 비판을 받았다. 하지만 설립에 관계했던 관계자들 머릿속에는 자·사·사 연합정권 시기에, 게다가 사회당 당수가 내각 총리대신으로 있을 때 전후 보상 문제의 일단을 해결하는 것은 앞으로 다시 없을 천재일우의 기회라는 정치적 고려가 있었음이 분명하다.

전후 보상을 추구해온 사람들은 이 기회를 놓치면 두 번 다시 이런 좋은 기회는 없을 거라고 생각했을 것이라고 상상하기 어렵지 않다. 구 식민지 출신자의 징병과 B·C급 전범 문제, 강제 징용 등의 전후 보상 문제에 대해서 일본 정부는 오랫동안 모른 체해왔다. 일본의 재판소도 법정에 호소하는 수밖에 없었던 사람들의 청구를 대부분 국내법을 잘 모른다는 이유로 문전박대했다. 그런 와중에 변명할 여지가 없는 국가 범죄인 일본군 '위안부' 문제에 대한 보상을 계기로 전후 보상 문제에 다가갈 실마리를 찾을 수 있을지도 모른다는 기대를 가진 사람들이 분명히 있었다.

국민기금을 포함해 무라야마 정권이 했던 역사적 역할에 대해서는 훗날 역사가가 정확하게 평가해야 할 것이다. 자민당 독재 정권에서는 성립 가능성조차 없이 오랜 세월 묵어 있던 정책 과제가 하나씩 실현되어가기도 했지만 한편에서 정당 간 타협의 산물로 정책을 만들었기 때문에 화근을 남기는 파생적인 효과를 낳기도 했다. 예를 들면 전후 처음으로 피폭

자원호법이 제정되었지만 국가 책임이 애매해지고 재외 피폭자가 남겨지는 등의 문제를 남겼다. 미나마타水俣 공해 보상도 정치적 담판은 지어졌지만, 그 결과 피해자들 사이는 분단되어 가해 책임이 애매하게 되어버렸다. 정치적 담판에 응하지 않았던 오사카 소송 원고는 훗날 승소하게 된다. 한편 사회당은 자민당과의 연립정권에 합의했기 때문에 전후 반세기 동안 유지해온 당류를 변경하기에 이르렀다. 일미안보조약과 자위대가 합헌이라고 인정하는 강령으로 개정을 밀어붙였으며, 당명도 사회당에서 사민당으로 변경했다. 사회당을 지지했던 사람들 중에는 그 과정에서 당에 실망해 떠나간 이들도 있다. 그 결과 일찍이 집권당까지 올라갔던 사회당이 지금은 의회에서 공산당의 의석수에도 미치지 못하는 소수 정당으로 전락했다. 때문에 정치적 책임을 결과적 책임으로 묻는다면 무라야마 씨를 필두로 한 사회당의 지도자들에 대해 엄격하게 책임을 물어야만 할 것이다.

국민기금의 설립에 대해서도 마찬가지 이야기를 적용할 수 있다. 무라야마 정권이 전후 50주년인 1995년에, 또한 유엔 베이징 여성회의 직전에 성립했다는 역사적 우연을 무시할 수 없다. 바로 전 1993년에는 연립정권하의 일본신당 당수 호소카와 모리히로 총리대신의 종전 기념일 담화에 '진출'을 '침략'으로 바꾼 표현이 처음으로 등장했다. 1995년 종전 50주년 '무라야마 담화'에서는 한발 더 나아가 "식민지 지배와 침략"에 대한 "사과의 마음"을 표명했다. 그 후 정권이 교체되어도 역대 내각은 '무라야마 담화'를 계승한다고 언명하고 있다. 취임 이래 야스쿠니 참배를 빼놓지 않았던 고이즈미 총리조차도 공식 답변에서는 '무라야마 담화를 계승한다'고 공언하고 있다.[3]

같은 1995년에 유엔 여성 운동 10년을 점검하는 회의가 베이징에서 개최되었다. 이전부터 한국 NGO의 노력으로 유엔 인권위원회에서 일본 군 '위안부' 문제가 거론되어, 베이징 회의의 쟁점 중 하나가 '위안부' 문제 가 될 것이라는 것은 이미 예상되고 있었다. 190개국에 이르는 각국 정부 대표단 외에 3만 명이 넘는 NGO 포럼에서 일본군 '위안부'를 둘러싼 각국 의 세션과 심포지엄이 연일 열렸으며, 나도 그중 하나를 주재했다. 일본 정 부가 일본군 '위안부' 피해자에 대해서 아무것도 하지 않는다는 국제사회 의 비난에 대해서 무엇인가 해야만 한다는 외압이 강해지고 있었으며 그 런 소리에 답하듯이 베이징 회의 직전 7월에 국민기금은 탄생했다. 그 때 문에 국민기금은 유엔 여성회의 앞으로 보내는 일본 정부의 '선물'이라는 이야기도 나왔다. 국제적 압력 아래 적어도 국민기금 덕분에 일본군 '위안 부' 문제에 대해서 일본 정부가 아무것도 하지 않았다는 이야기를 듣지 않 아도 되도록 알리바이 공작을 한 것이다.

이렇게 해서 기금은 전후 50주년이자 베이징 여성회의가 개최되기 직 전에 국제사회에 대한 일본의 정치적 퍼포먼스로 만들어졌다. 이는 자민 당 단독 정권 아래에서라면 가능성이 제로에 가까운 일이었다. 전후 보상 문제를 일본군 '위안부' 문제를 계기로 돌파할 수 있는 역사적 호기였으며, 당시까지 '국가 보상은 하지 않는다(이미 끝났다)'는 자민당 정권의 전후 처 리의 큰 틀은 유지하면서 허명을 버리고 실리를 취하는 정치적 교섭의 산 물이었던 것은 잘 알려진 사실이다. 사실 기금 이사 중에는 전후 보상 문제 에 오래도록 관계하고 있어서 일본에서는 '양심적인 지식인'으로 불리는 사람들이 몇 명 있다.

10년 동안의 결과를 역사적으로 판정해보면 정말 안타깝지만 기금 관계자의 정치적 판단이 옳았다고 인정할 수밖에 없다. 자·사·사 연합정권은 단명했고, 그 후 보수 정권이 되살아났다. 2005년 9월 총선거에서는 자민당이 단독으로 300개의 의석을 획득하는 압승을 해서, 지금이은 공명당과 연합하지 않아도 자민당 단독 정권을 만들 수 있게 되었다. 헌법 개정이 안건으로 상정되고, 제2의 자민당으로 불리는 민주당과 함께 개헌 세력이 압도적 다수에 이르고 있다. 1993년의 '고노 관방장관 담화' 이후 일본군 '위안부' 기술이 교과서에 게재된 지 얼마 지나지 않았는데 일본군 '위안부'에 관한 내용은 재차 다수의 역사 교과서에서 사라지고 있다. 『새로운 역사 교과서』가 등장하고 3년에 한 번 교과서 채택을 둘러싸고 전국 각지의 자치단체에서는 『새로운 역사 교과서』를 채택해 쓰지 못하게 하기 위한 싸움이 일어나고 있다. 다행히 채택률은 전국적으로 압도적으로 낮아 일본 국민의 양심은 유지되고 있다고 할 수 있지만 그것은 반동적인 움직임을 억누르고자 하는 풀뿌리 운동의 성과다. 일본의 정치적 상황은 확실히 보수화되고 사태는 이전보다 더 나빠졌다. 그때 국민기금을 만들지 않았더라면 그 후에 만들어졌을 가능성은 상당히 낮을 것이라는 설립자들의 정치적 판단은 사후적으로 본다면 맞았다고 인정하지 않을 수 없다.

### 4. 국민기금의 정치적 성과

두 번째로, 정치적 성과에 대해서 말해야 할 것이다. 피해자들은 일본 국가에 의한 사죄와 보상을 요구해왔다. 국민기금이 재단법인이라는 비정부기구이라면 민간의 모금이 국가를 대신해 보상하는 것은 이치에 맞지 않다. 정부 조직, 즉 GO에는 GO의 역할이 있고, NGO에는 NGO의 역할이 있다. 민에서 모은 모금을 보상금이라고 건네는 방식에 대해서 공식 사죄에 따른 보상을 회피하기 위한 행위라는 혹독한 비판이 있었다. 나는 이것을 관이 민을 참칭하는 월권 행위라고 생각한다. 국가가 범한 죄에 대해서는 국가가 대가를 치러야 하며 이것을 민이 대신해 대가를 치르는 것은 '1억 인 총참회'와 마찬가지로 책임 소재를 애매하게 만든다. 국민기금 이사 중 한 사람인 오누마 야스아키小沼保昭는 "정부와 국민이 함께 공공성을 담보한다"는 정치적 이념을 주창하지만 이는 현실적으로 달성할 수 없는 정치적 이상주의를 외치는 것이며 결과적으로 국민기금의 애매한 성격을 사후적으로 추인해 정당화하는 역할을 하게 된다.

하지만 기금의 이사들이 한정된 한계 내에서 노력해 획득한 성과의 일부 중에는 평가할 만한 것이 있다는 사실을 인정하지 않는 것도 정당하지 못하다. 그중 하나는 역대 총리대신이 서명한 '사과 편지'다. 무라야마 수상을 필두로 오부치 게조小渕恵三, 모리 요시히로森喜朗, 고이즈미 준이치로小泉純一郎 등의 수상이 계속적으로 서명을 했다. 유족회 전 회장이었던 하시모토 류타로橋本龍太郎조차 서명하고 있다.

일본 정부는 과연 공식 사죄를 한 것일까, 하지 않은 것일까. 국민기금이 민의 활동이라면 총리대신의 서명이 들어간 '사과 편지'가 있는 것은 이상하다. 그 반대로 만약 국가를 대표해서 한 나라의 총리가 사죄했다면 그것이 국가 보상으로 연결되지 않는 것은 이상하다. '비단벌레 날개 빛'처럼 애매하나마 총리의 사죄를 이끌어낸 국민기금의 이사들이 정부를 상대로 얼마나 곤란한 교섭을 했던가에 대해서는 충분히 알려졌다고 하기 어렵다. 그들은 보상금에 첨부하는 편지는 국민기금의 이사장이 아니라 총리대신의 서명이 들어간 편지여야 한다고 주장해서 통과시켰다. 또 하나, 그들은 민간기금의 분배금 약 200만 엔에 더해 정부로부터 의료 복지 지원 명목으로 약 300만 엔 상당의 직접 지원을 얻어냈다. 이것으로 피해자에게 건네는 액수가 500만 엔이 되었다. 하지만 정부는 국가 보상의 성격을 어떻게 해서든 인정하지 않으려고 했기 때문에 이 역시 허명을 버리고 실리를 취하는 선택이었다.

이 보상의 수령에 대해서 국민기금 이사들이 애쓴 예외적인 조건이 있다. 전후 보상을 둘러싼 유사한 독일 민간기금의 예에서도 통상적으로 조정이나 화해는 일단 그것을 받아들이면 그 이상의 청구권이나 소추를 포기한다는 약속을 받아들인 것이 된다. 하지만 기금의 이사들은 여기서는 기금이 지닌 '민'의 성격을 역이용했다. 즉 기금을 받아도 그 이후의 국가 보상 청구권과 소추권을 잃지 않는 것이다. 피해자는 그 외에 법정으로 가져가는 것도 가능하며 장래 국가 보상의 가능성에 대해서도 권리를 잃지 않는다고 한 점이다. 이것은 법적 조정과 시담示談에서 아주 예외적인 조치라고 할 수 있다. 조정이나 시담은 그 이후 분쟁 발생을 억제하기 위해 행해지기 때문이다. 이 점은 이사들이 보상금이 국가 보상의 성격을 지니고 있지 않다는 것에 자각적이었던 것을 의미한다. 그리고 그 배려는 피해자가 보상금을 받도록 하기 위해 문턱을 낮춘 효과를 의도하고 있다. 그리고 그 의도는 일부에서는 달성되었지만 일부에서는 이루지 못했다.


## 5. 국민기금이 예기치 못한 효과

세 번째로, 이상과 같이 '보상금'이라는 애매한 성격이 예기치 못한 불행한 결과를 가져왔다. 주요 피해국인 한국에서 피해자가 수령을 거부한 것이다. 아니 수령 거부까지는 예상 범위였다고 할 수 있을지 모른다. 국민기금의 가장 어려운 문제 중 하나는 피해 당사자가 이를 받아들일 것인가 아닌가라는 점이라는 사실은 사전에 예상되었다. 하지만 예상하지 못했던 것은 그것을 받아들인 피해자와 거부한 피해자 사이에 분단과 대립을 낳아 당사자 사이에 그리고 운동 단체 사이에 분규와 혼란을 불러온 것이다.

한국 내에서 일본군 '위안부' 피해자를 지지해왔던 NGO인 한국정신대문제대책협의회는 즉각적으로 국민기금에 반대 견해를 표명하고 대신에 피해자 생활 지원은 자신들이 한다고 모금에 나섰다. 한국 정부는 그것을 받아서 생활 지원을 약속했으며, 나아가 앞으로 일본 정부가 국가 보상을 할 경우에는 청산한다는 것을 전제로 국민기금의 '보상금'에 상당하는 금액을 일시금으로 피해자에게 제공했다. 그때 국민기금은 받지 않겠다는 취지의 서약서를 쓸 것을 피해자들에게 요구했다. 다른 한편 국민기금은 '보상금'을 받아도 국가 보상 청구권은 잃지 않으며, 한국 정부로부터 일시금을 받아도 기금으로부터 '보상금'을 받을 자격을 잃지 않는다고 강조했지만 국민기금 측 규칙과 한국 측 규칙 사이의 간극은 피해자 사이에 새로운 혼란을 낳았다. 그 결과 한국에서 '보상금'을 받은 피해자는 지원 단체 몰래 혹은 그곳을 떠난 후 국민기금을 받아들이게 되었으며, 이에 따라 피해자 사이에 그 수령 여부를 둘러싸고 서로 의심하는 일이 생겨났다. 또한 한국 정부에 서약서를 쓴 후에 '보상금'을 받은 피해자도 있어서 이들은 사회적으로 곤란한 처지가 되었다.

2005년 현재 국민기금의 모금 총액은 5억 6500만 엔이며 '보상금'을 받아들인 피해자는 필리핀, 한국, 타이완에서 총 285명에 이르지만 국가별 내역은 공표되지 않았다. 한국에서 받은 사람 수를 밝히지 않기 위한 배려 때문이다. 국민기금을 받은 피해자는 한국 내에서 오욕화되는 불행한 사태가 생겨났다. 한국의 피해자 및 지원 단체와 국민기금 사이에 화해할 수 없는 대립이 생겨난 것이다.

한국에서의 이런 불행한 사태는 관계자들이 생각하지 못했던 것이다. 하지만 의도하지 못한 결과라고 해도 결과적 책임에 대해 말한다면 국민기금은 그것에 책임이 있다. 정치적 효과 측면에서 말하면 한국 정부에게 피해자의 생활 지원 및 일시금의 지급이라는 한발 나아간 정책을 취하도록 한 것은 대항적이라고는 해도 국민기금이 의도하지 않은 효과였다. 그때까지 한국 정부는 일본 정부와 공동 보조를 취하면서 문제를 키우지 않도록 "전후 보상 문제는 1965년 한일조약에서 해결되었다"는 일본 정부의 공식 견해를 받아들여왔기 때문이다. 관점에 따라서는 한국 정부의 피해자 지원은 일본군 '위안부' 피해자의 일본 정부에 대한 요구를 억제하는 효과를 의도하고 있다고 말할 수도 있다. 일본 정부의 안색을 살피는 듯한 한국 정부의 태도에 피해자들은 이미 충분히 실망하고 있었다.

국민기금의 이사 중 일부는 한국 내 피해자 지원 단체의 좁은 도량을 비판하는 사람도 있지만, 비판을 받은 측에서 본다면 '먼저 때린 것은 당신들이다'라는 주장을 할 것이다. 국가에 의한 사죄와 보상을 요구했던 피해자에게 국민기금은 해당 피해자가 요구하는 것과 다른 것을 내밀었다. 그것을 받아들이지 않았다고 해서 탓할 자격이 국민기금 측에는 없다. 요구하는 것과 내민 것 사이의 뒤틀림을 만든 책임은 국민기금 측에 있다. 다른 한편 보상금을 받든 사람들을 궁지로 내몬 것은 분명 운동 단체 측의 '좁은 도량'이었을지도 모르지만 피해자와 지원 단체를 그런 고뇌에 찬 선택으로 내모는 초기 조건을 만든 것도 다름 아닌 국민기금 측이다.

국민기금이라는 정치적 선택은 '없는 것보다는 나은' 것이었을까? 아니면 '없는 편이 나은' 것이었을까? 한국에 한정해서 보면 피해를 신고한 여성 중 절반 이상이 보상금을 받지 않았다. 사태는 경직되어 더욱 나빠지고 있다. 게다가 '살아 있는 동안에 해결을 보고 싶다'던 피해자들 중에는 그 사이에도 고령으로 돌아가시는 분이 늘고 있다. 우리에게는 10년 동안 이 분들이 실의 속에서 돌아가시게 만든 책임이 있다. 이 점에서 본다면 국민기금이라는 존재는 사태를 더욱 악화시킨 결과적 책임이 있다.

애초부터 한계를 지니고 있었다고는 하지만 정치적 사업으로서 국민기금은 한계 속에서 의도한 목표를 달성했던 것일까. 기금은 말할 필요도 없이 일본군 '위안부' 피해자에 대한 사과와 보상을 위해 창설되었다. 국민기금의 성립 여부를 판단할 수 있는 입장에 있는 것은 누구보다도 피해자 당사자라고 해야 할 것이다. 기금의 이사 중 한 명인 와다 하루키는 예전에 나도 참석했던 회의 자리에서 "51점 이상의 합격점을 받아야 한다"고 발언한 적이 있다. 그 자리에서 나는 "그것을 누가 판단하는가"라고 물었던 기억이 있는데, 주어의 자리에는 당연히 피해자들이 들어갈 것이다. 피해자가 놓인 상황은 국가별로 커다란 차이가 있으며 네덜란드와 필리핀에서는 피해자들로부터 사업에 대한 일정한 평가를 얻었으며, 인도네시아와 타이완에서는 불화를 남기면서도 절반의 목표를 달성했다. 하지만 가장 중요한 피해국인 한국에서 피해 인정자의 절반 이상이 수령을 거부했다.

결과적 책임에서 말하면 국민기금은 정치적 목표(특히 한국에 대한)를 달성했다고 하기 어려우며, 기금으로 인해 더 많은 분규를 부른 것에 대한 정치적 책임이 있다. 이 책임은 과연 누가 져야 하는 것일까? 그 책임을 기금의 이사들에게만 묻는 것은 너무 가혹한 일이다. 배후에는 기금을 설립하는 데 정치적 판단을 했던 정치가들, 그 후 사업 실시와 분규 사태의 해결에 반드시 협력적이었다고 할 수 없는 정권 담당자와 외무 관료들, '위안부' 보도에 무관심할 뿐 아니라 냉담하기까지 하고 경우에 따라서는 냉소적이기까지 했던 미디어, 그리고 그것을 좌시했던 우리 시민들의 책임까지 산적해 있다.


### 6. 국민기금의 대안

이상과 같은 물음은 그래서 기금을 비판한다면 어떤 대안이 가능한 것일까라는 질문으로 우리를 이끈다. 일본 정부가 본래 했어야 하는 것은 강제 성 노동을 포함한 전후 보상에 대해서 특별입법을 하고 정식 사죄와 국가 보상을 하는 길 이외에는 없다. 국회와 정부는 전후 오랫동안 이 문제를 피해왔다. 우편저금 소송으로 알려진 문옥주의 시모노세키 재판의 판결에서 문옥주의 청구에 대해 '입법 부작위不作爲'라는 문구를 덧붙인 것은 아주 중요한 의미를 갖는다. 피해자의 요구에 응할 수 있는 법리가 없다면 사법은 어찌할 도리가 없다. 그런 점에서 용기 있는 재판관은 입법부의 '부작위(아무것도 하지 않는 것)' 자체가 죄악이라고 지적했던 것이다. 국회에서는 매번 의원 입법에 의한 전후보상특별법의 입법 제안을 꾀하고 있지만 찬동자는 소수파에 머무르고 있다. 게다가 더욱 보수화하는 현재의 정치 상황에서 가능성은 이전보다도 훨씬 낮다. 정책 설계에 실현 가능성을 포함할 필요가 있다면 특별 입법을 주창하는 사람들은 이상주의 속에서 현실을 무시하고 있다는 비난 또한 피할 수 없을 것이다.

다른 한편으로, 국민기금의 애매한 성격을 비판한다면 그것을 진정한 NGO에 의한 민간기금으로 대치했어야 했다. 그리고 시민이 할 수 있는 것은 '지원'과 '연대'까지이며 국가를 대신해 '사죄'와 '보상'을 할 수는 없기 때문에 시민이 시민의 책임을 다하는 대신 국가는 국가의 책임을 다해야 한다고 압박할 수 있었다면 얼마나 좋았을까. 그것을 일단 몽상하면서 좌절했던 나 자신을 포함해 그런 운동을 실현시키지 못했던 일본 여성 운동의 무력함에 나는 통한의 염을 안고 있다. 1991년 김학순의 제소에 충격을 받고 각지에서 '무언가 하고 싶다', '무엇이라도 해야 한다'는 여성들의 절박한 생각을 나는 선명하게 기억하고 있다. 그런 생각들을 받아들여 제대로 착지할 수 있는 지점을 조직해내는 일에 일본 여성 운동은 실패했다.

하지만 민간 여성 운동이 달성한 것이 하나 있다. 그것은 2000년 12월 8일부터 10일간 도쿄에서 개최된 VAWW-NET(Violence Against Women in War Network)라는 여성의 국제 연대에 의한 여성국제전범법정이 바로 그것이다. 민중 법정은 법적 효력을 지니지 않지만 여기서는 전후 한 번도 전범으로 소추되지 않았던 쇼와昭和 천황 히로히토의 유죄가 처음으로 선고되고 피해자는 '정의의 회복'을 기뻐했다. 나는 VAWW-NET의 주변적 구성원에 지나지 않지만 그 자리에서 국가를 대신해 정의를 회복하는 데에는 이런 방법도 있구나 하고 감동받았던 것을 기억한다.

하지만 위대한 민중 법정에 대한 미디어의 보도는 크지 않았다. 게다가 NHK의 보도 프로그램이 정부 여당 관계자의 정치적 개입을 받고 변경되었다는 의혹은 2005년 지금까지도 내부 고발과 《아사히신문》에서 보도되고 있지만 NHK는 지속적으로 부인하고 있다. 요즘 일본의 네오 내셔널리즘의 흥성과 정치적 보수화의 경향은 특히 일본군 '위안부' 문제와 여성 운동을 타깃으로 삼고 있으며 사태는 낙관할 수 없다. 국민기금은 설립 당초부터 좌우로부터 비판을 받아왔다. 국민기금이 성립했던 10년 전과 비교하면 지금의 정치 상황이 더욱 보수화되어 지금까지 우리가 비판해왔던 기금조차 저항 세력으로부터 지켜내야 하는 상황이 생겨나고 있는지도 모르겠다.

일본군 '위안부' 문제는 끝나지 않았다. 만약 가까운 장래에 북한과 국교 회복이 이루어지면 북한 피해자의 구제는 과제가 될 것이다. 또한 광대한 중국에서 국민기금은 중국 정부의 비협력으로 사업을 행하지 않고 있다. 이처럼 커다란 과제가 쌓여 있는 오늘날, 국민기금의 역사적 평가를 포함해 다음 단계를 생각해야 할 시기가 오고 있고, 국민기금은 해산을 맞이하려고 한다. 다음 단계에 대해 답해야 하는 것은 국민기금과 그 당사자만이 아니다.


## 7. 일본군 '위안부' 문제와 국제적 성과

마지막으로, 일본군 '위안부' 문제가 불러일으킨 국제적 성과에 대해 다음의 세 가지를 들고자 한다.

첫째, 무력 분쟁 상황에서 여성에 대한 성폭력이 범죄라는 인식이 확립되었다는 것이다. 성폭력은 피해자의 수치가 아니라 가해자의 범죄라는 인식은 피해자의 자기 신고와 힘을 부여하는 효과를 불러왔다. 또한 성폭력 피해와 관련된 그동안의 금기를 뒤엎는 아시아로부터 시작된 움직임이 보스니아와 르완다 등 다른 지역으로 파급되는 귀중한 선례가 되었다.

둘째, 소송에서 개인 보상의 이념이 국제법의 새로운 발전을 가져올 가능성이다. 일본 정부는 국가 간 배상 문제는 '끝났다'고 주장해왔지만 개인 보상의 이념은 개인의 이익을 국가가 대변하지 않는다는 주장이다. 그것은 동시에 여성의 신체와 섹슈얼리티가 국가에 속하지 않는다는 주장이다. 개인 보상의 이념은 전쟁 피해에 대해서 국가 대 국가가 아니라 국가 대 개인이 대등하게 마주하는 법리를 만들어낼 수 있는 가능성을 지니고 있다.

셋째, NGO에 의한 국제 연대가 다양한 수준에서 성립한 것이다. 국제, 즉 나라와 나라의 관계가 아니라 시민과 시민의 연대에 의한 '민제民際' 네트워크가 아시아와 세계의 내일에 커다란 힘이 될 것이다. 이런 민간 네트워크는 많으면 많을수록 좋다.

이 글을 마치면서 서두에 서술한 7월의 국제 심포지엄에서 전前 주일 독일 대사 프랑크 에르베가 했던 발언을 인용하고 싶다. 그는 독일과 폴란드의 역사적 화해 교섭에 공헌한 인물이다.

"화해란 깨지기 쉬운 것입니다. 부서지기 쉬운 물건을 서로가 두 손을 내밀어 지탱하는 것과 같은 과정에서만 화해는 실현됩니다."

# 주석

## 제1부 1장

1    1980년대 독일의 역사학자 에른스트 놀테가 제기한 논쟁으로, 나치의 범죄가 스탈린 치하의 소련과 폴 포트 지배하의 인도차이나에 비견할 수 있는 전체주의 일반의 악인 가, 그렇지 않으면 역사상 유례가 없는 독일 고유의 범죄인가의 문제를 둘러싸고 하버 마스, 코카 등의 지식인들 사이에서 벌어진 논쟁을 말한다. 논쟁의 기록을 정리한 글 로는 Habermas, Nolte, et al., "Historikerstreit", *Die Dokumentation der Kontroverse um die Einzigartigkeit der nationalsozialistischen Judenvernichtung*, München: Piper, 1987가 있다. 일본어판의 미시마 겐이치(三島憲一)의 해설이 참고가 된다(『過ぎ去ろうと しない過去 — ナチズムとドイツ歴史家論争』, 德永 옮김, 人文書院, 1995).

2    栗原幸夫, 「歴史の再審に向けて — わたしもまたレヴィジオニストである」, 《インパクション》 102, インパクト出版会, 1997. 4.

3    소쉬르 이후 언어학, 기호학이 진개되는 가운데 구조주의를 거쳐 후기구조주의라 불 리는 사조 안에서 널리 공유하게 된 인식론적 관점이다. 사물이나 의미가 주어진 바 대로 존재해 그것에 언어 기호가 부여되는 것이 아니라 기호가 선행해 의미와 내용을 구축한다는 인식론적 패러다임의 전환을 가져왔다. 주체 또한 언어의 실천적 효과에 지나지 않는다는 철저한 자기언급성으로 인해 포스트모더니즘을 이루는 핵심 가운 데 하나가 되었다.

4    모두 鈴木裕子, 『女性史を拓く』, 未來社, 1996의 서문에 나오는 표현.

5    예를 들면 가정 내 폭력이나 어린이에 대한 성적 학대와 같이 남이 알게 되는 것을 꺼 리는 문제의 경우, 당사자가 고발해도 '그것은 사실이 아니다'라고 부인되거나 심지어 는 망상의 산물 또는 거짓이라고 여겨져 당사자가 치료받는 일이 종종 일어났다. '사 실'은 그것을 보려고 하지 않는 사람에게는 존재하지 않는다.

6    Michelle Perrot et George Duby, *Storia delle Donne In Occidente*, Gius, Laterza & Figli Spa, Roma Bari, 1990; 上野千鶴子, 「歴史学とフェミニズム — 女性史を超えて」, 『岩波 講座日本通史別巻1 — 歴史意識の現在』, 岩波書店, 1995.

7    '종군 위안부'라는 용어에 대해 이미 몇 가지 이의가 제기되었다. '종군'이라는 용어

는 '종군 기자'나 '종군 간호사'처럼 자발성을 상기시키기 때문에 사용하면 안 되고 대신 '황군 위안부'나 '일본군 위안부' 또는 '군대 위안부'라고 불러야 한다는 주장이 있다. 또한 '위안부'라는 용어는 군대 측의 완곡어법으로서 성 노예에 지나지 않는 실상을 은폐하는 억압자의 용어를 사용해서는 안 되며, 게다가 병사에게는 '위안'이었을지 몰라도 피해자에게는 강간일 뿐이었기 때문에 '위안부'라는 용어가 사실을 은폐한다는 주장도 있다. 『나는 '위안부'가 아니다』(戦争犠牲者を心に刻む会, 1997)라는 책도 출간되어 있다. 자유주의 사관을 표방하는 사람들이 '종군'은 '군속'을 의미하며 '종군 위안부'라는 용어는 역사 용어가 아니므로 그런 역사적 사실은 존재하지 않았다는 주장을 제기하고 있지만, 용어가 없기 때문에 역사적 사실이 없다는 것은 명백히 논리의 비약이다. 후지오카 노부카쓰(藤岡信勝)는 이 용어가 센다 가코가 만든 말이라고 하지만, 센다 본인에 의하면 '위안부'라는 용어는 그가 『종군 위안부』(千田夏光, 1973, 1984)를 발표하기 이전부터 일본의 대표적인 국어사전 『고지엔(広辞苑)』에 실려 있으며, '종군'이라는 말은 "군대를 따라 전지에 간다는 뜻일 뿐 그 이상도 이하도 아니다"라고 한다. 千田夏光, 「従軍慰安婦の真実」, 《論座》, 朝日新聞社, 1997. 8. 어떤 용어를 사용할 것인가의 문제는 그 자체가 정치이기는 하지만, 여기서는 '위안부'라는 용어를 역사 용어로서 따옴표 안에 넣어서 사용하겠다. 또한 한반도 '위안부'들은 '조선인 위안부', '조선·한국인 위안부' 등으로 불리고 있지만 현재 북한인 '위안부'에 대해서는 거의 알려져 있지 않다. 내가 알 수 있는 자료는 주로 한국 국적을 지닌 사람들의 활동에 한정된 것으로, 여기서는 '한국인'이라는 용어를 사용하겠다. 그러나 다른 논자로부터 인용한 경우에는 이에 한정하지 않는다.

8    일본군 '위안부' 문제에 대해서는 제1부 2장에서 자세히 논할 것이다.

9    E. Hobsbawm & T. Ranger, *The Invention of Tradition*, Cambridge: Cambridge University Press, 1983.

10   青木保, 『日本文化論の変容』, 中央公論社, 1990; 小熊英二, 『単一民族の起源』, 新曜社, 1995.

11   탈식민주의적 분석에서 말하자면 오구마의 논의도 철저하지 못한 것이다. 그는 민족과 국가의 개념을 주어진 것으로 전제해버림으로써 다민족 국가를 해결책으로 여기는 현상 추수주의에 빠졌다. 富山一郎, 「書評 小熊英二著『単一民族神話の起源』」, 《日本新研究》 413, 1997 참조.

12   山之内靖, 『システム社会の現代的位相』, 岩波書店, 1996, 33쪽. 야마노우치는 "통설을 대표하는 것"으로 三谷太一郎의 『新版大正デモクラシー』(東京大學出版會, 1995)와 松尾尊充

의 『大正デモクラシー』(岩波書店, 1974) 등의 연구를 들고 있다.

13  예를 들면, 이 영역에서의 전형적인 논의는 가족사에서도 발견된다. 단절 사관은 전후 민주 개혁을 과대평가함으로써 전전의 '이에(家)' 제도라는 '봉건유제'의 망령을 만들어내는 데 공헌했다. 이 때문에 전전의 '이에'가 지닌 근대적 성격과 전후 '가족'이 지닌 억압적 성격은 많은 실증적 연구가 있었는데도 공식 패러다임으로부터 무시되는 결과를 낳았다. 한편 연속 사관은 전전과 전후 가족의 구조와 심성 면에서의 공통점을 강조하는데, 이 입장에는 서로 다른 두 가지 견해가 있다. 하나는 근대와 전근대의 단절을 강조하는 시각이고, 또 다른 하나는 근대와 전근대의 연속성을 더욱 강조하는 시각이다. 전자의 견해로는 '이에'의 근대 가족적 성격을 강조하는 내 글 「日本のリブ―その思想と背景」이 있는데, 이런 견해 차이는 이후 '근대 가족 논쟁'을 낳았다. 栗原弘, 「高群逸枝の女性史像」, 田端·上野·服藤編, 比較家族史学会監修, 『ジェンダーと女性』, 早稲田大学出版部, 1997. 후자의 시각은 '이에'의 근대적 성격(근대화 프로젝트에 적합한 성격)을 전근대로 거슬러 올라가 내재적, 내발적(內發的)이라고 검증함으로써 일본 문화 정체성의 일관성과 우위를 주장하기에 이른다. 平山朝治, 『イエ社会と個人主義』, 日本経済新聞社, 1995; 山崎正和, 『日本文化と個人主義』, 中央公論社, 1990. 초연속 사관이라고도 할 수 있는 후자는 새로운 문화 내셔널리즘의 길을 열어서 일본 특수성론에 공헌하는 경향이 있다.

14  신연속설은 나리타 류이치(成田龍一)가 이름 붙인 것이다. 山之内靖·成田龍一·大内裕和(聞き手), 「インタヴュー総力戦·国民国家·システム社会」, 《現代思想》 24-7, 靑土社, 1996, 10쪽.

15  葛西弘隆, 「丸山眞男の日本」, 酒井直樹·ド=バリー·伊豫谷登志翁編, 『ナショナリティの脱構築』, 柏書房, 1996, 226쪽; 山之内靖·コシュマン·成田竜一編, 『総力戦と現代化』, 柏書房, 1995.

16  야마노우치의 논점에는 또 하나의 전시 혁신, 즉 총동원 체제를 통해 근대 국민국가가 '시스템 사회'라는 새로운 단계로 들어갔다는 시스템론이 포함되어 있다. 하지만 나는 야마노우치 견해의 이 부분은 받아들이지 않겠다. 그 이유는 첫째, '시스템'은 이론 용어로서는 어디든 적용할 수 있는 일반적인 개념이며, 어떤 사회 체계를 '시스템 사회'로 부르는 것은 너무 광범위한 개념에 가깝기 때문이다. 둘째, '시스템 사회'에는 중심을 결핍한 상호 의존계로서 주체 없는 무책임 체계(전후 일본인론의 상투어)라는 의미도 내포하고 있다. 따라서 용어 자체가 고유 개념이라고 하기는 어려우며, 달리 새로운

용어를 준비해야 하는 등 약간의 문제가 있다. 셋째, 만약 '시스템 사회'의 의미에 관료주도형의 중심 없는 무책임 체계가 포함되어 있다면 그것은 시스템을 의인화함으로써 현상을 유지하려는 정치적 보수주의로 연결되기 때문이다. 야마노우치의 시스템 사회론은 이론적으로 더욱 정밀화될 필요가 있으며, 그 함의가 확실해질 때까지 나는 이 부분에 대해 합의를 유보하고 싶다. 여기에서는 국민국가를 중요 개념으로 하는 '국가화'라는 용어로 충분하다고 생각한다. 이 점에서 나는 니시카와 나가오에게 많은 부분 신세지고 있다. 西川長夫, 「日本型国民国家の形成」, 西川長夫·松宮秀治編, 『幕末·明治期の国民国家形成と文化変容』, 新曜社, 1995.

17  같은 책, 6쪽.

18  Joan W. Scott, *Gender and the Politics of History*, New York: Columbia University Press, 1988; 上野千鶴子, 「差異の政治学」, 上野他編, 『シリーズ現代社会学11 — ジェンダーの社会学』, 岩波書店, 1995.

19  西川長夫, 앞의 글, 4쪽.

20  젠더 개념에 대해서는 上野千鶴子, 앞의 글 참조. 현재 '페미니즘'이나 '여성학'보다 '젠더 연구'가 중립적이며 객관적인 입장이라는(따라서 '남녀 공동 참획 사회'의 구호에 딱 들어맞는다!) 오해가 있다. 그리고 그런 오해 때문에 젠더 개념에 대한 반발과 비판도 있지만, 모두 잘못된 것이다. 젠더 개념이 얼마나 전투성과 정치성을 띠고 있는가에 대해서는 앞의 논문이 자세하게 다루고 있다. 오히려 나중에 분명해지는 것처럼 젠더 개념은 젠더 중립성 신화를 붕괴시키는 작용을 한다.

21  국가를 과소평가하는 배후에는 국가 역할의 비대화에 대한 거부 반응이라는 동기가 숨겨져 있음을 반성적으로 돌이켜볼 수 있다. 『가부장제와 자본주의』의 토대가 된 『자본주의와 가사노동』이 간행되었을 때, 다케나카 에미코(竹中恵美子) 등 몇 사람으로부터 나는 지급되지 않는 노동에 대한 복지국가형 해결을 과소평가하고 있다는 비판을 받았다. 그 비판은 타당하다고 생각하지만, 그것은 내가 이미 그 당시부터 복지국가도 관리국가의 변이로 간주해 그 역할에 회의적이었다는 것을 나타내고 있다. 최근의 보도(《아사히신문》, 1997. 8. 26.)에 따르면, 스웨덴 정부가 단종법에 근거해 1935~1976년에 걸쳐 '열등 인간' '다산 독신 여성' '정신 이상자' '집시' 등 6만여 명에게 불임 수술을 강제한 사실이 입증되었다. 그것은 '국민이 더욱 건강해지면 사회보장이 필요한 사람들이 그만큼 적어진다'는 경제적 이유 때문이었다고 하지만, 복지국가가 '생식 관리국가'임을 분명히 보여주고 있다. 더구나 이 단종법은 1976년에 폐지되었

다고 하는데, 1970년대부터 스웨덴에서 이루어진 극진한 모성 보호 정책 및 가족 정책은 인구 전환(재생산율이 인구 치환 수준 이하가 되는) 후 출생률 저하가 직접적인 계기가 되었으며, 이 역시 인구 정책의 일환으로 생각할 수 있다. 출생률 저하에 대해서 극진한 출산 장려 정책을 취하는 국가가 과잉 인구에 대해서는 출산 억제 정책을 취하리라는 것은 쉽게 상상할 수 있다. 스웨덴형 복지국가를 이상화하는 사람들에게 이 보도는 충격이었지만, 복지국가를 관리국가의 변종으로 보는 내 입장에서는 그다지 놀랄 만한 일도 아니다.

22 '시민(citoyen/citizen)'은 라틴어 'civitus'에서 유래한 말이며, '인권'이란 '시민의 권리들 (civil rights)'을 의미한다. 그리고 '시민화/문명화(civiliser)'된 사람들이 만드는 것이 '문명(civilisation)'이다. 프랑스혁명의 '인권' 사상은 누구라도 '시민화/교화(civilisée)' 되기만 하면 '시민'이 될 수 있다는 보편주의를 담고 있지만, 그것은 동시에 배제와 서열화라는 제국주의의 논리가 되기도 했다. 西川長夫, 『国境の越え方』, 筑摩書房, 1992 참조.

23 그 전형적인 예를 우리는 미국에서 남북전쟁 후에 벌어진 부인 참정권 운동을 통해서 볼 수 있다. 그들은 노예 해방 후 자유민이 된 흑인 남성과 백인 여성 중 어느 쪽이 먼저 참정권을 획득해야 하는가를 둘러싸고 논쟁했다.

24 中村生雄, 『日本の神と王権』, 法蔵館, 1994; 吉見俊哉, 「メディア天皇制の射程」, 『リアリティ・トランジット』, 紀伊國屋書店, 1996.

25 フジタニタカシ, 「近代日本における権力のテクノロジ ─ 軍隊・地方・身体」, 《思想》 845, 岩波書店, 1994. 11.

26 공교육이 의무화된 후 많은 부모들은 노동력을 빼앗긴다며 아이를 학교에 보내는 데 소극적이었다. 또한 일손인 장정을 빼앗는 징병령에도 크게 저항했다. 군대에 가면 생혈을 짜낸다는 유언비어가 생겨나 병역을 '혈세'라고 부르면서 각지에서 반대 운동이 일어났다. 학교와 군대는 국민교육의 2대 기관이라고 불리지만, 그것이 제도로 정착하기까지는 순탄하지 않았다.

27 奥武則, 「国民国家の中の女性 ─ 明治期を中心に」, 奥田暁子編, 『女と男の時空 ─ 日本女性史再考 V (せめぎ合う女と男 ─ 近代)』, 藤原書店, 1995.

28 "당시 식민지였던 조선과 대만의 남성도 '일본 국적을 가진다'고 했기 때문에 법 해석상 '일본 신민 남자'에는 이들도 포함된다. (…) 그리고 선거인은 일본 내에 거주할 것을 원칙으로 하기 때문에 외지 일본인, 조선인, 대만인의 선거권은 전혀 인정되지 않았

다." 館かおる, 「女性の參政權とジェンダー」, 原ひろ子 編, 『ライブラリ相関科学 2 ― ジェンダー』, 新世社, 1994, 126~127쪽.

29  若桑みどり, 『戦争がつくる女性像 ― 第二次世界大戦下の日本女性動員の視覚的プロパガンダ』, 筑摩書房, 1995.

30  여성사의 패러다임 전환에 대해서는 上野千鶴子, 「歴史学とフェミニズム ― 女性史を超えて」, 『岩波講座日本通史別巻1 ― 歴史意識の現在』, 岩波書店, 1995 참조.

31  의용병역법이 공포된 1945년 6월 23일은 "기이하게도 오키나와 수비군이 전멸한 해였다." 加藤陽子, 『徴兵制と近代日本 1868-1945』, 吉川弘文館, 1996, 257쪽.

32  纐纈厚, 『総力戦体制研究』, 三一書房, 1981; 若桑みどり, 『戦争がつくる女性像 ― 第二次世界大戦下の日本女性動員の視覚的プロパガンダ』, 筑摩書房, 1995, 83쪽.

33  독일에 대해서는 Claudia Koonz, *Mothers in the Fatherland*, New York: St. Martin's Press, 1987과 姫岡とし子, 『近代ドイツの母性主義フェミニズム』, 勁草書房, 1993 참조. 이 글의 토대가 된 발표를 했던 심포지엄에서 우테 프레베르트는 독일에서의 통합형 동원 체제를 시사한 바 있지만, 논의의 여지가 있다. Ute Frevert, "Nazism and Women's Policy," presented at the International Symposium on National Mobilization and Women, at Tokyo University of Foreign Studies, 1996. 7. 19.

34  若桑みどり, 『戦争がつくる女性像 ― 第二次世界大戦下の日本女性動員の視覚的プロパガンダ』, 筑摩書房, 1995.

35  가토 요코는 "국민 의용병 전투대가 편성되기 전에 일본이 패전했기 때문에 이 법이 실질적으로 기능했는가는 의문"이라고 지적한다. 加藤陽子, 『徴兵制と近代日本 1868-1945』, 吉川弘文館, 1996.

36  森崎和江, 『第三の性』, 河出書房新社, 1965, 1992, 44쪽.

37  若桑みどり, 앞의 책, 254쪽.

38  같은 책, 244쪽.

39  종군 간호사들의 공헌은 전후 오랜 세월 잊혀졌다. 1960년대에 들어와서 일본간호협회의 요구에 따라 정부는 종군 간호사와 그 유족들에게 군인연금에 준하는 보상금을 지급하는 데 합의하고, 순직자는 야스쿠니 신사에서 합동 제사를 지내도록 했다. 이 일화는 전쟁이 얼마나 '남성들의 투쟁'으로 관념화되었으면 그 수행 현장에 있었던 여성들조차 '보이지 않는 존재'가 되어버렸는가를 여실히 보여준다.

40  亀山美知子, 「戦争と看護婦」, 《歴史評論》 407, 37-2, 校倉書房, 1984. 3.

41 古久保さくら, 「らいてうの母性主義を読む」, 《女性学年報》12, 日本女性学研究会, 1991; 鈴木裕子, 『女性史を拓く2 ― 翼賛と抵抗』, 未來社, 1989; 三宅義子, 「近代日本女性史の再創造のために ― テキストの読み替え」, 『社会の発見』, 神奈川大学評論叢書, 1994; 大森かほる, 『平塚らいてうの光と蔭』, 第一書林, 1997.

42 鈴木裕子, 앞의 글, 45~46쪽.

43 같은 글 참조.

44 스즈키는 부인 운동가들이 '익찬 협력'을 하게 된 원인을 종종 부인 운동가들의 개인적인 자질, 즉 엘리트 의식이나 강렬한 사명감에서 찾고 있다. 그리고 지도하는 사람과 지도받는 사람 사이의 분단이 사라지고 모든 사람들이 자율적인 개인이 되면 이런 잘못은 피할 수 있었을 것이라는 식의 이상주의를 내비치고 있다. 그러나 익찬 협력을 하게 된 원인이 부인 운동가들의 인격으로 환원되어서는 안 되며, 사회적 위치에서 찾아야만 할 것이다.

45 히라쓰카는 일본여자대학에 재학 중일 때부터 참선해 1906년에 니포리(日暮里) 료보안(兩忘庵)의 샤쿠소카쓰로사(釋宗活老師)로부터 '혜훈(慧薰)'이라는 법명을 얻었다. 게다가 1909년에는 니시미야 시(西宮市) 우미키요테라(海清寺)의 나카하라젠추로사(中原全忠老師)에게서 '전명(全明)'이라는 법명을 얻었다. 그 밖에 上野千鶴子, 「平塚らいてう」, 《朝日新聞》, 1997. 12. 5. 참조.

46 永原和子·米田佐代子, 『増補版おんなの昭和史』, 有斐閣, 1996, 50쪽.

47 鈴木裕子, 『女性史を拓く2 ― 翼賛と抵抗』, 未來社, 1989, 43쪽.

48 1918년에 요사노 아키코, 히라쓰카 라이초, 야마다 와카(山田わか), 야마카와 기쿠에(山川菊江) 사이에서 벌어진 논쟁으로 香内信子編, 『資料/母性保護論争』, ドメス出版, 1984가 있다.

49 香内信子編, 『資料/母性保護論争』, ドメス出版, 1984, 102쪽.

50 번역이 문화의 선택적 수용 과정이라는 것은 장징의 『근대 중국과 '연애'의 발견』이 아주 잘 보여준다. 張競, 『近代中国と「恋愛」の発見』, 岩波書店, 1995. 장징은 근대 중국에서 '연애'라는 개념이 일본을 경유해 '수입'되었을 때 무엇을 받아들이고 무엇을 받아들이지 않았는가, 그리고 그것은 중국 측의 어떤 사정에 의한 것인가를 비교문화적 관점에서 논하고 있다.

51 미야케의 논문도 1980년대 새로운 여성사의 흐름에 발맞춰 일본 페미니즘의 전쟁 책임을 묻고자 하는 의도에서 쓰였다. 그녀는 모성 보호 논쟁을 총정리해 히라쓰카에서

다카무레로 연결되는 일본 페미니즘의 모성 보호적인 경향이 전쟁 참가를 촉진했다고 짚는다. 바꿔 말하면, 일본 페미니스트들이 전쟁에 적극적으로 참여하게 된 원인으로 개인주의의 미진함을 꼽고 있지만, 페미니즘에서 개인주의의 문제는 따로 논할 필요가 있다. 그것은 페미니즘이 곧 근대 개인주의의 여성판이라고 보는 사고방식이야말로 부르주아적인 근대 자유주의 페미니즘의 관점이 반영된 것이며, 근대적 개인주의 자체의 한계도 분명히 밝혀졌기 때문이다.

52  香內信子編, 앞의 책, 188쪽에 수록. 또한 같은 논쟁에서 히라쓰카는 요사노가 모성 보호 사상에 반대하는 것은 "어린이를 자기의 사유물처럼 생각하고, 어머니의 일을 사적 사업으로만 생각하는 구식 사상에 묶여 있기 때문"이라고 말하지만, 모성이 사적 사업이라고 생각하는 것은 결코 구식 사상이 아니며 근대에 의해 사적 영역이 탄생된 이후의 일이다. 요사노는 모성을 사적 사업으로조차 생각하지 않았다.

53  그 점에서 히라쓰카가 신도시 도쿄의 관료 집안 딸인 한편 요사노는 사카이(堺)의 상인 집안에서 태어났다는 출신의 차이를 무시할 수 없다.

54  香內信子編, 앞의 책, 223~229쪽.

55  鹿野政直·堀場清子,『高群逸枝』, 朝日新聞社, 1977; 加納美紀代,『女たちの〈銃後〉』, 筑摩書房, 1987; 西川祐子,『戦争への傾斜と翼賛の婦人』, 女性史総合研究会編,『日本女性史5 — 近代』, 東大出版会, 1982; 山下悦子,『高群逸枝 — 母のアルケオロジー』, 河出書房新社, 1988.

56  加納美紀代,『女たちの〈銃後〉』, 筑摩書房, 1987, 180~181쪽.

57  河野信子他(高群逸枝論集編集会),『高群逸枝論集』, JCA出版, 1979; 西川祐子,『高群逸枝の近代家族論』, 田端·上野·服藤編,『ジェンダーと女性』, 早稲田大学出版部, 1997; 上野千鶴子編,『きっと変えられる性差別語 — 私たちのガイドライン』, 三省党, 1996.

58  高群逸枝,『高群逸枝全集』, 全十巻, 理論社, 1965~1967.

59  또한『다카무레 이쓰에 전집』에서 삭제된 전시의 텍스트를 보완하는 작업이 河野信子 외, 앞의 책과 秋山清,『自由おんな論争』, 思想の科学社, 1973 등에 의해 이루어졌다.

60  河野信子他(高群逸枝論集編集会),『高群逸枝論集』, JCA出版, 1979, 262쪽.

61  栗原弘,『高群逸枝の婚姻女性史像の研究』, 高科書店, 1994.

62  같은 책, 244쪽. 비교가족사학회에서는 1994년과 1995년에 걸쳐 '여성사·여성학의 현상과 과제'를 주제로, 1995년에는 '국가와 모성을 넘어서 — 다카무레의 여성사를 어떻게 계승할 것인가'라는 심포지엄을 열었다. 발언자는 이시무레 미치코(石牟禮道子),

278

구리하라 히로무, 니시카와 유코 세 사람이었으며, 사회자는 나였다. 그 발표 및 토론 내용은 田端·上野·服藤編, 같은 책에 수록되어 있다.

63 이 판단 기준은 1950년대 여성 운동, 즉 '어머니 대회'와 같은 반전 평화 운동이나 '주부련'과 같은 운동을 페미니즘에서 어떻게 평가할 것인가 하는 물음과도 관련된다.

64 山川菊栄·香内編, 『母性保護と経済的独立〈与謝野·平塚二氏の論争〉』, 1984, 137쪽.

65 같은 책, 118, 136쪽.

66 같은 책, 146쪽.

67 요사노가 주창하는 '경제적 독립'은 당시 사회에서는 요사노 자신처럼 특권적인 방식으로 일을 할 수 있었던 여성만이 가능했으며, 한편 히라쓰카가 주창하는 모성 보호는 당시 국가에 사회 정책으로 기대할 수조차 없었다는 점에서 양쪽 논의는 모두 비현실적이라고 비판받는다. 하지만 다른 한편으로는 노동권인가 생활권인가 하는 양자택일을 강요받는 상황 속에서 노동권과 생활권 모두 다 지향했던 야마카와의 주장은 현재 경제 관계의 변혁, 즉 사회주의 혁명이라는 당시로서 가장 현실성 없는 방책으로만 가능했기 때문에 야마카와의 논의 역시 그 점에서 보면 심각하리만큼 비현실적이었다.

68 山川菊江, 「私の運動史」, 外崎光広·岡部雅子編, 『山川菊江の航跡』, ドメス出版, 1979, 66쪽에서 간략화해서 인용.

69 같은 책, 66쪽.

70 야마카와는 이런 부인 활동가들에 대해서도 "부인들은 예전 그대로 일본 여성의 미덕을 발휘해 남성들이 하라는 대로 방향을 바꾸고 있었다"고 지적했다. 같은 글, 81쪽.

71 '하우스키퍼'란 공산당 활동가와 부부로 위장해, 가사 서비스나 경우에 따라서는 성적 서비스까지 제공한 여성 협력자를 말한다. '당을 위해'라는 명목으로 정당화되었지만 전후에 문제가 되었다. 山下智惠子, 『幻の塔 ― ハウスキーパー熊沢光子の場合』, BOC出版, 1985.

72 山川菊江, 앞의 글, 73쪽.

73 전후 부인 참정권을 획득한 후 여성 유권자의 투표 행동 연구에 따르면, 결론적으로 부인 참정권은 일본 정치를 변화시키지 못했다. 변화시키기는커녕 오랫동안 보수 일당 지배를 지탱하게 하는 작용을 해왔다. 여성의 표가 가족의 표에서 독립해 개인의 표로 작용하기 시작한 것은 1989년 이후의 일이다.

74 Beth Katzoff, "War and feminsim: Yamakawa Kikue(1931-45)," Paper presented at

the panel "Women and Nationalism" Annual Convention of Association for Asian Studies, March 14, 1997, Chicago, USA.

75  야마카와에게만 적용되는 이야기는 아니다. '고고한 학문 연구 생활'에 침거했을 다카무레도 그 기간에 에세이나 그 밖의 원고를 꽤 많이 썼다. 소개지(疏開地)에서 갑작스러운 농업으로 생활이 힘들었던 여성 지식인들의 경우 문필업 말고는 생계를 꾸려나가기 어려웠을 것이다. 주위에서도 그런 점을 고려해 집필 기회를 제공했으며, 결과적으로 그들은 전시에 생각지 못하게 많은 글을 남기게 되었다. 야나기다는 일본 민속학 총서를 편찬하고 있었기 때문에 시국과 무관한 원고를 쓸 수 있는 기회를 야마카와에게 제공했다고 생각된다. 야마카와는 미토 번(水戸藩, 현재의 이바라키 현) 구사족(舊士族)의 딸이며, 전후에도 『覺書幕末の水戸藩』(『山川菊栄集』 別巻, 岩波書店, 1974. 1975년 제3회 오사라기 지로 상을 수상)을 썼다.

76  Beth Katzoff, "War and feminsim: Yamakawa Kikue(1931~45)," Paper presented at the panel "Women and Nationalism" Annual Convention of Association for Asian Studies, March 14, 1997, Chicago, USA.

77  加納美紀代, 『女たちの〈銃後〉』, 筑摩書房, 1987; 增補新版, インパクト出版会, 1995, 84쪽.

78  같은 책, 96쪽.

79  加納美紀代編, 「性と家族」, 『コメンタール戦後五〇年5』, 社会評論社, 1995, 84쪽.

80  田端かや, 『植民地の朝鮮で暮らした日本女性たち』, 日本女性学会, 1995, 年度春期大会特別部会, 「フェミニズムと戦争」, 口頭発表, 1995.

81  출석자는 오카다 사다코(岡田禎子), 가타야마 데쓰, 오비가타나 사다요(帶刀貞代), 다츠노 다카시(辰野隆), 다니카와 데쓰조(谷川手徹三), 히라쓰카 하루코, 야마카와 기쿠에 등 7명이다(일본어 50음도순).

82  丸岡秀子, 『日本婦人問題資料集成 第8巻 ― 思潮(上)』, ドメス出版, 1976, 647쪽.

83  같은 책, 653쪽.

84  같은 책, 648쪽.

85  이치카와에 의한 부선획득동맹 해산이 여성 참정권 운동을 지키기 위한 어쩔 수 없는 선택이었다는 해석은 이 자주적 해산으로 부정된다.

86  市川房枝, 「大正翼贊運動と婦人」, 『婦人展望』, 1940; 鈴木裕子, 『フェミニズムと戦争』, マルジュ社, 1986, 124~125쪽.

87  市川房枝, 「身辺雑記」, 《婦人問題研究所々報》 6, 1943. 10. 30.; 鈴木裕子, 앞의 책,

132~133쪽.

88    山高しげり, 『第4回 中央協力会議会議録』, 1943; 鈴木裕子, 앞의 책, 154~157쪽.

89    여성 징용 현장에서 노동 조건이나 모성 보호의 현실은 평상시보다 소홀했다. 실제로 1944년에 여자정신근로회에서도 12세부터 40세까지 여성의 동원을 요청하면서도 '가정의 주축이 되는 사람은 제외한다'는 조건을 달고 있다. 정부가 노동과 모성의 양립을 생각하고 있지 않은 것은 분명하다.

90    山高しげり, 앞의 책, 157쪽.

91    加納美紀代, 『女たちの〈銃後〉』, 筑摩書房, 1987; 増補新版, インパクト出版会, 1995, 67쪽.

92    永原和子, 『女性統合と母性』, 脇田晴子編, 『母性を問う 下』, 人文書院, 1985; 近藤和子, 『女と戦争―母性/家族/国家』, 奥田暁子編, 『女と男の時空 ― 日本女性史再考 V(せめぎ合う女と男 ― 近代)』, 藤原書店, 1995.

93    近藤和子, 앞의 글, 492쪽. 아이러니하게도 전시에 세운 이 목표치는 패전 후 정부가 인구 억제 정책으로 전환하는 과정에서 실제로 달성되었다. 주목할 것은 그 당시에도 인구 정책 대상은 '일본 내지 인구'에 한정하고 있었다는 점이다.

94    성병. 화류계에서 퍼져 나갔다고 해서 화류병이라고 불렀다.

95    市川房枝, 『戦後婦人読本』, 1943; 鈴木裕子, 앞의 책, 128쪽.

96    古久保さくら, 「らいてうの母性主義を読む」, 『女性学年報 12』, 日本女性学研究会, 1991; 鈴木裕子, 『女性史を拓く2 ― 翼賛と抵抗』, 未來社, 1989.

97    平塚らいてう, 「社会改造に對する婦人の使命」, 1920; 平塚らいてう, 『平塚らいてう著作集3』, 大月書店, 165쪽; 古久保さくら, 「らいてうの母性主義を読む」, 『女性学年報 12』, 日本女性学研究会, 1991, 78쪽.

98    平塚らいてう, 「避妊の可否を論ず」, 1917; 平塚らいてう, 『平塚らいてう著作集2』, 大月書店, 165쪽; 古久保, 앞의 책, 78쪽.

99    米本昌平, 『遺伝管理社会 ― ナチズムと近未来』, 弘文堂, 1989; Claudia Koonz, *Mothers in the Fatherland*, New York: St. Martin's Press, 1987.

100    사실 그들은 점령지에서 두개골 측정법 등을 통해 '아리아 인종'의 아이를 발견하면 납치해 길렀다. 米本昌平, 앞의 책 참조.

101    加納美紀代, 『女たちの〈銃後〉』, 筑摩書房, 1987, 73쪽.

102    미국 여성 병사가 전투에 참가하는 것이 문제가 되기 시작한 것은 1989년 미국의 파나마 침공 이후의 일이다.

103 Anna Davin, "Imperialism and Motherhood," *History Workshop* 5, 1978. 데이빈의
이 선구적인 업적은 제국주의 침략과 모성 사이의 관계가 (1) 추축국뿐 아니라 동맹
국에서도 공통적으로 보인다는 것, (2) 총력전이라는 비상시뿐 아니라 근대 제국주의
국가의 성립에 수반된 문제라는 것 등을 가르쳐주었다.

104 스웨덴에서는 '국가 페미니즘(state feminism)'이라는 용어가 정책 결정자들에 의해
공공연하게 쓰이고 있어 일본의 페미니스트 중에는 스웨덴형을 모델로 삼는 사람도
있다. 그러나 장애인의 우생 수술에서 나타나는 것처럼 복지국가 스웨덴 또한 '그런 자
격이 있는' 시민 사이에서의 분배 평등만을 목표로 하고 있다. 한정된 집단 내에 한정
된 젠더 평등이라면, 의지만 있다면 달성할 수 있을 것이다.

105 上野千鶴子, 『九〇年代のアダムとイブ』, NHK出版, 1991.

106 이치카와는 공직 추방에서 해제된 후 1953년에 참의원 선거 도쿄 지역구에 입후보해
당선되었다. 그 후 1971년에 낙선하기까지 세 번에 걸쳐 18년 동안 의원직에 있었다.
1974년에는 다시 참의원 선거 전국구에 입후보해 1위로 당선된 후 1981년에 87세로
죽음을 맞기까지 두 번에 걸쳐 7년 동안 재직했다.

107 관계자에 따르면 이치카와 후사에 기념회에 아직 미정리, 미공개 자료가 상당수 보관
되어 있다는데, 이런 자료가 모두 공개되면 이치카와 후사에의 연구에 커다란 영향을
미치게 될 것이다.

108 鈴木裕子, 『女性史を拓く2―翼賛と抵抗』, 未來社, 1989, 103쪽.

109 같은 책, 65쪽.

110 오모리 가호루(大森かほる)는 최근 연구에서 다음과 같이 서술하고 있다. "라이초의
마음 깊은 곳에는 전시 체제 아래서의 쓰디쓴 경험이 있었기 때문에, 전후에 오직 평
화를 바라며 쇠약한 몸을 이끌고 운동의 상징적 존재로서 많은 활동에 계속 관계했
을 것이다". 大森かほる, 『平塚らいてうの光と蔭』, 第一書林, 1997. 그러나 히라쓰카의 전
후 전향을 시사하는 이런 표현은 오모리의 추측에 지나지 않는다. 또한 이렇게 받아
들이는 방식에도 전전과 전후의 단절이 전제되어 있다.

111 鹿野政直・堀場清子, 『高群逸枝』, 朝日新聞社, 1977.

112 이노우에 기요시(井上淸)가 『일본여성사』를 간행한 것은 1948년이다. 이 책은 다카무
레의 『대일본여성사』와 함께 '이노우에 여성사', '다카무레 여성사'로 나란히 불리며 전
후 여성사의 고전이 되었다. 역사관은 서로 다르지만 두 사람 모두 패전과 점령을 여
성 해방으로 받아들이고 있다는 공통점이 있다. 이노우에는 그 후 1953년과 1962년

개정판에서 '반대 방향'에 관해 이야기하면서 점령 정책을 해방이라고 잘못 판단한 것에 대해 스스로 비판했다. 上野千鶴子,「歷史学とフェミニズム ― 女性史を超えて」,『岩波講座日本通史別巻1 ― 歷史意識の現在』, 岩波書店, 1995 참조.

113  加納美紀代,「高群逸枝と皇国史観」, 河野信子他(高群逸枝論集編集会),『高群逸枝論集』, JCA出版, 1979, 175쪽.

114  앞서 말한 바와 같이 다카무레의『전집』에서 그녀의 전시 발언을 삭제한 것은 남편 하시모토 겐조였다. 적어도 하시모토는 다카무레가 전시에 행한 활동들을 다카무레의 경력 가운데 오점으로 간주했다는 것은 알 수 있지만, 다카무레 자신이 전후에 쓴 자전적 회상록『火の国の女の日記』등에서는 자기비판이라고 할 만한 문장을 찾아볼 수 없다.

115  加納美紀代,『女たちの〈銃後〉』, 筑摩書房, 1987; 増補新版, インパクト出版会, 1995, 166쪽.

116  게다가 그런 역사관의 자명함조차 지금에 이르기까지 국민 다수가 공유하고 있다고 하기는 어렵다.

117  安川寿之輔,「時代を超えることの難しさ ― 戦争責任論とのかかわりで」,《学士会会報》811, 1996-Ⅱ, 104쪽.

118  金静美,『水平運動史研究 ― 民族差別批判』, 現代企画室, 1994.

119  富山一郎,『近代日本社会と沖縄人』, 日本評論社, 1990.

120  미즈타 다마에는 최근 논문「日本におけるフェミニズム思想の受容」에서 모성주의는 일본과 같은 '후진국'에서 페미니즘을 수용할 때 보이는 특징으로, 독일의 경우와 마찬가지로 여성의 전쟁 협력을 촉진했다는 논의를 펴고 있다. 제목에서 알 수 있듯이 근대 일본의 페미니즘이 서구 페미니즘을 수용한 것에 불과하다는 주장에 대해서도 커다란 의문이 들 뿐 아니라 일본을 '후진국'으로 위치시키는 것에도 문제가 있다. 일본 페미니즘의 특징을 '미약한 개인주의'로 논하는 것은 1994년의 미야케(三宅義子)의 논문에서도 공통적으로 나타나는데, 이 주장에는 몇 가지 문제점이 있다. 첫째, 구미를 모델로 하는 기존 근대화론의 폐해를 벗어나지 못한다. 둘째, 그런 주장으로 인해 구미를 굳건한 모델로 구축하는 결과를 빚는다. 셋째, 개인주의를 이상화함으로써 개인주의가 근대에 행한 역할에 대해 비판하지 못한다. 개인주의가 기회의 균등이라는 논리에서 여성에게 자본주의 및 국민국가에 남성과 동등하게 참가하라고 요구한다면, 여성 병사 또한 찬성해야만 한다. 미즈타는 이 물음에 어떻게 대답할 것인가?

121  上野千鶴子·田中美由紀·前みち子,『ドイツの見えない壁 ― 女が問い直す統一』, 岩波新書,

1994.

122    江原由美子, 『フェミニズムと権力作用』, 勁草書房, 1988.


## 제1부 2장


1    김학순은 1997년 12월 16일에 73세로 사망했다. 제소 이래 6년 동안 결심공판도 보지 못하고 일본 정부의 성의 있는 대응도 얻지 못한 채 눈을 감았지만, 자신의 존재를 밝힌 후 제네바의 유엔 인권위원회에서 증언하는 등 국제적으로 큰 영향을 미쳤다.

2    千田夏光, 『從軍慰安婦』, 双葉社, 1973; 金一勉, 『天皇の軍隊と朝鮮人慰安婦』, 三一書房, 1976; 吉田清治, 『朝鮮人慰安婦と日本人』, 新人物往來社, 1977.

3    '여자 정신대'는 일본 내지와 마찬가지로 한반도에서도 모집되었지만 정신대라는 이름 아래 '위안부'가 되어버린 여성도 있었기 때문에 한국 내에서는 '정신대'와 '위안부'와 연결시켜 생각하게 되었다.

4    尹貞玉, 『朝鮮人女性がみた慰安婦問題』, 三一書房, 1992; 金富子 · 梁澄子, 『もっと知りたい 「慰安婦」問題 — 性と民族の視点から』, 明石書店, 1995.

5    1970년대 초기 우먼 리브 속에서는 이미 '위안부'가 문제시되어 일본 여성이 '억압받는 존재'와 '억압하는 존재' 사이에서 '갈라지고' 있음을 지적했다. 上野千鶴子, 『近代家族の成立と終焉』, 岩波書店, 1994, 9~10쪽; 井上輝子 · 上野千鶴子 · 江原由美子 · 天野正子編, 『日本のフェミニズム1 — リブとフェミニズム』, 岩波書店, 1994, 89쪽. 이는 전후 일본 사회가 '위안부'를 일찍이 문제 삼은 예 가운데 하나이지만, 그 후 여성 해방 운동과 페미니즘에서 그 물음이 계승되지는 않았다.

6    アジア女性資料センター, 『慰安婦」問題Q&A — 「自由主義史観」へ女たちの反論』, 明石書店, 1997, 24쪽. 이 답변은 "왜 전후 50년 가까이 지나서 '위안부' 문제가 떠오르게 되었는가?"라는 물음에 답한 것이다. 이 항목을 담당했던 집필자는 마쓰이 야요리(松井やより)였다. 마쓰이는 민주화 운동 속에서 일어난 성 고문 사건과 권인숙의 고발에 대해서는 다루지 않았다.

7    Liza Go, and Jugun Ianfu, "Karayuki, Japayuki: a Continuity in Commodification," *Health Alert*, 139, March 1993. 필리핀 여성인 '자파유키상'(맨몸 하나로 일본으로 돈 벌러 가는 아시아 여성들)을 위해 활발하게 활동해 온 리자 고는 일본인 남성의 섹스 관광과 일본 내 아시아 여성 차별을 천황제하에서의 '위안부' 문제와 같은 맥락에서

본다. 정주 외국인 문제로서 '재일 필리핀인'을 문제시한 것도 그녀가 최초다. 리자 고는 일본 페미니즘의 인종 차별적 성격을 지적하며 소수 민족 페미니즘의 필요성을 제창했다.

8   山下英愛, 「韓国女性学と民族 ― 日本軍慰安婦問題をめぐる民族議論を中心に」, 『女性学4』, 1996; 江原由美子, 「従軍慰安婦について」, 《思想の科学》, 1992. 12.

9   山下英愛, 앞의 글, 43쪽.

10  芳賀徹, 《文化会議》 1992. 10; 江原由美子, 앞의 글, 39쪽. "단 西尾幹二의 『屈辱と増悪の関係を一変させる韓日非觸のすすめ』(《SAPIO》, 1992. 11. 12., 小學館)에서 재인용했다"라고 되어 있는 것을 다시 인용했다. 하가 도루(芳賀徹)와 니시오 간지(西尾幹二)는 둘 다 1996년 말에 발족한 '새로운 역사 교과서를 만드는 모임'에 이름을 올렸으며, 1997년도 문부성 검정이 끝난 교과서에서 '위안부'와 관련된 내용을 삭제하도록 요청했다.

11  江原由美子, 앞의 글, 40쪽.

12  Aparna Basu, "The role of women in the Indian Struggle for freedom." Paper presented at the Women in Asia Conference, Melbourne, Australia, 1993. 10. 3-4.

13  전전의 간통죄 또한 남편의 재산권 침해라는 가부장적인 논리로 구성되었다. 아내의 섹슈얼리티는 남편에게 속하지만, 남편의 섹슈얼리티는 아내에게 속하지 않기 때문에 간통죄에 쌍무성은 없다. 전후 민법에서 '부부의 정조 의무'는 쌍무성을 지니기에 이르는데, 아내가 부정을 저지른 남편의 애인에게 배상을 요구할 수 있다고 한 것은 재산권 침해 논리를 덧붙인 것이다.

14  金富子 · 梁澄子, 『もっと知りたい「慰安婦」問題 ― 性と民族の視点から』, 明石書店, 1995, 92쪽.

15  山崎ひろみ, 「民間基金は従軍慰安婦を二度殺す」, 『週刊金曜日』, 1995. 6. 30.

16  千田夏光, 「『従軍慰安婦』の真実」, 《論座》, 朝日新聞社, 1997. 8, 52~54쪽.

17  센다는 그런 사정에 대해 다음과 같이 설명했다. "조선 민족은 아직도 봉건사상의 잔재가 남아 있는 남성 사회로서 여성에 대한 차별 의식이 심하다. 설상가상으로 사정이 어떻든, 위안부가 되어 비천해진 여성에 대한 어떤 종류의 의식이 있다. 위안부가 문제시되지 않는 것은 그녀들도 그런 사실을 알고 있기 때문에 사회 한쪽 구석에서 죽은 듯이 몸을 숨기고 있기 때문이라고 한국 언론인을 통해 들은 바 있다". 千田夏光, 같은 글, 54쪽. 여기서 센다가 말하는 "어떤 종류의 의식"이란 가부장적인 성차별 의식을 말한다.

18  같은 글, 54쪽.

19  "그(다카하시 기쿠에)는 '종군 위안부 같은 제도를 생각해낸 당시 군 간부의 머릿속에는 국내 공창 제도가 깔려 있었다고 생각한다. 그건 그렇다고 잘 써주셨습니다'라고 말해주었다". 같은 글 53쪽.

20  丸山友岐子,「男性ライターの書いた『従軍慰安婦』を切る」, 加納美紀代編, 『コメンタール戦後五〇年5 ― 性と家族』, 社会評論社, 1995.

21  같은 글, 194쪽.

22  같은 글, 194쪽.

23  같은 글, 187쪽.

24  강간 신화의 해체에 대해서는 小倉千加子, 『セックス神話解体新書』, 学陽書房, 1988과 Timothy Beneke, *Men on Rape*, St. Martin's Press, 1982 참조.

25  彦坂諦, 『男性神話』, 径書房, 1991.

26  ひろたまさき,「戦争の語られ方」, 日本思想史学会大会 심포지엄「歴史と表象」(口頭発表), 1995. 10. 22; ひろたまさき,「文化交流史の課題と方法」, 《大阪大学文学部紀要》36, 1996.

27  韓国挺身隊問題協議会・挺身隊研究会編, 従軍慰安婦問題ウリヨソンネットワーク訳, 『証言 ― 強制連行された朝鮮人慰安婦たち』, 明石書店, 1993.

28  彦坂諦, 『男性神話』, 径書房, 1991, 70쪽.

29  문옥주의 우편저금은 성 노동에 대한 대가로 지불된 것이 아니다. 병사들로부터 받은 팁 등 임시 수입을 자신의 명의로 모아둔 것이다. 위안소 경영자에게 임금을 지불받은 적은 없었다고 한다. 만약 승소해도 명목적인 액수에 지나지 않는 이 소송을 가리켜 그가 '돈을 위해 위안부가 되었다'거나 '돈이 탐나 소송을 하고 있다'고 보는 것은 옳지 않다. 이 소송은 그에게 도리를 요구하기 위한 상징적인 투쟁이고, 지원자들에게도 마찬가지다.

30  에도 시대의 매춘을 연구하는 소네 히로미에 따르면 '바이타(ばいた)'의 어원은 본래 '여자를 파는(賣女)' 행위이며, 나중에 바뀌어 '춘(春)을 파는 여자' 자체를 가리키게 되었다고 한다. 曾根ひろみ,「買春概念をめぐって」, 坂田義教編, 『現代のエスプリ 366 ― 性の諸相』, 至文堂, 1998). 소네의 또 다른 연구에 따르면 매춘에 관계하는 행위자로는 (1) 매춘부, (2) 그 가족, (3) 제겐(女衒, 에도 시대에 여자를 유곽에서 고용살이하도록 알선하는 직업을 가진 사람)·업자, (4) 손님, (5) 정부 등을 들 수 있으며, 그중 첫 번째(매춘부 본인)를 뺀 나머지 네 종류의 행위자가 성 산업으로서 매춘에서 이익을 얻는

당사자라고 한다. 曾根ひろみ, 「『売女』考 ― 近世の売春」, 女性史総合研究会編, 『日本女性生活史3 ― 近世』, 東京大学出版会, 1990.

31  최근의 여성사 연구에서는 매춘 방지법 이론과 그 법을 추진한 여성 의원들에게 '취업부' 차별이 있었던 점을 논하고 있다. 藤目ゆき, 「赤線従業員組合と売春防止法」, 『女性史学 1』, 女性史総合研究会, 1991.

32  '새로운 역사 교과서를 만드는 모임' 사람들은 '강제'를 '강제 연행'이라는 좁은 의미에 한정시키고 있지만, 감시하에 계속된 강제 노동이라는 점에서 '위안부'의 강제성은 명확하다. 가령 모집이 자유의사로 이루어졌다고 해도 본인 의사에 반하는 '강제 노동'은 성립된다.

33  사실 '위안부' 문제가 외국에 소개된 초기에 군대 위안소는 'military brothels(군용 매춘 시설)', '위안부'는 'prostitutes(창부)'로 영역되었다.

34  범주상의 연속성과는 달리 운용상으로는 민간의 유곽과 군 위안소는 자주 엄격하게 구별되었다. 방호와 방역의 이유로 군인이 민간 매춘 시설에 출입하는 것을 엄격하게 금지했을 뿐 아니라 군 관리 위안소에는 민간인의 출입이 제한되었기 때문이다. 단지 이런 범주상의 연속성을 가리켜 많은 논자들은 "군대 위안소는 공창제의 연장"이라고 지적한다. 鈴木裕子, 「日本軍慰安婦(性奴隷制)問題の新段階と反慰安婦キャンペーン」(上·下), 《未來》 365/366, 未來社, 1997. 2-3; 藤目ゆき, 「女性史からみた『慰安婦』問題」, 《季刊戦争責任研究》 18, 1997 겨울). 이는 공창제와 마찬가지로 '위안부' 제도도 면죄된다는 것을 의미하지 않음은 말할 필요도 없다.

35  川田文子, 『赤瓦の家 ― 朝鮮から來た従軍慰安婦』, 筑摩書房, 1987.

36  단, 1948년에 인도네시아 바타비아에서 개정된 B·C급 전범 재판에서는 네덜란드 여성 35명을 '위안부'로 만든 일본의 군인과 군속 11명이 사형을 포함한 유죄 판결을 받았다. 네덜란드 군사 법정은 그 외 두 곳에서 네덜란드 여성에 대한 '강제 매춘'을 재판했지만 인도네시아 여성의 피해는 불문에 부쳤다. アジア女性資料センター編, 『「慰安婦」問題Q&A ― 「自由主義史観」へ女たちの反論』, 明石書店, 1997.

37  유엔인권회의에는 인권소위원회가 설치되어 있으며 그 아래 '현대 성 노예제 부회'가 있다. '위안부' 문제는 이 부회에서 취급하고 있다. 성 노예 패러다임은 현대 성 산업 아래에서 행해지는 국제적 인신매매, 가정 내외의 여성에 대한 성폭력, 무력 분쟁 상황에서의 여성에 대한 폭력(성폭력을 포함) 등의 문제를 통합해 설정한 것이다.

38  Joan W. Scott, *Only Paradoxes to Offer: French Feminism and the Rights of Man*,

Harvrd University Press, 1996; 立岩真也, 『私的所有論』, 勁草書房, 1997.

39 倉橋正直, 「從軍慰安婦前史 ― 日露戦争の場合」, 《歷史評論》467, 42-2, 校倉書房, 1989. 3; 倉橋正直, 『從軍慰安婦問題の歷史的研究』, 共栄書房, 1994. 1989년 논문에서 구라하시는 일본군 '위안부형'에 대해 분명히 군이 관여했음을 인정하면서 일본군 '위안부형'이 '민간 주도형'보다 대우가 좋았다고 판정한다. 그 근거로 첫째, '위안부'는 "병기"로 소중하게 다루어졌다는 점과 둘째, 군대의 관료제로서의 "평준화"에 의해 "같은 취급과 같은 대우를 받았을 것이다"는 점을 들고 있다. 倉橋正直, 같은 글, 81~82쪽. 이런 논거는 모두 역사가답지 못한 추론일 뿐이다. 1989년이라는 간행 연도를 생각한다면 이 논문이 일찍 '위안부'를 다뤘다는 업적을 평가할 수는 있지만, 두 논거 모두 '위안부'의 증언에 의해 부정되었다. 구라하시는 "이런 두 가지 상황 중에서 과연 어느 쪽이 그들에게 더 나았을까"라고 물음을 제기한 다음 스스로 "어느 쪽이건 그들에게 구원은 없었다"고 결론짓고 있다.

40 오키나와에서는 12세 소녀 강간 사건에 앞서 22세 여성과 19세 여성의 강간이 보도되었다. 하지만 오키나와 현민의 분노는 피해자의 순결을 상징으로 결집되었기 때문에 합의가 의심되는 성인 여성의 경우에는 그다지 격분을 불러일으키지 않았다. 그러나 같은 해 10월에 열린 현민 10만 인 집회로 운동을 발전시킨 것은 북경 여성 회의에서 귀국한 바로 다음에 벌인 오키나와 여성 단체의 활동이며, 그 지도자인 다카자토 스즈요(高里鈴代)는 오랫동안 기지 매춘 문제와 씨름하고 있던 활동가다. 오키나와 여성 운동에서 강간과 기지 매춘은 여성에 대한 성폭력이라는 점에서 연결된 문제다.

41 山下英愛, 「『慰安婦』問題の認識をめぐって」, 『季刊あくろす』(憲法を生かす市民の会機関誌), 1994. 11, 45쪽.

42 鈴木裕子, 『女性史を拓く3 ― 女と〈戦後五〇年〉』, 未來社, 1996; 鈴木裕子, 『女性史を拓く4 ―「慰安婦」問題と戦後責任』, 未來社, 1996.

43 秦郁彦, 「政治のオモチャにされる歷史認識 ―『蘆溝橋』『南京』『七三一』『慰安婦』の虚実を問う」, 《諸君》, 文芸春秋, 1997. 9, 39쪽.

44 山下英愛, 「韓国女性学と民族 ― 日本軍慰安婦問題をめぐる民族議論を中心に」, 『女性学4』, 1996, 42쪽.

45 같은 글, 44쪽. 야마시타의 논문의 16번 주석에 따르면 "이 부분에 대해 필자를 포함한 몇 명이 문제가 있다고 지적했기 때문에 일본어판 성명에서는 삭제되었다". 山下英愛, 앞의 글, 55쪽. 한국 여성 운동에 이렇게 훌륭한 부분이 있다는 점을 높게 평가하

고 싶다. 한국에 대한 일본 정부의 대응이 명확하게 자민족 중심적인 때에 그에 대항하는 측이 자신의 자민족 중심성을 자기비판하는 태도에는 경의를 표할 만하다.

46  같은 글, 51쪽.

47  같은 글, 46쪽에서 재인용.

48  《琉球新報》, 1997. 6. 23.

49  戦争犠牲者を心に刻む会(정식 명칭 アジア·太平洋地域の戦争犠牲者に思いを馳せ、心に刻む集会 実行委員会)編, 『私は「慰安婦」ではない 一 日本の侵略と性奴隷』, 東方出版, 1997, 162쪽.

50  倉橋正直, 『従軍慰安婦問題の歴史的研究』, 共栄書房, 1994; 吉見義明, 『従軍慰安婦』, 岩波書店, 1995; 鈴木裕子, 『従軍慰安婦問題と性暴力』, 未來社, 1993.

51  ひろたまさき, 「戦争の語られ方」, 日本思想史学会大会シンポジウム, 「歴史と表象」(口頭発表), 1995. 10. 22.

52  田中利幸, 「なぜ米軍は従軍慰安婦問題を無視したのか」(下), 《世界》 627/628, 岩波書店, 1996. 11-12.

53  같은 글, 277쪽.

54  같은 글, 277쪽.

55  藤目ゆき, 『性の歴史学』, 不二出版, 1996. 17쪽. 젠더사는 원래 계급 지배 일원설적인 유물사관에 대항해 젠더(성별)라는 변수의 독립성을 강조함으로써 성립되었다. 후지메의 표현을 뒤집어보면 그때까지의 사관이 '성별 관점을 갖지 못한 채 계급만을 문제로 삼아온' 것을 비판해왔던 것이다. 후지메의 표현에서 보면 젠더사에 의한 비판이 다시 한 바퀴 돌아 재차 계급, 민족 등의 변수의 중요성이 부상했다고 말할 수 있다. 나의 표현을 쓴다면 현재 젠더 연구는 "젠더만으로 문제를 해결할 수는 없지만 젠더를 뺀 채로는 어떤 문제도 해결할 수 없는" 지점에 이르렀다. 上野千鶴子, 「差異の政治学」, 上野 外編, 『シリーズ現代社会学11 一 ジェンダーの社会学』, 岩波書店, 1995 참조.

56  대만 여성이 중국 전선에 '위안부'로 보내지는 일이 없었던 것은 '위안부' 제도가 방첩을 하나의 목적으로 하고 있었던 것과 무관하지 않다. 일본군은 '위안부' 여성을 통해 부대 움직임이 적에게 누설되는 것을 두려워했다. 대만 여성은 중국어를 할 줄 알았기 때문에, 그런 점에서 일본어는 할 수 있지만 중국어를 모르는 한국인 여성이 '이상적'인 대상이었을 것이다.

57  구라하시 마사나오는 『従軍慰安婦前史』에서 만주국이 성립된 후인 1933년의 자료를

소개했다. "낭자군(娘子軍)은 결코 매음이 아니다. 그녀들은 전투가 급박해지면 포탄 사이를 뚫고 군량미를 병사들이 있는 곳까지 목숨을 걸고 운반한다. 그리고 부상병에 게는 아내와 같은 간호사가 되어준다. 어째서 매음인가. 나는 소리치지 않을 수 없다. 계집애들이여, 사내놈들과 한심하게 방자하여 놀기보다는 군대에 가서 진정한 낭자 군이 되어 국가를 위한 성욕 봉사를 하여라." 中山忠直, 「滿蒙の旅(3)」, 《東洋》 419, 1933. 11; 倉橋正直, 같은 글, 143쪽. 여기서도 '성적 위안'은 '정신 보국'을 위한 양태 중 하나임 이 드러난다.

58    동남아시아 전선의 위안소가 연합군이 승리한 뒤에는 연합군 병사의 위안소로 쓰였 다는 것과 그 여성들이 연합군 병사들의 강간 대상이 되었다는 것은 다나카 도시유키 의 『知られざる戦争犯罪』(田中利幸 1993)와 세키구치 노리코(関口典子)의 영화 〈전장의 마을(戦場の村)〉 등을 통해 명확히 밝혀졌다.

59    山田盟子, 『慰安婦たちの太平洋戦争』, 光人社, 1991; 山田盟子, 『占領軍慰安婦 ― 国策売春の 女たちの悲劇』, 光人社, 1992.

60    가와바타 사토코는 '창부 딱지'란 가부장제의 역할 기대에서 일탈한 여성에 대한 사회 적 제재의 표현에 지나지 않는다고 하며 '성의 이중 기준'과 '창부 차별'에 대해 치밀하 게 논의를 편다. 川畑智子, 「性的奴隷制からの解放を求めて」, 江原由美子 編, 『フェミニズムの 主張2 ― 性の商品化』, 勁草書房, 1995.


## 제1부 3장


1    같은 해 10월 뉴욕 콜롬비아대학에서 열린 일본 근대사 심포지엄에서 나리타 류이치 (成田龍一)는 '위안부' 문제가 독일 역사 수정주의가 다룬 유대인 학살 문제의 일본판 역할을 하지 않을까 예측했는데, 그 예감은 적중했다. 게다가 생각보다 빠르게 예측이 현실화되었다.

2    흥미롭게도 제창자 명부에 이름을 올린 하야시 마리코와 아카와 사와코(阿川佐和子) 는 공식 기자회견에 한 번도 참석하지 않았을 뿐 아니라 취재 요청도 거절하며 줄곧 침묵을 지키고 있다. 「つくる会」, 賛同人インタビュー, 「悲喜こもごもの賛同人事情」, 《論座》, 朝 日新聞社, 1997. 5.

3    "저술업에 의한 지명도가 권력으로 작용하는 듯한 서명은 일체 삼가자"고 한 뒤, "지 식인으로서는 발언하고 싶지 않은" 생각에 서명은 삼갔지만, "이런 태도는 응석을 부

리는 것일까. 내 판단에 별로 자신이 없다"고 쓴 나카노의 글이 활자 매체에 게재된 사실 자체가 '지명도'에 의한 것이라는 사실을 자각하지 못한다면, 이 무책임과 비열함은 어찌할 도리가 없다. 中野翠, 「連載エッセイ一四二回 滿月雜記帳」, 『サンデー毎日』, 1996. 12. 15.

4　마찬가지의 모순은 대부분의 매스컴에서 강간이라는 용어 사용을 '자숙'하고 있는 데에서도 나타난다. 공식적인 이유는 '자극이 너무 강하다'는 것인데, 다른 한편에서는 살인이라는 용어를 아무렇지도 않게 사용하고 있다. 강간을 '희롱'이나 '폭행'으로 바꿔치기함으로써 사태의 무엇이 은폐되고 누가 이익을 얻는지는 명확할 것이다. 上野千鶴子, 『きっと変えられる性差別語 ― 私たちのガイドライン』, 三省堂, 1996.

5　大塚英志, 『少女民俗学』, 光文社, 1989; 上野千鶴子, 「ポスト冷戦と『日本版歴史修正主義』」, 《論座》, 朝日新聞社, 1998. 3.

6　吉見義明, 「公娼論に反論する ― 日本軍慰安婦問題の本質とは」, 特集 「歴史資料をどう読むか」, 《世界》, 岩波書店, 1997. 3., 40~47쪽; 鈴木裕子, 「日本軍慰安婦(性奴隷制)問題の新段階と反慰安婦キャンペーン」(上・下), 《未來》365/366, 未來社, 1997. 2-3.

7　《インパクション》102, インパクト出版会, 1997. 4.

8　이에나가 사부로(家永三郎)의 표현. 笠原十九司・渡辺春己・吉見義明他, 『歴史の事実をどう認定しどう教えるか ― 検証七三一部隊・南京虐殺事件・従軍慰安婦』, 教育資料出版会, 1997, 225쪽.

9　일본의 전후 사학은 단순히 실증 사학만으로는 환원되지 않는다. 유물 사관의 입장에서 '과학적' 역사학 혹은 '전체사'라는 사고방식은 오히려 이데올로기적 색채가 강한 것이다. 하지만 이 문제에 한해서는 역사관의 패러다임 논쟁보다 사실을 둘러싼 진위를 판가름하는 수준에서 논쟁이 이루어지는 것처럼 보이는 것은 왜일까. 만약 실증성이 대중적인 설득 기술로 채용되고 있다면, 첫째로 그것은 역사관에 대한 물음을 불문에 부침으로써 소박한 실증 사학이 연명하도록 하는 것이며, 둘째로 그것은 청자에 대한 과소평가일 것이다. 上野千鶴子, 「ポスト冷戦と日本版歴史修正主義」, 《論座》, 朝日新聞社, 1998. 3.

10　鈴木裕子, 『女性史を拓く3 ― 女と戦後五〇年』/『女性史を拓く4 ― 慰安婦問題と戦後責任』, 未來社, 1996.

11　이에 대해서는 강제성 유무를 고의 연행의 범위에 한정시켜 문제를 바꿔치고 있다는 비판이 요시미 요시아키, 니시노 루미코(西野留美子) 등에 의해 이미 제기되었다. 하지

만 문제화 범위를 어떻게 설정하든 실증성 차원에서 논쟁하고 있다는 사실은 변함이 없다.

12 그런 사정을 요시미 스스로 증언하고 있다. "1991년 8월 한국에서 김학순 씨가 처음으로 본명을 밝히고 나왔다. 1991년 12월에 일본군 '위안부'였던 두 분과 전 군인 군속 및 그 유족들이 함께 일본 정부에게 사죄와 보상을 요구하며 도쿄 지방 재판소에 제소했는데, 그 단계에서 일본 정부는 관여를 부정했으며 자료도 찾지 않았던 것입니다. 우연히 내가 그런 자료가 있다는 것을 알고 있었기 때문에 새롭게 조사해 1992년 1월에 《아사히신문》에 싣게 된 것입니다. 이로써, 부정할 수 없게 된 정부는 관여를 인정하기에 이르렀던 것입니다." 笠原·渡辺·吉見, 앞의 책, 154쪽.

13 桜井よしこ, 「密約外交の代償 — 慰安婦問題はなぜこじれたか」, 《文芸春秋》, 1997. 4.

14 소장파 민속학자인 오쓰키 다카히로(大月高寛)와 아카사카 노리오(赤坂憲雄) 두 사람이 사쿠라이 요시코에게 동의를 표명했다. 赤坂憲雄, 「成熟への道行きは可能か」, 《朝日新聞》, 1997. 8. 24. 이에 대해 이로카와 오요시(色川大吉)는 그것이 민속학의 자기부정이라고 준엄하게 비판했다. "'새로운 역사 교과서를 만드는 모임'에 오쓰키 다카히로가 참가하고 있는데, 가련하게도 그는 민속학자이면서 민속학이 국가나 권력이 만든 문서를 신용하지 않는 데에서 출발한다는 사실을 잊고 있다. 민속학은 민중으로부터 이야기를 청취해 구술사를 만들어온 학문이 아닌가." 色川大吉, 「自虐史観と日本ナショナリズム13 — 色川大吉さんに聞く」(上·下), 《統一日報》, 1997. 9., 12~13쪽.

15 와카쿠와 미도리도 성범죄 재판에 대해 입증 책임을 피해자에서 가해자로 전환해야 한다고 주장하고 있다. 若桑みどり, 「『ジェンダー史学』の視点から歴史修正主義者を批判する」, 《週刊金曜日》181. 1997. 8. 1. 실제로 아키타(秋田) 성희롱 재판 제1심 판결(1997. 1. 28.)에서 재판관은 증인이 없는 밀실 상황에서 남녀가 주고받은 행위에 대해 양쪽 당사자의 주장을 '공평하게' 검토한 결과 여성 측 주장이 '신뢰성이 없다'고 판정을 내렸다. 그것도 성희롱 현장에서 여성의 언동이 재판관의 '상식'을 벗어나 '부자연스럽다'는 이유에서였다. 미국에서 아니타 힐(Anita Hill)과 클래런스 토머스(Clarence Thomas) 사이에서 일어난 유명한 성희롱 논쟁도 의회가 증언의 신뢰성을 공평하게 판정한다는 형태를 취해 힐 쪽이 패배하게 되었다. 여기서는 재정자(裁定者)의 중립성과 객관성에 대해 묻지 않고 있다.

16 前田郎, 「差別と人権 — 規範的思考」, 《インパクション》102, 1997. 4., 12쪽.

17 鈴木裕子, 「日本軍慰安婦(性奴隷制)問題の新段階と反慰安婦キャンペーン」(上·下), 《未來》

65/366, 未來社, 1997. 2 -3.

18  내 논문 「記憶の政治学 — 国民.個人.わたし」(《インパクション》 103, 1997. 6.)에 대해 마에
다가 비판했다. 前田朗, 「上野千鶴子の記憶違いの政治学 — 日本軍慰安婦問題をどう見る
か」,《マスコミ市民》, 1997. 9. 이하의 논점은 마에다의 비판에 부분적으로 응한 것이다.

19  1997년 4월 오키나와 특별조치법의 성립만큼 이를 적나라하게(그것도 부끄러움 없
이) 나타낸 예는 없다. 오키나와 미군 기지의 지주가 한창 법리에 준해 차지권 연장 거
부 투쟁을 하고 있는 도중에 그 법리 자체를 변경해 지주와의 합의가 없어도 미군의
토지 사용을 합법화하는 새로운 법률을 만들었다. 더구나 총여당 체제의 연합정권하
에서 국회의원 90%의 찬성을 얻어 오키나와 특별조치법이 성립된 것이다. 많은 이들
이 지적하듯이 '게임이 한창 진행 중인데 규칙을 변경하는' 것과 마찬가지로 강압적인
수법이었다.

20  현재 쟁점이 되고 있는 것은 뉴욕의 자연사 박물관(American Museum of Natural
History) 정면에 있는 루스벨트 동상(원문에는 '제퍼슨'으로 되어 있는데, 오기인 듯하
다 - 옮긴이)이다. 그곳에는 말에 탄 루스벨트가 발밑에 흑인과 원주민을 거느리고 있
는, 정말로 식민지주의적인 표상이 있다. 원주민 단체는 이에 대해 계속해서 항의하고
있다. 언젠가 이 루스벨트 동상은 미국 정복사의 오점과 함께 해설을 붙여 하나의 역
사 자료로 보존될 것이다.

21  일본계 미국인의 강제 수용에 대한 보상 청구가 실현된 것은 1988년의 일이다.

22  여기에서는 '국민사'의 틀을 넘지 못하고 있다. 일본계 시민은 다른 시민들과 마찬가지
로 충실한 미국인이었으며, 일본계 시민의 국가에 대한 충성은 일본계 병사의 상징으
로, 강제 수용소의 생활과 함께 전시되고 있다. 이에 대한 미국 '국사' 박물관의 수사는
어디까지나 '충실한 국민에 대해 국가가 범한 (인종차별)죄'라는 것이다.

23  게다가 페로가 이야기하는 바에 의하면 중세 여성을 둘러싼 언설의 주요한 생산자는
기독교의 성직자, 즉 정의상으로 여성과 접촉이 금지된 남성들이며, 우리는 아이러니
하게도 여성을 모르는 남성들이 갖고 있는 여성에 대한 환상을 읽고 있었던 것이다.

24  Joan W. Scott, *Gender and the Politics of History*, New York: Columbia University
Press, 1988, 29쪽.

25  법적 투쟁에서 승소할 가능성이 적다는 점을 인정하는 것은 지원 운동 단체에서는 금
기시되어 있다. 패배주의로 취급되기 때문이다. 싸우는 이상 이길 수 있는 싸움을 해
야 하며, 이긴다고 생각하지 않으면 승리도 찾아오지 않는다. 그것은 운동 단체로서는

당연한 논리다. 하지만 전후에 계속 반복된 개인에 대한 전후 보상 요구 재판은 전부 '국내법에 맞지 않는다'는 이유로 문전박대 당하곤 했다. 법리가 위정자의 상황에 맞춰 만들어진 곳에서 법은 객관적이지도 중립적이지도 않다. 오히려 법리상의 규칙을 강요 받아 상대의 씨름판에 올라야 하는 불리한 싸움을 해야 한다. 그런 불리함을 알면서 도 굳이 법정 투쟁으로 몰고 가는 것은 승소를 위한 것이라기보다 법정에서의 담론 투 쟁이 공공의 공간에 불러오는 상징적인 효과를 기대하기 때문이다.

26    가까운 예를 들어보자. 노년에 이르러 이혼하자는 부인의 소리에 남편이 청천벽력이 라며 놀라는 것은 스스로 정의한 '지배적 현실'을 부인도 나눠 가지고 있으리라는 사 실을 의심하지 않았기 때문이다. 통계에 의하면 60세 이상의 부부에게 '부부는 일심 동체'라고 생각하는가'라는 질문을 던졌을 때 남편들의 60%가 동의한 반면 부인들은 동의한 사람이 30%도 되지 않았다. 일상생활을 함께하면서도 한쪽이 끊임없이 이혼 을 생각하고 있다는 이 심각한 불일치가 몇십 년 동안 계속되는 경우도 있다. 강자 측 은 두 현실 사이에 이렇게 심각한 차이가 있다는 사실을 상상조차 못 한다. 만약 자신 이 살고 있는 현실이 또 다른 당사자의 눈에는 전혀 다른 형상을 지닌 현실로 경험되 고 있을지도 모른다고 상상할 수 있다면 어떨까? 즉 다원적인 역사를 인정한다는 것 은 현실이 하나가 아니며 다른 사람에게는 전혀 다른 현실이 있을 수 있다는 것을 받 아들이는 것이다.

27    高橋哲哉, 『記憶のエチカ ― 戦争·哲学·アウシュヴィッツ』, 岩波書店, 1995에서는 '생환자' 라는 표현을 쓰고 있다.

28    톤킨은 이야기하는 사람이 똑같은 이야기를 조금도 어김없이 반복한다고 여기는 착 각을 "토킹북의 오류(talking book fallacy)"라고 부른다. Elizabeth Tonkin, *Narrating the Past: The Social Construction of Oral History*, Cambridge: Cambridge University Press, 1992.

29    '나눔의 집'은 서울의 교외에서 '위안부' 피해자 여성들이 공동생활을 하고 있는 시설 로, 불교계 단체가 운영하고 있다. 그들의 일상생활을 담은 영화로는 변영주 감독의 다큐멘터리 〈낮은 목소리1〉과 〈낮은 목소리2〉가 있다.

30    1997년 1월 1일 뉴욕의 셰라톤 호텔에서 열린 미국역사학회 '위안부' 부회에서의 구 두 발표에 따른 것이다. Dai Sil Kim-Gibson, 1997. 1. 5., "Japanese military supplies: The Korean 'Comfort Women,'" Paper presented to the panel, The "Comfort Women": Contexts and Subtexts, Annual Convention, American Historical

Association, New York.

31  上野千鶴子, 「歴史学とフェミニズム ― 女性史を超えて」, 『岩波講座日本通史別巻1 ― 歴史意識の現在』, 岩波書店, 1995.

32  荻野美穂, 「日本における女性史研究とフェミニズム」, 《日本の科学者》 28-12, 1993. 그 결과 여성사 측에서는 '여성학(으로 대표되는 페미니즘)은 외국 이론을 수입하기만 했지 일본에 대해서는 무지하다'고 비난하고, 다른 한편으로 여성학 측에서는 '여성사는 다른 분야에서 일어나고 있는 변화에 뒤떨어져 있다'고 비난하고 있다. 여성사와 페미니즘의 뒤얽힌 관계에 대해서는 上野千鶴子의 앞의 글을, 여성사와 여성학이 상호 의존하면서 걸어온 것에 대해서는 田端泰子·上野千鶴子·服藤早苗編, 比較家族史学会監修, 『ジェンダーと女性』, 早稲田大学出版部, 1997 참조.

33  이 사정은 스콧의 저서에 잘 나타나 있다. "최근 여성사 연구의 높은 질적 수준에도 불구하고 역사학 분야 전체에서 여전히 주변적인 위치에 머무르고 있다는 사실에서 나타나는 모순은 학문적인 분야에서 지배적인 개념과 대결하지 않는, 또는 적어도 이들 개념이 지닌 힘을 뒤흔들어서 반드시 개념 자체를 변용시키고자 맞붙어 싸우지 않는 서술적인 접근법의 한계를 분명하게 나타내고 있다. 여성에게도 역사가 있었다든가 서양 문명의 중요한 정치적 변혁에 여성도 참가했다는 사실을 증명하는 것으로는 여성사 연구자에게 충분하지 않았던 것이다. 대체로 페미니스트가 아닌 역사학자는 여성의 역사에 관해 일단 승인하고 그다음 격리하거나 깨끗이 잊어버리는 식으로 반응해 왔다. '여성에게는 남성과는 다른 역사가 있었다고 하니 페미니스트들에게 여성사를 하게끔 하자. 우리와는 관계없는 듯하다' 또는 '여성사라는 것은 성이라든지 가족이라는 것에 대한 연구이니 정치사나 경제사와는 다른 곳에서 하도록 하라'는 식이다. 여성의 참가에 관해서도 겨우 슬쩍 관심을 보이는 정도였다. '여성도 프랑스혁명에 참가했다는 것을 알았다고 해도 이 혁명에 대한 내 이해가 변하는 것은 아니다.'" Scott, 앞의 책 [荻野美穂의 번역서 56~57쪽에서 인용].

34  영국 여성사에서는 대영제국의 제국주의적 침략 정책에 대해 당시 부르주아 페미니스트가 어떤 태도를 취했는지와 관련해 '제국주의 페미니즘'이라는 새로운 연구 주제가 생겼다. 예를 들면 역사적인 텍스트를 철저하게 다시 읽는 작업 속에서 노예제 폐지론자인 여성이 인종주의에 반대하는 관점에서 노예 해방을 주창한 것이 아니라 백인의 인종적 우월성을 확립하기 위한 '고귀한 의무'로서 노예제 폐지를 주장했던 것이 논증되었다. 애너 데이빈의 「제국주의와 모성(Imperialism and Motherhood)」(History

*Workshop* 5, 1978)은 이와 같은 반성적 여성사의 선구적인 업적이다.

35 오코시 아이코(大越愛子)는 나의 '반성적 여성사'라는 개념이 후지오카 노부가츠(藤岡 信勝) 등이 말하는 '자기 악역 사관'과 무엇이 다른지 묻는데, 그는 몇몇 지점에서 결정 적인 무지와 오해를 드러내고 있다. 첫째, 나는 '반성적 여성사'라는 용어를 1994년에 「역사학과 페미니즘(歴史学とフェミニズム)」이라는 논문에서 이미 사용하고 있었다. 당 시에는 후지오카 등의 '자기 악역 사관'이라는 말은 아직 등장하지 않았으며 '반성적 여성사'라는 용어는 후지오카 등의 움직임과 무관하게 완전히 독립적으로 성립했던 것이다. 둘째, 반성적(reflexive)이라는 용어에는 그 자체로 어떤 부정적인 의미도 없다. 반성적이라는 용어가 후기구조주의의 어떤 맥락 속에서 성립했는지 전혀 이해하지 못 한 논의다. 셋째, 반성적 여성사는 세계사적으로 볼 때 국적과 상관없는 공통적인 움 직임이며 일본만의 동향이 아니다. 大越愛子 · 高橋哲哉, 「対談 ジェンダーと戦争責任」, 《現 代思想》 25-10, 靑土社, 1997. 9.

36 Claudia Koonz, *Mothers in the Fatherland*, New York: St. Martin's Press, 1987.

37 Helke u. Sander, Barbara johr Hrsg, *Befreier und Befreife: Krieg, Vergewaltigungen, Kinder*, München: Antje Kemstman, 1992.

38 Atina Grossman, "A question of silence: the rape of German women by occupation soldiers," *October* 72, Spring 1995, MIT.

39 확실히 해두자면, '향토' 역시 또 하나의 '상상의 공동체'일 뿐이다.

40 西川長夫, 「日本型国民国家の形成」, 西川長夫 · 松宮秀治編, 『幕末 · 明治期の国民国家形成と 文化変容』, 新曜社, 1995.

41 加藤典洋, 『敗戦後論』, 講談社, 1997.

42 물론 가토는 "일본 사회는 하나의 인간이 아니기 때문에 집단적 자아라고 할 만한 것 을 상정하지 않으면 일본 사회의 분열된 구조에 대한 설명이 되지 않는다"라고 할 정 도로 주의 깊은 필자다. 加藤典洋, 『敗戰後論』, 講談社, 1997, 319쪽. 하지만 "알고 있다" "자각하고 있다"는 말에서 가토가 되돌아오는 지점도 '하나의 인격으로서의 우리'라 는 집단적 주체다. 加藤典洋, 앞의 책, 75쪽.

43 竹田青嗣 · 小林よしのり · 橋爪大三郎, 『正義 · 戦争 · 国家論』, 徑書房, 1997, 281쪽.

44 高橋哲哉, 『記憶のエチカ ― 戦争 · 哲学 · アウシュヴィッツ』, 岩波書店, 1995.

45 Aparna Basu, "The role of women in the Indian Struggle for freedom," Paper presented at the Women in Asia Conference, Melbourne, Australia, 1993. 10. 3-4.

46 물론 마찬가지로 '여성'이라는 범주에 대해서도 말할 수 있다. 집단, 곧 '우리'라는 범주는 그것이 어떤 것이든 외부와의 대립을 첨예화하는 대신 내부의 차이를 은폐하는 작용을 한다. 페미니즘 또한 단일한 집단으로서 '여성'이라는 범주에 안이하게 의거하는 일은 허용될 수 없게 되었다.

47 1995년 9월 6일 북경 여성회의 NGO 포럼장에서 아시아 여성회의 네트워크(AWCN, Asian Women's Conference Network) 주최로 열린 워크숍 '일본군 위안부를 둘러싸고— 일본 여성과 재일 여성의 입장에서'.

48 金富子, 「世界女性会議報告慰安婦問題を中心に」, アジア経済研究所編, 『第三世界の働く女性』, 明石書店, 1996, 괄호 안은 인용자.

49 Robin Morgan(ed.), *Sisterhood Is Global*, New York: Anchor Books, 1984.

50 소수민족 여성, 예를 들면 흑인 여성의 정체성은 우선 첫 번째가 흑인이며 다음이 여성이었다. 따라서 에스닉 그룹 속에 동일화된 여성을 여성 운동에 동원하는 일은 매우 곤란했다. 그와 동시에 에스닉 그룹(말할 필요도 없이 남성 우위다) 속에서 젠더 변수를 문제시하는 것은 언제나 금기시되어왔거나 이적 행위로 간주되었다. 앨리스 워커의 『컬러 퍼플(The Color Purple)』이 흑인 남성 사회에 불러일으킨 분노는 남성 중심주의적인 에스닉 그룹으로의 동일화가 여성 억압을 내포하고 있다는 것을 예증한다. 덧붙이면 초기 급진적 페미니즘이 대항했던 것도 계급 중심적인 사회주의 여성 해방론이었다. 그곳에서는 계급에 대한 충성이 계급 집단 남성에 대한 충성과 등치되었던 것이다.

## 초판 후기

1 尹貞玉, 「国民基金は何を理解していないか」, 《世界》, 岩波書店, 1997. 11; 李効再·尹貞玉·池銀姫·朴元淳, 「新東亜·世界 共同企画 — 日本軍慰安婦問題をどう考えるか 日韓知識人往復書簡 返信·やはり基金の提案は受けいられない」, 《世界》, 岩波書店, 1995. 11.

## 제3부 1장

1 이 글은 2000년 4월 13, 14일 이틀에 걸쳐 독일 일본연구소가 주최한 국제회의에서 필자가 발표했던 영문 원고를 토대로 일부 수정한 것이다. 일본어판의 원고 게재를 허

락해주신 독일 일본연구소에 감사한다.

2   Carolyn Heilbrun, *Writing a Woman's Life*, New York: Ballantine Books, 1988.

3   '에이전시'란 '주체', '에이전트(agent)'와 구별하기 위해서 사용된다. 다케무라 가즈코는
    주디스 버틀러의 『젠더 트러블』(1999)을 옮기면서 '행위체'라는 번역어를 사용했지만,
    모토하시 데쓰야는 '행위매체'라는 번역어를 사용하고 있다. 本橋哲也, 「応答するエイジ
    ェンシー」,《現代思想》, 青土社, 1999. 6. '에이전시', '주체', '정체성(identity)'의 차이에 대
    해서는 上野千鶴子編, 『脱アイデンティティ』, 勁草書房, 2005 참조.

4   Linda Nocklin, "Why have there been no great women artists?" in Gornick,
    Vivian and Barbara Moran (eds.), *Woman in Sexist Society: Studies in Power and
    Powerlessness*, New York: Basic Books, 1971.

5   '위안부' 문제에 대해서는 제1부에서 상세하게 논했다. 일본군 '위안부' 및 '위안소' 제도
    의 역사에 대해서는 같은 책의 참고문헌 목록 참조.

6   鈴木裕子, 『フェミニズムと戦争』, マルジュ社, 1986; 加納美紀代, 『女たちの〈銃後〉』, 筑摩書
    房, 1987; 西川祐子, 「戦争への傾斜と翼賛の婦人」, 女性史総合研究会編, 『日本女性史5 ― 近
    代』, 東大出版会, 1982.

7   藤目ゆき, 『性の歴史学』, 不二出版, 1996.

8   田端かや, 『植民地の朝鮮で暮らした日本女性たち』, 日本女性学会, 1995; 年度春期大会特別
    部会, 『フェミニズムと戦争』, 口頭発表, 1995.

9   坂部晶子, 「満州経験の歴史社会学的考察 ― 満州同窓会の事例をとおして」, 『京都大学文学部
    社会学年報』, 京都大学文学部社会学研究室, 1999.

10  古久保さくら, 「満州における日本人女性の経験 ― 犠牲者性の構築」, 『女性史学9』, 女性史総
    合研究会, 1999.

11  전시의 발언뿐 아니라 아나키스트 시절의 발언도 수록되지 않았다. 편집을 맡았던 하
    시모토가 당시 다카무레의 발언을 미숙하다고 판단했기 때문이다. 그 때문에 『다카
    무레 이쓰에 전집』이라는 이름이 무색하게 누락 원고가 많아서 다카무레 연구자에게
    는 불충분한 자료집이 되었다.

12  栗原弘, 『高群逸枝の婚姻女性史像の研究』, 高科書店, 1994.

13  栗原弘, 「高群逸枝の女性史像」, 田端.上野.服藤編, 比較家族史学会監修, 『ジェンダーと女性』,
    早稲田大学出版部, 1997.

14  西川祐子, 『森の家の巫女』, 新潮社, 1982.

# 제3부 2장

1 1997년 9월 28일, 도쿄 오차노미즈(お茶の水)의 추오대학(中央大学) 스루가다이기념
관(駿河台記念館)에서 '내셔널리즘과 "위안부" 문제'라는 제목으로 개최된 심포지엄.
코디네이터는 니시노 루미코(西野留美子), 발표자로는 나와 요시미 요시아키, 서경식,
다카하시 데쓰야, 그 외 토론자로 김부자가 참가했다. 발표문은 日本の戦争責任資料セ
ンター編, 『シンポジウム ナショナリズムと慰安婦問題』, 青木書店, 1998로 발간되어 있다.

2 花崎皋平, 「脱植民地化と共生の課題」(上・下), 《みすず》458, 459, みすず書房, 1999.

3 徐京植, 「あなたはどの場所に座っているのか — 花崎皋平氏への抗弁」, 《みすず》461, みすず
書房, 1999.

4 花崎皋平, 앞의 글, 上8쪽.

5 富山一郎, 「共同討論 ポストコロニアルの思想とは何か」, 『批評空間』, 太田出版, 1996; 花崎皋
平, 앞의 글, 上11에서 재인용.

6 물론 여기서 하나자키가 '나(우리)'라고 조심스럽게 제언한 문제를 모든 발표자가 공
유하고 있었는지 아닌지는 확실하지 않다. 花崎皋平, 앞의 글, 上12.

7 花崎皋平, 앞의 글, 上8쪽.

8 일본의 전쟁 책임 자료센터로부터 『내셔널리즘과 '위안부' 문제』를 간행하면서 '논쟁
이후' 원고에 대한 종용을 받았지만 바쁜 일상으로 인해서 당시 《논좌(論座)》에 발표했
던 「포스트 냉전과 일본판 역사 수정주의(ポスト冷戦と日本版歴史修正主義)」에 약간의
추기만 달아서 전재했다. 그렇다고 해도 오해가 오해를 낳고 억측이 억측을 부르는 사
태에 대처할 필요가 생겼다. 말하자면 이 글은 뒷북치기일 수 있지만, 일본의 전쟁 책
임 자료센터가 지면을 제공해준 것을 기회로 내 입장을 표명하고자 했다.

9 三谷太一郎, 「まえがき」, 『岩波講座 近代日本と植民地 第8巻 — アジアの冷戦と脱植民地化』,
東京大学出版会, 1999.

10 花崎皋平, 앞의 글, 上7쪽.

11 같은 글, 上8쪽.

12 그렇지만 하나자키가 심포지엄 자료집인 『내셔널리즘과 '위안부' 문제』에서의 나의 주
장은 "이렇게 받아들일 수 있다"고 이야기한다고 해서 내가 진의를 전달하는 일에 성
의를 다하지 않은 것이 될까?

13 徐京植・高橋哲哉, 「連続対談(第三・四回)責任と主体」(上・下), 《世界》8-9月号, 岩波書店,

1999.

14  같은 글, 上238쪽.

15  花崎皐平, 앞의 글, 上13쪽.

16  日本の戦争責任資料センター編, 앞의 책, 185~186쪽.

17  徐京植·高橋哲哉, 앞의 글, 上254쪽.

18  徐京植, 앞의 글.

19  日本の戦争責任資料センター編, 앞의 책, 62쪽.

20  같은 책, 194쪽.

21  같은 책, 196쪽.

22  같은 책, 224쪽.

23  같은 책, 94쪽.

24  같은 책, 68쪽.

25  같은 책, 224쪽.

26  早尾貴紀, 「従軍慰安婦における暴力のエコノミー」, 《現代思想》 27-7, 青土社, 1999.

27  日本の戦争責任資料センター編, 앞의 책, 200쪽.

28  같은 책, 200쪽.

29  大越愛子, 「日の丸·君が代体制を変えていくフェミニズム」, 《未来》 396, 未来社, 1999.

30  上野千鶴子, 「女性兵士の構築」, 江原由美子編, 『性·暴力·ネ-ションフェミニズムの主張4』, 勁
    草書房, 1998; 上野千鶴子, 「英霊になる権利を女にも? ─ ジェンダー平等の罠」, 《同志社アメ
    リカ研究》 35号, 同志社大学アメリカ研究所, 1999.

31  加納美紀代, 「再考·フェミニズムと軍隊」, 《インパクション》 115, インパクト出版会, 1999.

32  鈴木裕子, 『第5回 日本軍慰安婦(性奴隷制) 問題アジア連帯会議報告書』 韓国挺身隊問題対策
    協議会, 1999, 56쪽.

33  鈴木裕子, 「日本軍慰安婦問題が問うもの」, 《わだつみのこえ》 109, 日本戦没学生記念会,
    1999, 43쪽.

34  덧붙이자면, 시미즈 스미코는 여당이었던 사회당(당시) 소속 의원으로 국민기금을 추
    진한 쪽에 있지만, 나는 국민기금을 반대한다고 명확히 밝혀 그녀와 입장을 달리하고
    있다.

35  日本の戦争責任資料センター 編, 앞의 책, 198쪽.

36  戸塚悦郎, 「シンポジウム『ナショナリズムと「慰安婦」問題』をめぐって (1) 性支配の法的構造

をいかに変革するか/(2) 売春から性奴隷へのパラダイム転換はどう起ったか」,《法学セミナー》 532·533, 有斐閣, 1999.

37    上野千鶴子, 『差異の政治学』, 岩波書店, 2002, 30쪽.

## 제3부 3장

1    공개국제심포지엄은 '과거에 대한 시선, 미래의 구상 ─ 정부, 미디어, NGO의 전쟁 책
임과 일본의 미래(過去へのまなざし·未来への構想 ─ 政府, メディア, NGOの戦争責任と
日本の未来)'라는 제목으로 2005년 7월 17일 고쿠렌대학 우 탕트 국제회의장(国連大学
ウ·タント国際会議場)에서 개최되었다. 발표자는 이리에 아키라(入江昭, 하버드대학 역
사학 교수), 프랑크 에르베(전 주일 독일 대사), 오누마(大沼保昭, 도쿄대학 법학정치학
연구과 교수, 아시아 여성 기금 발기인, 이사), 커젠숑(葛劍雄, 중국 복단대학 역사학 교
수), 그리고 나였으며, 사회자는 후나바시 요이치(船橋洋一, 아사히신문사 칼럼니스트)
였다. 이 글은 국제회의에서 발표했던 발표문을 토대로 대폭 수정한 것이다. 같은 취지
의 발표를 2005년 12월 2일 서울에서 한일연대21이 주최한 제2회 국제회의에서도
발표했다. 당시 진행된 토론에도 많은 부분 빚지고 있다.

2    국민기금의 발기인은 다음과 같다. 赤松良子, 芦田甚之助, 衛藤瀋吉, 大来寿子, 大鷹淑子,
大沼保昭, 岡本行夫, 加藤タキ, 下村満子, 鈴木健二, 須之部量三, 高橋祥起, 鶴見俊輔, 野田愛
子, 野中邦子, 荻原延壽, 三木睦子, 高崎勇, 山本正, 和田春樹. 이 중에서 三木睦子는 나중에
기금의 태도에 의문을 느껴 사임했다. 국민기금의 이사장은 村山富市, 부이사장은 石
原信雄, 大鷹淑子이며, 이사는 有馬真喜子, 衛藤瀋吉, 大沼保昭, 岡部謙治, 金平輝子, 草野忠
義, 下村満子, 高崎勇, 山口達男, 和田春樹이다. 전무이사 사무국장 伊勢桃代는 나중에 이
동했다.

3    2005년 3월 23일, 국회에서 吉川春子 (공산당) 의원이 한 질문에 대한 고이즈미 내
각총리대신의 답변. VAWW-NET Japan 「「慰安婦」問題に関する政府談話関係資料」
(2005년 7월 2일 VAWW-NET Japan 연차총회 배포 자료), 재단법인 女性のためのアジ
ア平和国民基金2004 『「慰安婦」問題とアジア女性基金』 부록·관계 자료.

# 참고 문헌

* 일본어 50음도순

青木保, 『日本文化論の変容』, 中央公論社, 1990〔『일본문화론의 변용』, 최경국 옮김, 소화, 2003년〕.

赤坂憲雄, 「成熟への道のりは可能か」, 《朝日新聞》, 1997. 8. 24.

秋山清, 『自由おんな論争』, 思想の科学者, 1973.

「『劣った人』『ジプシー』一掃せよ─六万人に強制不妊手術」, 《朝日新聞》, 1997. 8. 26.

アジア女性資料センター編, 『「慰安婦」問題Q&A ─「自由主義史観」へ女たちの反論』, 明石書店, 1997.

「新しい歴史教科書をつくる会」, 呼びかけ人, 「『新しい歴史教科書をつくる会』創設に当たっての声明」, 1996. 12. 2.

池沢夏樹, 「文芸時評 歴史と『語り口』」, 《朝日新聞》, 1997. 8. 26.

市川房枝, 『市川房枝自伝 戦前編』, 新宿書房, 1974.

─────, 『市川房枝自伝 戦後編』, 新宿書房, 1974.

市川房枝編, 『日本婦人問題資料集成 第二巻: 政治』, ドメス出版, 1976.

「市川房枝という人」, 刊行委員会編, 『市川房枝という人─○○人の回想』, 新宿書房, 1982.

井上清, 『日本女性史』, 三一書房, 1948〔『일본여성사』, 성해준 옮김, 어문학사, 2004년〕.

井上輝子·上野千鶴子·江原由美子·天野正子編, 『日本のフェミニズム1 ─ リブとフェミニズム』, 岩波書店, 1994.

色川大吉, 「自虐史観と日本ナショナリズム13 ─ 色川大吉さんに聞く」(上·下), 《統一日報》, 1997. 9. 12-13.

上杉聡, 『脱ゴーマニズム宣言』, 東方出版, 1997.

上野千鶴子, 『資本主義と家事労働』, 海鳴社, 1985.

─────, 『家父長制と資本制』, 岩波書店, 1990, 岩波現代文庫, 2009〔『가부장제와 자본주의』, 이승희 옮김, 녹두, 1994년〕.

─────, 『九○年代のアダムとイブ』, NHK出版, 1991〔『90년대의 아담과 이브』, 이재호 외 옮김, 동풍, 1991년〕.

─────, 『近代家族の成立と終焉』, 岩波書店, 1994〔『근대가족의 성립과 종언』, 이미지문화연구

소 옮김, 당대, 2009년).

―――,「日本のリブーその思想と背景」, 井上他編, 1994.

―――,「歴史学とフェミニズム—女性史を超えて」,『岩波講座日本通史別巻1 ― 歴史意識の現在』, 岩波書店, 1995.

―――,「差異の政治学」, 上野 他編,『シリーズ現代社会学11 ― ジェンダーの社会学』, 岩波書店, 1995.

―――,「記憶の政治学—国民·個人·わたし」,《インパクション》103, 1997. 6.

―――,「平塚らいてう」,《朝日新聞》, 1997. 12. 5.

―――,『ナショナリズムとジェンダー』, 青土社, 1998〔『내셔널리즘과 젠더』, 이선이 옮김, 박종철 출판사, 1999〕.

―――,「女性兵士の構築」, 江原由美子編,『性·暴力·ネーションフェミニズムの主張4』, 勁草書房, 1998.

―――,『発情装置』, 筑摩書房, 1998.

―――,「ポスト冷戦と日本版歴史修正主義」,《論座》, 朝日新聞社, 1998. 3.

―――,「英霊になる権利を女にも? ― ジェンダー平等の罠」,《同志社アメリカ研究》35, 同志社大学 アメリカ研究所, 1999.

―――,『差異の政治学』, 岩波書店, 2002.

上野千鶴子編,『きっと変えられる性差別語 ― 私たちのガイドライン』, 三省堂, 1996.

―――,『脱アイデンティティ』, 勁草書房, 2005.

上野千鶴子·田中美由紀·前みち子,『ドイツの見えない壁 ― 女が問い直す統一』, 岩波新書, 1994.

鵜飼哲,「歴史修正主義 ― ヨーロッパと日本」,《インパクション》102, 1997. 4.

江原由美子,『フェミニズムと権力作用』, 勁草書房, 1988.

―――,「従軍慰安婦について」,《思想の科学》, 1992. 12.

大越愛子,「日の丸·君が代体制を変えていくフェミニズム」,《未来》396, 未来社, 1999.

大越愛子·高橋哲哉,「対談ジェンダーと戦争責任」,《現代思想》25-10, 青土社, 1979. 9.

大塚英志,『少女民俗学』, 光文社, 1989.

大森かほる,『平塚らいてうの光と蔭』, 第一書林, 1997.

荻野美穂,「日本に於ける女性史研究とフェミニズム」,《日本の科学者》28-12, 1993.

奥武則,「国民国家の中の女性 ― 明治期を中心に」, 奥田暁子編,『女と男の時空 ― 日本女性史再考Ⅴ (せめぎ合う女と男 ― 近代)』, 藤原書店, 1995.

奥田暁子編,『女と男の時空 ― 日本女性史再考Ⅴ(せめぎ合う女と男 ― 近代)』,藤原書店, 1995.

小熊英二,『単一民族の起源』,新曜社, 1995〔『일본 단일민족신화의 기원』, 조현설 옮김, 소명, 2003년〕.

小熊英二,『日本人の境界』,新曜社, 1998.

―――,『セックス神話解体新書』,学陽書房, 1988.

香内信子編,『資料/母性保護論争』,ドメス出版, 1984.

葛西弘隆,「丸山眞男の日本」,酒井直樹・ドーバリー・伊豫谷登志翁編,『ナショナリティの脱構築』,柏書房, 1996.

笠原十九司・渡辺春己・吉見義明他,『歴史の事実をどう認定しどう教えるか ― 検証七三一部隊・南京虐殺事件・従軍慰安婦』,教育資料出版会, 1997.

加藤典洋,『敗戦後論』,講談社, 1997.

加藤陽子,『徴兵制と近代日本 1868-1945』,吉川弘文館, 1996.

鹿野政直・堀場清子,『高群逸枝』,朝日新聞社, 1977.

加納美紀代,「高群逸枝と皇国史観」,河野信子他(高群逸枝論集編集会),『高群逸枝論集』,JCA出版, 1979.

―――,『女性と天皇制』,思想の科学社, 1979.

―――,『女たちの〈銃後〉』,筑摩書房, 1987,増補新版,インパクト出版会, 1995.

加納美紀代編,『自我の彼方へ』,社会評論社, 1990.

―――,『母性ファシズム』,《ニュー・フェミニズム・レヴュー6》,学陽書房, 1995.

―――,『コメンタール戦後五〇年5』,「性と家族」,社会評論社, 1995.

加納美紀代,「近代女性史にとって国と自由」,《思想の科学》, 1995. 8.

―――,「再考・フェミニズムと軍隊」,《インパクション》115,インパクト出版会, 1999.

亀山美知子,「戦争と看護婦」,《歴史評論》407, 37-2, 校倉書房, 1984. 3.

―――,「戦争と看護」,『近代日本看護史Ⅱ』,ドメス出版, 1984.

川田文子,『赤瓦の家 ― 朝鮮から来た従軍慰安婦』,筑摩書房, 1987.

川畑智子,「性的奴隷制からの解放を求めて」,江原由美子編,『フェミニズムの主張2 ― 性の商品化』,勁草書房, 1995.

韓国挺身隊問題協議会・挺身隊研究会編,従軍慰安婦問題ウリヨソンネットワーク訳,『証言 ― 強制連行された朝鮮人慰安婦たち』,明石書店, 1993.

金一勉,『天皇の軍隊と朝鮮人慰安婦』,三一書房, 1976.

金静美, 『水平運動史研究 ― 民族差別批判』, 現代企画室, 1994.

金富子・梁澄子他, 『もっと知りたい「慰安婦」問題 ― 性と民族の視点から』, 明石書店, 1995.

金富子, 「世界女性会議報告慰安婦問題を中心に」, アジア経済研究所編, 『第三世界の働く女性』, 明石
　　書店, 1996.

倉橋正直, 「従軍慰安婦前史 ― 日露戦争の場合」, 《歴史評論》467, 42-2, 校倉書房, 1989. 3.

―――, 『従軍慰安婦問題の歴史的研究』, 共栄書房, 1994.

栗原弘, 『高群逸枝の婚姻女性史像の研究』, 高科書店, 1994.

―――, 「高群逸枝の女性史像」, 田端・上野・服藤編, 比較家族史学会監修, 『ジェンダーと女性』, 早稲
　　田大学出版部, 1997.

栗原幸夫, 「歴史の再審に向けて ― わたしもまたレヴィジオニストである」, 《インパクション》102, イン
　　パクト出版会, 1997. 4.

敬和学園大学戦争とジェンダー表象研究会編, 『軍事主義とジェンダー ― 第二次世界大戦期と現在』,
　　インパクト出版会, 2008.

纐纈厚, 『総力戦体制研究』, 三一書房, 1981.

河野信子他(高群逸枝論集編集会), 『高群逸枝論集』, JCA出版, 1979.

駒込武, 「自由主義史観は私たちを自由にするのか」, 《世界》, 岩波書店, 1997. 4.

小山静子, 『良妻賢母という規範』, 勁草書房, 1991.

近藤和子, 「女と戦争 ― 母性/家族/国家」, 奥田暁子編, 『女と男の時空 ― 日本女性史再考Ⅴ(せめぎ合
　　う女と男 ― 近代)』, 藤原書店, 1995.

酒井直樹・ド=バリー・伊豫谷登志翁編, 『ナショナリティの脱構築』, 柏書房, 1996.

坂部晶子, 「植民地の記憶の社会学 ― 日本人にとっての満州経験」, 《ソシオロジ》44-3, ソシオロジ編
　　集委員会, 1999.

―――, 「「満州」経験の歴史社会学的考察 ― 満州同窓会の事例をとおして」, 『京都大学文学部社会
　　学年報』, 京都大学文学部社会学研究室, 1999.

桜井よしこ, 「密約外交の代償 ― 慰安婦問題はなぜこじれたか」, 《文芸春秋》, 1997. 4.

鈴木裕子, 『フェミニズムと戦争』, マルジュ社, 1986.

―――, 『女性史を拓く1 ― 母と女』, 未來社, 1989.

―――, 『女性史を拓く2 ― 翼賛と抵抗』, 未來社, 1989.

―――, 『朝鮮人従軍慰安婦』, 岩波ブックレット, 1991.

―――, 『従軍慰安婦問題と性暴力』, 未來社, 1993.

―――,『女性史を拓く3 ― 女と戦後五〇年』, 未來社, 1996.

―――,『女性史を拓く4 ― 慰安婦問題と戦後責任』, 未來社, 1996.

―――,「日本軍慰安婦(性奴隷制)問題の新段階と反慰安婦キャンペーン」(上·下),《未來》365/366, 未來社, 1997. 2-3.

―――,『戦争責任とジェンダー』, 未來社, 1997.

―――,『第5回 日本軍慰安婦(性奴隷制)問題アジア連帯会議報告書』, 韓国挺身隊問題対策協議会, 1999.

―――,「日本軍慰安婦問題が問うもの」,《わだつみのこえ》109, 日本戦没学生記念会, 1999.

全国女性ニュース,「歴史の事実を素直に認めよ」, 1997. 1. 20.

戦争犠牲者を心に刻む会(정식 명칭 アジア·太平洋地域の戦争犠牲者に思いを馳せ, 心に刻む集会」実行委員会)編,『私は慰安婦ではない ― 日本の侵略と性奴隷』, 東方出版, 1997.

千田夏光,『従軍慰安婦』, 双葉社, 1973(講談社文庫, 1984).

―――,「従軍慰安婦の真実」,《論座》, 朝日新聞社, 1997. 8.

徐京植,「あなたはどの場所に座っているのか ― 花崎皋平氏への抗弁」,《みすず》461, みすず書房, 1999.

徐京植·高橋哲哉,「連続対談(第三·四回)責任と主体」(上·下),《世界》8-9月号, 岩波書店, 1999.

外崎光宏·岡部雅子編,『山川菊栄の航跡』, ドメス出版, 1979.

曾根ひろみ,「売女考 ― 近世の売春」, 女性史総合研究会編,『日本女性生活史3 ― 近世』, 東京大学出版会, 1990.

―――,「売春概念をめぐって」, 坂田義教編,『現代のエスプリ366 ― 性の諸相』, 至文堂, 1998.

高橋哲哉,『記憶のエチカ-戦争·哲学·アウシュヴィッツ』, 岩波書店, 1995.

高群逸枝,『母系制の研究』,『高群逸枝全集1』, 理論社, 1938, 1966.

―――,『女性の歴史』(上·下), 印刷局, 1948, 講談社, 1954, 講談社文庫, 1972.

―――,『高群逸枝全集』全十巻, 理論社, 1965-67.

竹田青嗣·小林よしのり·橋爪大三郎,『正義·戦争·国家論』, 径書房, 1997.

館かおる,「女性の参政権とジェンダー」, 原ひろこ編,『ライブラリ相関科学2 ― ジェンダー』, 新世社, 1994.

立岩真也,『私的所有論』, 勁草書房, 1997.

田中利幸,『知られざる戦争犯罪』, 大月書店, 1993.

―――,「なぜ米軍は従軍慰安婦問題を無視したのか」(上·下),《世界》627/628, 岩波書店, 1996.

11-12.

田中宏,「日本の戦争責任とアジア ― 戦後補償と歴史認識」,『講座 近代日本と植民地8 ― アジアの冷戦と脱植民地化』,岩波書店, 1993.

田端かや,『植民地の朝鮮で暮らした日本女性たち』, 日本女性学会, 1995, 年度春期大会特別部会,「フェミニズムと戦争」, 口頭発表, 1995.

田端泰子・上野千鶴子・服藤早苗編, 比較家族史学会監修,『ジェンダーと女性』, 早稲田大学出版部, 1997.

「つくる会」, 賛同人インタビュー, 1997,「悲喜こもごもの賛同人事情」,《論座》, 朝日新聞社, 1997. 5.

張競,『近代中国と恋愛の発見』, 岩波書店, 1995〔『근대 중국과 '연애'의 발견』, 임수빈 옮김, 소나무, 2007〕.

外崎光広・岡部雅子編,『山川菊栄の航跡』, ドメス出版, 1979.

東京大学教育学部教育学研究室気付,「1209記録集作成チーム」,『記録集ナヌムの家から若者たちへ ― 韓国・元慰安婦のいま』, 1997.

戸塚悦郎, 「シンポジウム『ナショナリズムと慰安婦問題』をめぐって（1）性支配の法的構造をいかに変革するか/(2)「売春から性奴隷へ」のパラダイム転換はどう起ったか」,《法学セミナー》 532・533, 有斐閣, 1999.

富山一郎,『近代日本社会と沖縄人』, 日本評論社, 1990.

富山一郎,「共同討論 ポストコロニアルの思想とは何か」,『批評空間』, 太田出版, 1996.

―――,「書評 小熊英二著『単一民族神話の起源』」,『日本新研究』413, 1997.

永原和子,「女性統合と母性」, 脇田晴子編,『母性を問う』下, 人文書院, 1985.

―――,「女性はなぜ戦争に協力したか」, 藤原他編,『日本近代の虚像と実像3』, 大月書店, 1989.

永原和子・米田佐代子,『増補版おんなの昭和史』, 有斐閣, 1996.

中村生雄,『日本の神と王権』, 法蔵館, 1994.

成田龍一,「母の国の女たち―奥むめおの戦時と戦後」, 山之内靖・コシュマン・成田龍一編,『総力戦と現代化』, 柏書房, 1995.

西尾和美,「女性史という視座」,《歴史評論》479, 校倉書房, 1990. 3.

西川長夫,『国境の越え方』, 筑摩書房, 1992〔『국경을 넘는 방법』, 한경구 외 옮김, 일조각, 2006〕.

―――,「国家イデオロギーとしての文明と文化」,《思想》827, 岩波書店, 1993. 5.

―――,「日本型国民国家の形成」, 西川長夫・松宮秀治編,『幕末・明治期の国民国家形成と文化変容』, 新曜社, 1995.

———, 『森の家の巫女』, 新潮社, 1982 (『高群逸枝』, 第三文明社, 1990).

———, 「戦争への傾斜と翼賛の婦人」, 女性史総合研究会編, 『日本女性史5 ― 近代』, 東大出版会, 1982.

———, 「高群逸枝の近代家族論」, 田端・上野・服藤編, 『ジェンダーと女性』, 早稲田大学出版部, 1997.

西野留美子, 『従軍慰安婦 ― 元兵士たちの証言』, 明石書店, 1992.

日本の戦争責任資料センター編, 『シンポジウム ナショナリズムと慰安婦問題』, 青木書店, 1998.

野田正彰, 『戦争と罪責』, 岩波書店, 1998.

秦郁彦, 「政治のオモチャにされる歴史認識 ― 『蘆溝橋』『南京』『七三一』『慰安婦』の虚実を問う」, 『諸君』, 文芸春秋, 1997. 9.

花崎皋平, 「フェミニズムと軍隊」, 『情況』, 情況出版, 1992. 5.

———, 「愛国心は悪党の最後の隠れ蓑」, 《インパクション》 102, 1997. 4.

———, 「脱植民地化と共生の課題」 (上・下), 《みすず》 458, 459, みすず書房, 1999.

早尾貴紀, 「従軍慰安婦における暴力のエコノミー」, 《現代思想》 27-7, 青土社, 1999.

彦坂諦, 『男性神話』, 徑書房, 1991.

姫岡とし子, 『近代ドイツの母性主義フェミニズム』, 勁草書房, 1993.

———, 「『女性蔑視』と『母性礼賛』― ナチの女性政策」, 加納編, 1995.

平塚らいてう, 『平塚らいてう著作集』 全8巻, 大月書店, 1984.

平山朝治, 『イエ社会と個人主義』, 日本経済新聞社, 1995.

ひろたまさき, 「戦争の語られ方」, 日本思想史学会大会シンポジウム, 「歴史と表象」 (口頭発表), 1995. 10. 22.

———, 「文化交流史の課題と方法」, 『大阪大学文学部紀要』 36, 1996.

フジタニタカシ, 「近代日本における権力のテクノロジー軍隊・『地方』・身体」, 《思想》 845, 岩波書店, 1994. 11.

藤目ゆき, 「赤線従業員組合と売春防止法」, 『女性史学1』, 女性史総合研究会, 1991.

———, 『性の歴史学』, 不二出版, 1996 (『성의 역사학』, 김경자・윤경원 옮김, 삼인, 2004).

———, 「女性史からみた慰安婦問題」, 《季刊戦争責任研究》 18, 1997 冬.

古久保さくら, 「らいてうの母性主義を読む」, 『女性学年報12』, 日本女性学研究会, 1991.

———, 「満州における日本人女性の経験 ― 犠牲者性の構築」, 『女性史学9』, 女性史総合研究会, 1999.

堀サチ子,「一五年戦争下の女子労働」,《歴史評論》407, 37-2, 校倉書房, 1984. 3.

前田郎,「差別と人権 ― 規範的思考」,《インパクション》102, 1997. 4.

―――,「上野千鶴子の『記憶違いの政治学』」― 日本軍慰安婦問題をどう見るか」,《マスコミ市民》, 1997. 9.

前田郎,「徹底追及自由主義史観国連における慰安婦討議と日本政府」,『週刊金曜日』, 1997. 7. 25.

松尾尊兊,『大正デモクラシー』, 岩波書店, 1974〔『다이쇼 데모크라시』, 오석철 옮김, 소명, 2011〕.

丸岡秀子,『日本婦人問題資料集成第8巻 思潮(上)』, ドメス出版, 1976.

丸山真男,「超国家主義の論理と心理」,『「世界」主義論文選 1946-1995』, 岩波書店, 1946, 1995.

丸山友岐子,「男性ライターの書いた『従軍慰安婦』を切る」, 加納美紀代編,『コメンタール戦後五〇年5 ― 性と家族』, 社会評論社, 1995.

水田珠枝,「日本におけるフェミニズム思想の受容」, 歴史学研究会編,『講座世界史7 ― 近代は人をど う変えてきたのか』, 東京大学出版会, 1997.

三谷太一郎,『新版 大正デモクラシー』, 東京大学出版会, 1995.

―――,「まえがき」,『岩波講座 近代日本と植民地 第8巻 アジアの冷戦と脱植民地化』, 東京大学出 版会, 1999.

三宅義子,「近代日本女性史の再創造のために ― テキストの読み替え」,『社会の発見』, 神奈川大学評 論叢書, 1994.

村井淳史,「自由主義史観研究の教師たち ― 現場教師への聞き取り調査から」,《世界》, 岩波書店, 1997. 4.

村上信彦,『日本の婦人問題』, 岩波新書, 1978.

本橋哲也,「応答するエイジェンシー」,《現代思想》, 青土社, 1999. 6.

森崎和江,『第三の性』, 河出書房新社, 1965, 1992.

安川寿之輔,「時代を超えることの難しさ―戦争責任論とのかかわりで」,《学士会会報》811, 1996-Ⅱ.

山川菊栄,「母性保護と経済的独立〈与謝野・平塚二氏の論争〉」, 1918, 香内編, 1984.

―――,『武家の女性』, 岩波書店, 1943, 1983.

―――,『覚書・幕末の水戸藩』,『山川菊栄集』別巻, 岩波書店, 1974, 1982.

―――,「私の運動史」, 外山光広・岡部雅子編,『山川菊栄の航跡』, ドメス出版, 1979.

山崎ひろみ,「民間基金は従軍慰安婦を二度殺す」,《週刊金曜日》, 1995. 6. 30.

山崎正和,『日本文化と個人主義』, 中央公論社, 1990.

山下智恵子,『幻の塔 ― ハウスキーパー熊沢光子の場合』, BOC出版, 1985.

山下悦子,『高群逸枝 — 母のアルケオロジー』,河出書房新社, 1988.

山下英愛,「『慰安婦』問題の認識をめぐって」,『季刊あくろす』(憲法を生かす市民の会機関誌), 1994. 11.

―――,「韓国女性学と民族 — 日本軍慰安婦問題をめぐる民族議論を中心に」,『女性学4』, 1996.

山田盟子,『慰安婦たちの太平洋戦争』,光人社, 1991.

―――,『占領軍慰安婦 — 国策売春の女たちの悲劇』,光人社, 1992.

山之内靖・コシュマン・成田竜一編,『総力戦と現代化』,柏書房, 1995.

山之内靖,『システム社会の現代的位相』,岩波書店, 1996.

山之内靖・成田竜一・大内裕和(聞き手),「インタヴュー 総力戦・国民国家・システム社会」,《現代思想》 24-7, 青土社, 1996. 6.

尹貞玉,「国民基金は何を理解していないか」,《世界》,岩波書店, 1997. 11.

尹貞玉他,『朝鮮人女性がみた慰安婦問題』,三一書房, 1992.

吉田清治,『朝鮮人慰安婦と日本人』,新人物往來社, 1997.

吉見周子編著,『日本ファシズムと女性』,合同出版, 1997.

吉見俊哉,「メディア天皇制の射程」『リアリティ・トランジッと』,紀伊國屋書店, 1996.

吉見義明,『従軍慰安婦』,岩波書店, 1995〔『일본군 군대 위안부』, 이규태 옮김, 소화, 2006〕.

―――,「従軍慰安婦問題の解決のために」,《世界》, 1996. 9.

―――,「公娼論に反論する — 日本軍慰安婦問題の本質とは」,特集「歴史資料をどう読むか」,《世界》,岩波書店, 1997. 3.

吉見義明編,『従軍慰安婦資料集』,大月書店, 1992.

吉見義明・林博史,『共同研究 日本軍慰安婦』,大月書店, 1995.

米田佐代子,「平塚らいてうの戦争責任論序説」,『歴史評論』,校倉書房, 1994. 4.

米本昌平,『遺伝管理社会 — ナチズムと近未來』,弘文堂, 1989.

李効再・尹貞玉・池銀姫・朴元淳,「『新東亜』『世界』共同企画 — 日本軍慰安婦問題をどう考えるか 日韓 知識人往復書簡 返信・やはり基金の提案は受けいられない」,《世界》,岩波書店, 1995. 11.

『琉球新報』,「刻銘拒否の遺族も — 韓国出身者の刻銘作業に携わる洪氏インタビュー」,琉球新報社, 1997. 6. 23.

『琉球新報』,「ひと 韓国明知大教授洪鐘佖さん」,琉球新報社, 1997. 6. 23.

若桑みどり,『戦争がつくる女性像 — 第二次世界大戦下の日本女性動員の視覚的プロパガンダ』,筑摩 書房, 1995〔『전쟁이 만들어낸 여성상』, 손지연 옮김, 소명, 2011년〕.

————,「『ジェンダー史学』の視点から歴史修正主義者を批判する」,《週刊金曜日》181, 1997. 8. 1.

김은실, 「민족 담론과 여성」, 『한국여성학』, 한국여성학회, 1994.

Anderson, Benedict, *Imagined Community: Reflections on Origins and Spread of Nation-alism*, New York: Verso, 1985 (『상상의 공동체 ― 민족주의의 기원과 전파에 대한 성찰』, 윤형숙 옮김, 나남, 2003).

Basu, Aparna, "The role of women in the Indian Struggle for freedom," Paper presented at the 'Women in Asia Conference,' Melbourne, Australia, 1993. 10. 3-4.

Beneke, Timothy, *Men on Rape*, New York: St. Martin's Press, 1982.

Bhabha, Homi K. *Nation and Narration*, London: Routlegde, 1993 (『국민과 서사』, 류승구 옮김, 후마니타스, 2011).

Bock, Gisela, 1994, "Nazis gender politics and women's history," in F. Thebaud (ed.), *A History of women in the West V: Toward a Cultural Identity in the Twentieth Century*, English translation, original published as *Storia delle Donne in Occidente*, vol. V, Rome and Bari, Gius. Laterza Figli Spa, 1992.

Butler, Judith, *Gender Trouble: Feminism and Subversion of Identity*, London: Routledge, 1999 (『젠더 트러블: 페미니즘과 정체성의 전복』, 조현준 옮김, 문학동네, 2008).

Davin, Anna, "Imperialism and Motherhood," *History Workshop,* 5, 1978.

de Grazia, Vitoria, *How Fascism Ruled Women: Italy, 1922-1945*, Berkeley and LA: University of California Press, 1992.

Frevert, Ute, "Nazism and Women's Policy," Paper presented at the 'International Symposium on National Mobilization and Women,' at Tokyo University of Foreign Studies, 1996. 7. 19.

Go, Liza, Jugun Ianfu, "Karayuki, Japayuki: a Continuity in Commodification," *Health Alert*, 139, March 1993.

Grossman, Atina, "A question of silence: the rape of German women by occupation soldiers," *October* 72, Spring 1995, MIT.

Habermas, Nolte et al., "historikerstreit", *Die Dokumentation der Kontroverse um die Einzigartigkeit der nationalsozialistischen Judenvernichtung*, München: Piper,

1987.

Heilbaum, Carolyn G., *Writing a Women's Life*, New York: Norton, 1988.

Hobsbawm, E. and T. Ranger, *The Invention of Tradition*, Cambridge: Cambridge University Press, 1983 [『전통의 날조와 창조』, 최석영 옮김, 서경문화사, 1996년].

Katzoff, Beth, "War and feminsim: Yamakawa Kikue(1931-45)," paper presented at the panel 'Women and Nationalism' Annual Convention of Association for Asian Studies, March 14, 1997, Chicago, USA.

Kim-Gibson, Dai Sil, "Japanese military supplies: The Korean 'Comfort Women,'" Paper presented to the panel, The "Comfort Women": Contexts and Subtexts, Annual Convention, American Historical Association, 1997. 1. 5., New York.

Koonz, Claudia, *Mothers in the Fatherland*, New York: St. Martin's Press, 1987.

Morgan, Robin(ed.), *Sisterhood is Global*, New York: Anchor Books, 1984.

Nocklin, Linda, "Why have there been no great women artists?" in Gornick, Vivian and Barbara Moran (eds.), *Woman in Sexist Society: Studies in Power and Powerlessness*, New York: Basic Books, 1971.

Perrot, Michelle, and George Duby, *Storia delle Donne In Occidente*, Gius. Laterza, Figli Spa, Roma Bari, 1990~1993[19세기편과 근대편이 『여성의 역사』 3·4(각권 상·하), 권기돈·정나원 옮김, 새물결, 1998로 번역되어 있다].

Sander, Helke, and Barbara johr, *Befreier und Befreite: Krieg, Vergewaltigungen, Kinder*, München: Verlag Antje Kemstman, 1992.

Sarton, May, *Plants Dreaming Deep*, New York: Norton, 1968[『꿈을 깊게 심고』, 최정희 옮김, 까치글방, 1999년].

———, *A Journal of a Solitude*, New York: Norton, 1973[『혼자 산다는 것』, 최승자 옮김, 까치글방, 1999년].

Scott, Joan W., *Gender and the Politics of History*, New York: Columbia University Press, 1988.

———, *Only Paradoxes to Offer: French Feminism and the Rights of Man*, Cambridge: Harvard University Press, 1996[『페미니즘 위대한 역설』, 공임순·이화진·최영석 옮김, 앨피, 2006년].

Tonkin, Elizabeth, *Narrating the Past: The Social Construction of Oral History*,

Cambridge: Cambridge University Press, 1992.

Ueno, Chizuko, "Feminists' active participation in Japan's ultra-nationalism," Paper presented at the panel "Women and Nationalism" Annual Convention of Association for Asian Studies, March 14 1997, Chicago, USA.

# 관련 연표

| | | |
|---|---|---|
| 1890. | | 집회 및 정사법(여성의 정치 결사 및 참가 금지) 제정. |
| 1900. | | 치안 경찰법(여성의 정치 활동 금지) 제정. |
| 1925. | | (남자) 보통 선거법 제정. |
| 1927. | 10. 10. | 대일본연합여자청년단 결성. |
| 1928. | 5. 13. | 어머니의 날 제정. |
| | 7. 1. | 특별 고등 경찰을 전국으로 확대. |
| 1930. | 5. 10. | 부인 공민권 법안이 중의원에서 가결, 귀족원에서 유회. |
| 1931. | 2. 28. | 부인 공민권 법안이 중의원에서 가결, 귀족원에서 부결. |
| | 3. 6. | 대일본연합부인회 결성 / 지구절(地久節, 황후 탄생일 겸 어머니의 날) 제정. |
| | 9. 18. | 만주사변. |
| 1932. | 1. 28. | 상해사변. |
| | 3. 1. | 만주국 건국. |
| | 3. 18. | 오사카(大阪) 국방부인회 발족. |
| | 10. 24. | 대일본국방부인회 발족(발족 후 10년간 회원 1000만에 달함). |
| 1933. | 3. 27. | 일본, 국제연맹 탈퇴. |
| 1934. | 11. 20. | 황도(皇道)파 장교의 쿠데타 계획 발각. |
| 1935. | 5. 11. | 나카조 유리코(中條百合子), 오기카와 이네코(窪川いねこ) 검거. |
| 1936. | 2. 26. | 황도파 장교 쿠데타 미수, 2·26사건(황도파 청년 장교들에 의한 쿠데타. 4일 만에 진압되었으나 일본의 진로에 커다란 영향을 미쳤다. 준전시 체제 확립, 남진 정책·화북 분리 정책을 국가 정책으로 삼았고, 독·일 방공 협정 조인, 태평양전쟁으로 연결되는 태세 확립 및 중국 침략을 본격화시키는 움직임을 낳았다). |
| 1937. | 7. 7. | 루거우차오(蘆溝橋) 사건, 중일전쟁 발발. |
| | 8. 24. | 국민정신총동원 실시 요강 발표. |
| | 9. 28. | 일본부인단체연맹 결성. |

| | |
|---|---|
| 10. 12. | 국민정신총동원중앙연맹 결성〔대일본연합 여자청년단장 요시오카 야요이(吉岡彌生), 대일본연합 부인회장 산조니시 노부코(三條西信子) 등이 평의원으로 있었다〕. |
| 11. 20. | 궁중에 대본영 설치. |
| 12. 13. | 난징 점령, 학살 시작. 그 후 중국 각지에 조직적으로 위안소 설치. |
| 1938. 1. 1. | 모자보호법 시행. |
| 1. 11. | 후생성 설치(인구 정책·체위 향상). |
| 1939. 2. 18. | 부인시국연구회(회장 이치카와 후사에). |
| 5. 12. | 노모한 사건〔만몽 국경에서 국경 문제를 둘러싸고 일본군과 소련·몽고군이 교전〕 발생. |
| 12. 26. | 조선인에 대한 창씨개명 실시. |
| 1940. 5. 1. | 국민우생법 제정, 우생결혼상담소 설치. |
| 7. 10. | 낭비 불요불급품 추방에 부인 단체 동원. |
| 7. 19. | 인구문제연구소, 인구정책 대강 결정. |
| 9. 12. | 부인참정권동맹 해산. |
| 9. 21. | 부선획득동맹 해산, 부인시국연구회로 합류. |
| 10. 12. | 다이쇼 익찬회, 중앙협력회의(국민가족회의) 부설, 다카요시 도미(高良とみ) 출석. |
| 11. 3. | 후생성, 우량 다자 가정(10남매 이상) 표창. |
| 1941. 1. 22. | 인구정책 확립 요강. |
| 11. 22. | 국민 근로보국협력령. |
| 12. 8. | 진주만 공격 / 태평양전쟁 발발. |
| 12. 12. | 미국·영국과의 전쟁을 '대동아전쟁(大東亞戰爭)'이라고 명명할 것을 각료 회의에서 결정. |
| 1942. 2. 2. | 대일본부인회(국방부인회 900만 회원, 애국부인회 400만 회원, 대일본연합부인회의 합동). |
| 2. 15. | 일본군의 싱가폴 점령. |
| 4. 18. | 미군기 일본 본토 첫 공습. |
| 11. 5. | 임산부 수첩 교부 시작. |
| 1943. 2. 1. | 과달카날(Guadalcanal) 패주 (솔로몬 제도에 있는 섬으로 태평양전쟁의 |

주도권이 미국 쪽으로 넘어가게 됨. 전사자·아사자 2만 5000명 이상).

| | | |
|---|---|---|
| | 6. 25. | 학도 전시 동원 체제 확립 요강. |
| | 7. 12. | 부인 총궐기 중앙대회. |
| | 9. 22. | 여성 근로동원 촉진 결정. |
| 1944. | 1. 19. | 여성 정신대 143명 하리마(播磨) 조선소 입소. |
| | 3. 8. | 임팔(Imphal) 작전 개시. 인도 아삼 주 변경의 마을로 영국·인도군의 반격으로 일본군 패주(사망자 3만 명, 부상자 4만 5000명). |
| | 7. 7. | 사이판 옥쇄(일본의 '절대 국방권'이 붕괴됨으로써 미군은 일본을 직접적으로 공습할 수 있는 기지를 획득). |
| | 8. 23. | 학도 근로령 / 여성 정신근로령. |
| 1945 | 2. 1. | 여성 항공 정비원 채용. |
| | 3. 6. | 국민 근로동원령. |
| | 3. 10. | 도쿄 대공습(사상자 9만 명). |
| | 3. 18. | 결전교육 조치 요강 결정(초등학교를 제외한 수업 정지, 군수·식량 생산에 총동원). |
| | 3. | 육군, 여성 위생병 600명 모집. |
| | 3. 25. | 임산부·유아의 집단 소개(疏開) 개시. |
| | 4. 1. | 여성 위생병 양성. |
| | 4. 7. | 야마토 전함이 규슈 앞바다에서 침몰(탑승원 2498명 사망). |
| | 6. 13. | 대일본부인회, 국민 의용전투대로 발전적 해산. |
| | 6. 23. | 의용병역법(15~16세 남성, 17~40세 여성을 국민 의용전투대로 편성). 오키나와 수비군 전멸(사망자 19만 명). |
| | 8. 6. | 히로시마(廣島) 원폭 투하. |
| | 8. 9. | 나가사키(長崎) 원폭 투하. |
| | 8. 15. | 일본, 포츠담 선언 수락 / 패전. |
| | 8. 18. | 내무성, 점령군을 위한 성적 위안 시설 설치를 지시. |
| | 8. 25. | 이치카와 후사에, 부인 참정권 운동 재개. |
| | 8. 26. | 특수 위안 시설 협회(RAA) 설립. |
| | 12. 17. | 선거법 개정(여성 참정권 부여). |
| 1946. | 1. 19. | 국제 극동 군사 재판소 조령(A급 재판). |

| 1946~1948. | 아시아·태평양 지역에 위생 군사 재판소 설치(B·C급 재판). |
|---|---|
| 1948. | 바타비아 재판(네덜란드인 여성 35명의 '위안부' 문제 재판). |
| 1951. | 샌프란시스코 조약. |
| 1956. | 일본 유엔 가맹 승인. |
| 1965. | 한일조약 체결. |
| 1988. | 한국 여성 단체, 일본군에 의한 위안소 설치에 관해 조사. |
| 1990. 5~6. | 노태우 대통령 방일, 국회에서 위안부 문제 조사를 요구. 일본 정부는 "민간업자의 행위"라고 국가 관여를 부정. |
| 10. 17. | 한국여성단체연합, 사죄와 조사를 요구하며 일본 정부에 공개장 보냄. |
| 11. | 한국정신대문제대책협의회 결성. |
| 1991. 8. | 전 '위안부' 김학순(68세)이 피해자로서 처음으로 이름을 공개. |
| 11. 26. | 도쿄에서 '종군 위안부 문제 우리 여성 네트워크' 발족. |
| 12.6. | 김학순 등 3명의 전 '위안부'를 포함한 군인·군속과 유족 32명이 도쿄 지방재판소에 제소(아시아·태평양 한국인 희생자 보상 청구 사건). |
| 1992. 1. 13. | 일본 정부, 위안소 설치에 대해 일본군의 관여를 처음으로 인정. |
| 2. | 정대협, 유엔 인권위원회에 위안부 문제 제기. |
| 7. | 일본 정부, 일본군 관여를 인정하는 사료 발표. |
| 1993. | 위안부 문제, 유엔 차별방지 소수자보호위원회에 제소, 국제 공청회 유엔 인권위원회에 재차 제소, 유엔 '현대 성 노예제 작업 부회'에 제기. |
| 5. | 일본 정부, 청구는 양국 간 조약으로 해결되었기 때문에 개인 보상에 대한 법적 의무를 지지 않는다고 반복. |
| 8. 4. | 일본 정부, 위안부 모집의 강제성을 인정하고 사죄. |
| 1995. 8. 15. | 일본 정부, '여성을 위한 아시아 평화 국민기금' 발족. |
| 9. | 유엔 베이징 여성회의 NGO 포럼에서 '위안부' 문제가 초점의 하나로. |
| 1996. 4. 19. | 유엔 쿠마라스와미 보고 채택. |
| 8. | 국민기금 측 '속죄금' 지급 강행, 필리핀 여성 5명이 수령(그 외 수급 거부). |
| 12. | '새로운 역사 교과서를 만드는 모임' 발족. 문부성이 검정 완료한 1997년도 역사 교과서에서 '위안부'에 관한 기술 삭제 요구. |
| 1997. 1. 11. | 한국인 여성 7명, 국민기금에서 '속죄금' 수급. |

| 12.6. | 국민기금, 한국 신문에 광고 게재. 한국 정부가 '불쾌감'을 표명. |
|---|---|
| 12.16. | 김학순 씨(73세) 사망. |
| 1998 1.3. | 국민기금에서 '속죄금' 수급자가 50명을 넘었다고 발표. |
| 4.27. | '관부(關釜) 재판'에서 야마구치 지방재판소 시모노세키 지부가 국가의 부작위 인정, 일본군 '위안부' 피해자에게 지급 명령. |
| 2000. 12.8~12. | VAWW-NET Japan 주최로 여성국제전범법정 개최. |
| 2001. 1.30 | NHK, ETV에서 여성국제전범법정 기록 방영 직후부터 방송 개편이 문제화되기 시작. |
| 7.24. | VAWW-NET Japan이 NHK 제소. |
| 9.17. | 조선민주주의인민공화국 정부, 일본인 납치를 정식으로 인정, 사죄. |
| 2003. 3.25. | '관부(關釜) 재판' 최고재판소에서 패소. |
| 2005. 8.1. | 액티브 뮤지엄 '여성들의 전쟁과 평화' 자료관(WAM) 개관. |
| 2007. 3. | 국민기금 해산. 총 285명의 피해자가 속죄금을 수령. 디지털 아카이브 '위안부 문제와 아시아 여성 기금' 개설. |
| 6. | 《워싱턴 포스트》지에 일본의 정치가들이 '위안부 강제 동원의 증거가 없다'는 의견 광고 게재. 반발을 불러일으켜 미국 하원이 일본 정부에 공식 사죄를 요구하는 결의 채택. |
| 2008. 6.12. | NHK 재판, 최고재판소에서 패소. |
| 2011. 8.30. | 한국 헌법재판소에서 "위안부 문제 해결을 위해 한국 정부가 나서지 않는 것은 위헌"이라 판결. |
| 12.14. | 서울 일본 대사관 앞에서 '위안부' 문제 해결을 요구하는 '수요집회'가 1000회를 맞음. 일본 대사관 앞 '위안부 기념비' 제막. 같은 날 도쿄에서는 수요집회 1000회 기념 항의 행동으로 외무성을 둘러싸고 '인간 사슬' 시위. |
| 12.17~18. | 이명박 당시 대통령 방일, 노다 수상과의 회담은 '위안부' 문제를 둘러 싸고 교착. |
| 2012. 5.5. | 서울에 '전쟁과 여성 인권 박물관' 개관. |
| 8. | 독도 문제로 한일관계 악화(배경에는 '위안부' 문제 미결). |
| 12.27. | 스가 요시히데 관방장관 '고노 담화 수정' 언급. |
| 2013. 2.7. | 아베 총리, 국회에서 "강제를 보여주는 증거가 없다"고 발언. |

| | | |
|---|---|---|
| | 5. 13. | 하시모토 도루 오사카 시장 "위안부 제도는 당시에 필요했다"고 발언. |
| 2014. | 1. 15. | 미국 하원에서 2007년 위안부 결의안 준수를 촉구하는 법안 표결 통과. 16일 상원 통과, 17일 버락 오바마 대통령 서명. |
| | 2. 28. | 스가 요시히데 관방장관, 중의원 예산위원회에서 고노 담화 작성 경위를 검증하겠다고 답변. |
| | 3. 31. | 와다 하루키 도쿄대 명예교수 등 일본 학자 1167명 고노 담화 계승·발전 요구 공동 성명 발표. |
| | 6. 20. | 일본 정부, 고노 담화 작성 경위 검증 보고서 발표. |
| | 6. 30. | 한국 국회 외교통일위원회(위원장 유기준), 고노 담화에 대한 규탄 결의안 채택. |

# 옮긴이의 글

2012년 12월 동아시아의 이웃한 나라 한국과 일본에서는 새로운 정치 지도자 선출이 있었다. 일주일 간격을 두고 진행된 양국의 선거에서 한국에서는 박근혜 대통령이 선출되었고, 일본에서는 아베 신조 내각이 들어섰다. 이들 두 지도자는 각각 박정희 전 대통령의 딸과 기시 노부스케 전일본 수상의 외손자로, 두 지도자의 아버지와 외할아버지가 되는 박정희와 기시는 일본 제국주의가 1932년 중국 동북 지역에 세운 괴뢰 국가인 만주국에 정치적 뿌리를 두고 있다는 접점이 있다. 실제로 아베 수상은 박정희와 기시 노부스케가 서로 '절친best friend'이라고 언급한 적이 있으며, 박정희 대통령은 그의 재임 시절에 'A급 전범'인 기시 노부스케에게 훈장을 수여하기도 했다. 이런 '절친' 집안의 인물들이 두 나라 권력의 정점에 선것은 역사적 우연일까?

역사적 사건은 종종 우연을 가장해 나타나곤 한다. 최근에 두 나라에서 벌어진 일들을 더듬어보면 더욱 그런 생각을 지울 수 없다. 일본 아베 내각은 고노 담화 검증보고서를 발표했고, 한국 박근혜 대통령은 역사 인식 논란을 불러일으킨 문창극 총리 후보자를 지명한 일이 그것이다. 아베 내각이 '검증'한 고노 담화란 1993년 고노 관방장관이 일본군 '위안부' 문제에 대해 넓은 의미에서의 강제성과 그로 인해 상처를 입은 '위안부' 피해 자들에게 사과와 반성의 뜻을 표명한 발표다. 아베 내각은 이번 '검증'에서 일본군 '위안부' 동원의 '강제성'을 부인해 문제를 빚고 있다. 박근혜 대통령이 총리 후보자로 지명한 문창극의 발언 내용 중에서도 중요하게 논란이 되는 부분이 일본군 '위안부' 문제와 관련되어 있었다. 양국을 떠들썩하게 만든 최근의 사건들을 바라보다 보면, 우연 치고는 시기적으로나 내용적으로 지나치게 유사해서 박근혜-아베 집안의 정치적 뿌리가 된 식민지 시대에 대한 깊이 있는 성찰과 그것의 확장이 두 나라의 절대적 당면과제가 아닌가 생각하게 된다.

일본군 '위안부' 문제를 둘러싸고 한일 양국에서 논란이 일고 있는 시점에 우에노 지즈코의『위안부를 둘러싼 기억의 정치학 ─ 다시 쓰는 내셔널리즘과 젠더』가 출간되는 것이 우려스러우면서도, 또 한편으로는 이처럼 어려운 국면에 활발한 사회적 논의를 더하는 데 이 책의 역할이 있을 것이라는 기대를 하게 된다.

저자 우에노 지즈코는 1991년 12월, 당시 머물던 독일에서 김학순 할머니의 일본 정부 제소 보도를 들으며 일본과 독일의 전쟁 이후가 극명하게 교차하는 데 극심한 아픔을 느꼈다고 말한다. 그 아픔이 동력이 되어 식민 이후post-colonial에 대한 성찰과 연구를 계속했고, 그 연구의 결과물로 1998년『내셔널리즘과 젠더』를 출간했다. 우에노 선생은 이 책에서 여성의 '국민화'를 키워드로 일본제국과 그 이후에 대해 논했다. 여기서 식민 '이후'란 'post'의 두 가지 의미, 즉 '후기'라는 시간적 의미와 '탈脫'이라는 극복의 의미를 가지는, 이 책은 이 양쪽 모두에 철저한 젠더론이라고 할 수 있다.

이 책이 한국에서 졸역으로 처음 나온 것은 1999년이었다. 이 책은 번역 출간 이전부터 관련 연구자와 운동가들 사이에서 상당한 논란을 낳았다. 저자 우에노 선생은 일본군 '위안부'를 민족 차별이 낳은 문제로 쟁점화하면서도, 일본인과 한국인 '위안부' 피해자의 차이를 강조하는 것은 결과적으로 매춘부 차별을 야기한다고 주장했다. 또한 그녀는 '위안부' 여성의 피해를 민족의 수난으로 영유하는 것은 여성의 이해를 남성(=민족)의 이해로 종속화해 민족주의 동원에 이용될 위험을 내포하고 있다고 비판했다. 일본군 '위안부' 문제 해결을 위해 각고의 노력을 해온 한국의 관계자들은 이 책에 대해서 일본군 '위안부'의 역사성에 대한 인식, 즉 일본의 식민지였기 때문에 겪어야 했던 수난이라는 인식이 희박하다는 문제점을 제기했다. 자기반성을 해야 할 '일본인' 여성이 한국의 민족주의를 비판하는 것이 '분수를 모르는 행위'로 비쳤던 것이다.

그러나 이런 비판적 논의에도 불구하고 『내셔널리즘과 젠더』는 일본군 '위안부' 문제를 이해하고자 하는 한국의 독자와 학생, 연구자, 운동가 사이에 널리 읽혔다. 그뿐 아니라 일본군 '위안부' 운동 자체도 주로 민족 담론 안에서 논의되던 양상을 넘어 여성·인권·평화와 결합하면서 세계적으로도 영향력 있는 운동으로 전개되었다. 이러한 양상의 전개에 이 책이 던진 문제의식이 기여한 바가 적지 않았을 것이다.

『위안부를 둘러싼 기억의 정치학』은 총 3부로 구성되어 있다. 제1부는 1998년 출간된 초판 『내셔널리즘과 젠더』에 약간의 수정을 더한 것이고, 제2부는 전쟁의 기억과 망각에 대한 소고를 모은 것이며, 제3부는 『내셔널리즘과 젠더』가 불러일으킨 논란의 쟁점에 대해 다시 답한 글과 2007년에 해산한 여성을 위한 아시아 평화 국민기금(일명 '국민기금')을 되돌아본 글 등으로 새롭게 구성되어 있다. 현실문화 편집부와 고심 끝에 한국어판 제목을 원제(내셔널리즘과 젠더)를 그대로 쓰지 않고 『위안부를 둘러싼 기억의 정치학』으로 수정한 것은 한국 안에서 이 책이 가지는 위상과 관련되어 있다. 또한 증보된 제2부와 제3부에서 초판 출간 이후 오늘날까지 지속되고 있는 일본군 '위안부' 문제를 둘러싼 논란에 저자 우에노 지즈코가 개입하고 있는 쟁점을 눈여겨볼 필요가 있음을 한국어판 제목에 담고자 했다. 이 책에서 쟁점이 되는 부분은 크게 세 가지로 나누어볼 수 있는데, 민족과 젠더라는 이분법, 민족이나 국가로 환원되지 않는 책임 주체를 어떻게 세울 것인가, 그리고 국민기금에 대한 평가에 관한 것이다.

우에노 지즈코는 일본군 '위안부' 문제는 민족인가 젠더인가라는 양자택일의 문제가 아니라 이 둘 모두와 싸워야만 하는 문제이지만 그렇다고 해서 젠더를 뒷전으로 미뤄야 한다는 생각은 결단코 받아들일 수 없다고 말한다. 그의 이런 주장은 종종 젠더를 우선시한다는 비판으로 이어졌으며, 한국 사회에서는 그런 비판에서 더 나아가 그녀가 민족적 관점이 결여된 제국의 페미니스트가 아닌가 하는 의혹을 받기도 했다.

평화 연구자 요한 갈퉁Johan Galtung이 "근대국가는 군대를 유지하기 위해 태어났다"고 했을 정도로, 국민국가를 이해하는 핵심 키워드 중 하나는 군대다. 그리고 군대가 수행하는 전쟁은 바로 이 국민국가의 자격을 시험하는 시험대였으며, 그 시험을 '우수'하게 통과하기 위해서 혹은 통과할 수 있음을 보여주기 위해서 여성의 성은 아주 중요한 자원으로 활용된다. 여성의 성을 전쟁 수행에 필수불가결한 자원의 전형으로 활용한 경우가 일본군 '위안부'이며, '위안부'는 종종 비전시에도 전시를 대비한 군대의 존속을 위해 온존한다. 물론 이때 군인으로 동원되는 남성도 중요한 자원이 된다. 그렇다고 해서 최근 논란이 되고 있는 주장처럼 남성 군인과 일본군 '위안부'를 국민국가의 자원이라는 측면에서일지라도 '동지'적 관계였다고 말할 수는 없다. 이는 전쟁의 젠더 비대칭성을 간과한 논의일 뿐 아니라 일본인과 조선인 군인 사이 그리고 그들과 '위안부' 사이의 차별에 대해 눈감는 일이기도 하기 때문이다. 따라서 이 문제에 관해서는 젠더와 민족이 국가에 의해 어떤 차별의 메커니즘 속에서 자원으로 활용되는가를 더불어 시야에 두어야 한다.

이 책은 국민국가가 젠더와 민족을 어떻게 편성하는가를 다루어 그것을 극복하고자 한 시도다. 그러나 한국 사회에서 일본군 '위안부' 문제는 여전히 민족 문제로 과잉 담론화되는 경향이 있다. 그것은 아마도 민족적 차별이 구조화된 모순의 폐해를 '반일 민족주의'를 통한 국민국가 건설로 극복하고자 한 한국의 현대사와 밀접한 연관이 있을 것이다. 그러나 오늘날 우리가 탈식민화 과제를 여전히 안고 있다면, 그것은 바로 식민 이후 그간의 탈식민화 노력에 따른 결과를 포함하는 것일 테다. 지금 이 시점에 나오는 이 책이 '민족인가 젠더인가'라는 양자택일의 차원을 넘어 한국 사회의 탈식민화에 관한 심도 깊은 논의의 마중물이 되었으면 한다.

둘째로, 식민지 시대를 살지 않은 일본 구성원들의 책임 주체를 어떻게 세울 것인가를 둘러싼 논의는 일본의 양식 있는 지식인들이 직면한 딜레마를 잘 보여준다. 우에노 지즈코는 오늘날 일본이 일본 제국주의 시대에 발생한 문제들에 대한 '엄격한 책임 주체'로서의 자각을 갖는 것은 필요하다고 본다. 그런 다음 일본이 기미가요와 히노마루를 각각 국가와 국기로 추진하며 '자랑스러운 일본'을 만들어내고 있을 때 '나'는 '민족이나 국가로 환원되지 않는다'는 논리를 구축하는 일이 시급하다고 주장한다. 최근 집단적 자위권 행사를 가능케 해 '전쟁을 할 수 있는 일본'을 만들어낸 아베 정권을 바라보노라면 우에노 선생의 주장을 납득할 수밖에 없다.

또한 이어지는 우에노 선생의 글을 읽다 보면 다음과 같은 여러 가지 의문들이 파생한다. 식민지 시기의 범죄에 직접적으로 연루되지 않은 일본인들이 해야 할 반성의 범위는 어디까지일까? 일본인들은 무엇을 근거로, 어떤 방식으로, 무슨 자격으로, 어디까지 책임을 다해야 하는 것일까? 이런 질문은 일본에게 사죄와 배상을 요구하는 우리에게도 그대로 돌아온다. 식민지 시기를 살지 않은 우리는 어떤 방식으로, 무엇을 근거로, 무슨 자격으로, 어디까지 그들에게 책임을 물을 수 있을까? 그리고 무엇보다 우리가 너무도 당연하게 여기는 것, 즉 그들에게 사죄와 배상을 요구하는 것은 왜일까? 그들에게 사죄와 배상을 요구하는 것이 단지 과거를 되묻는 일만은 아니지 않을까? 이때 그들은 누구이며 우리는 누구인가? 그들과 우리를 가르는 선은 단지 주어진 그대로의 국경인 걸까? 나는 누구와 우리가 되는 걸까? 일본군 '위안부' 문제가 제기하고 있는 물음은 안전한 국경 안에 머물며 사죄와 배상을 요구하는 행위를 넘어 국경 안의 우리를 되묻는 불온함으로 이어질 때에만 '진정'으로 해결될 수 있는 것은 아닐까? 이 책을 읽는 독자들에게도 이런 의문들이 이어지고 있을 것이다.

마지막으로, 국민기금 역시도 여전히 논란거리다. 국민기금이 결성되던 때 나는 일본에서 유학 생활을 하고 있었는데, 당시 대다수의 일본인이 자신들의 과거 역사에 경악하면서 무언가 하고 싶다는 감정을 느끼고 있었다고 기억한다. 그리고 나는 국민기금이 아마도 당시 일본 사회가 보여줄 수 있는 일본군 '위안부' 피해의 역사에 대한 반성의 최대치이자 한계가 아니었나 생각한다. 이렇게 말하는 것이 어떤 오해를 살지도 모르지만, 사죄하고 반성하지 않으려고 하는 일본인만이 일본 구성원의 전부가 아니라는 것, 사죄하고 반성하고자 하는 일본인들과 함께 '우리'가 되어 탈식민화 과제를 해결하는 것, 그것이 지금 필요한 게 아닐까 하고 생각한다. 탈식민화란 식민을 가능하게 한 모든 요소에 대해 철저하게 사유하고 조정해가는 과정이다.

이 책은 전후에 태어난 일본인 우에노 지즈코가 일본군 '위안부' 피해자 김학순 할머니의 제소에 대해 사력을 다해 응답한 것이라고 할 수 있다. 그녀의 문제제기는 일본 내외에서 상당한 논란을 불러일으켰지만, 적어도 일본 사회에서는 발전적 논의로 이어진 것으로 보인다. 그렇다면 이 책을 지금 한국 사회에서 다시 읽는 데에는 어떤 의미가 있을까? 젠더 관점을 제기하기 위해 민족 관점을 등한시한 제국의 페미니스트라는 비판을 넘어, 일본군 '위안부'가 된 피해자의 위치에서부터 시작하는 탈식민화 논의의 물꼬를 트는 사회적 반응을 이끌어내는 것이 아닐까?

우리 스스로는 일제의 잔재를 청산하지 못했다는 평가를 종종 내린다. 그런데 그 청산은 과연 무엇을 의미하는 것일까? 청산의 대상을 외부화하는 것, 즉 국경의 바깥, 현재의 바깥, 나 또는 우리의 바깥으로 책임을 전가하는 것만으로는 어떤 문제도 해결하지 못한다는 것은 분명해 보인다. 일

본의 지식인들이 자신이 속한 국가가 답습하는 제국주의 시대를 극복하기
[脫] 위해 해야만 했던 '중노동' 같은 사유는 비단 '그들'만의 일은 아닐 것이
다. 일본의 지식인이라는 우에노 지즈코의 위치성이 갖는 한계 또한 명확
하지만, 급변하는 동아시아 정세를 바라보면서 우리가 청산해야 할 것이
진정 무엇인가를 사유하는 데 이 책이 자극제로 읽히기를 기대한다.

2014년 7월

이선이

# 위안부를 둘러싼 기억의 정치학

다시 쓰는 내셔널리즘과 젠더

**1판 1쇄** 2014년 7월 21일
**1판 2쇄** 2019년 8월 15일

**지은이** 우에노 지즈코
**옮긴이** 이선이
**펴낸이** 김수기

**펴낸곳** 현실문화연구
**등록** 1999년 4월 23일 / 제25100-2015-000091호
**주소** 서울시 은평구 통일로 684 서울혁신파크 1동 403호
**전화** 02-393-1125 / **팩스** 02-393-1128 / **전자우편** hyunsilbook@daum.net
ⓗ hyunsilbook.blog.me  ⓕ hyunsilbook  ⓣ hyunsilbook

**ISBN** 978-89-6564-098-1 (03300)

이 도서의 국립중앙도서관 출판예정도서목록(CIP)은
서지정보유통지원시스템 홈페이지(http://seoji.nl.go.kr)와
국가자료종합목록 구축시스템(http://kolis-net.nl.go.kr)에서 이용하실 수 있습니다.
(CIP제어번호: CIP2014019503)